Nosso imperativo histórico é a luta
intelectuais negros/as insurgentes e a questão da democracia racial em São Paulo (1945-1964)

Felipe Alves de Oliveira

Nosso imperativo histórico é a luta
intelectuais negros/as insurgentes e a questão da democracia racial em São Paulo (1945-1964)

Todos os direitos desta edição reservados à
Malê Editora e Produtora Cultural Ltda.
Direção: Vagner Amaro & Francisco Jorge

Nosso imperativo histórico é a luta: intelectuais negros/as insurgentes e a questão da democracia racial em São Paulo (1945-1964)
ISBN: 978-65-87746-47-0
Capa: Dandarra Santana
Diagramação: Maristela Meneghetti
Revisão: Denise Campos
Edição: Vagner Amaro

Texto revisado segundo o novo Acordo Ortográfico da Língua Portuguesa.
Proibida a reprodução, no todo, ou em parte, através de quaisquer meios.

Dados internacionais de catalogação na publicação (CIP)
Vagner Amaro – Bibliotecário - CRB-7/5224

```
O48n    Oliveira, Felipe Alves
            Nosso imperativo histórico é a luta: intelectuais negros/as
        insurgentes e a questão da democracia racial em São Paulo (1945-1964)
        / Felipe Oliveira Alves. Rio de Janeiro: Editora Malê.
            228 p; 23 cm.
            ISBN 978-65-87746-47-0

            1. História do Brasil 2. Movimento negro I. Título

                                                          CDD – 981
```

Índice para catálogo sistemático: História do Brasil. 981

Junho de 2021
Mahin – mahin@editoramale.com.br

Editora Malê
Rua do Acre, 83, sala 202, Centro, Rio de Janeiro, RJ
contato@editoramale.com.br
www.editoramale.com.br

Dedico este trabalho aos meus pais:

*Ângela e Rogério,
exemplos de força e superação.*

Quando acabamos com nosso silêncio, quando falamos com uma voz libertadora, nossas palavras nos conectam com qualquer pessoa que viva em silêncio em qualquer lugar. (bell hooks)

Sumário

O Historiador Obstinado: uma introdução 11
Capítulo 1. O Movimento Negro de São Paulo (1945-1964) 23
1.1 O Movimento Negro em discussão: breve balanço historiográfico 24
1.2 Associações Negras 44
1.2.1 Associação José do Patrocínio 45
1.2.2 Associação do Negro Brasileiro 51
1.2.3 Associação Cultural do Negro 59
1.2.4 Associação Cruz & Sousa 65
1.2.5 Associação Palmares 65
1.2.6 Outras instituições do Movimento Negro 66
1.2.6.1 Movimento Recreativo 66
1.2.6.2 Escolas, movimento estudantil e a luta contra o analfabetismo 67
1.2.6.3 Sociedade Beneficente 67
1.2.6.4 Teatro Experimental do Negro de São Paulo 68
1.2.6.5 Grupo Ferroviário Campineiro e União Cultural Artística e Social de Negros 69
1.2.6.6 Ébano Atlético Clube 70
1.3 Imprensa negra de São Paulo (1945-1964) 72
1.3.1 Alvorada 75
1.3.2 Senzala 82
1.3.3 Novo Horizonte 85
1.3.4 Mundo Novo 90
1.3.5 Notícias de Ébano 93
1.3.6 O Mutirão 95
1.3.7 Niger 96
1.3.8 Hífen 99
1.3.9 Correio d'Ébano 100
1.4 Considerações finais 102

Capítulo 2. Ação Política e Antirracismo 105
2.1 Associativismo ou política partidária? 106
2.2 Nossos irmãos de cor: diálogos entre Brasil e Estados Unidos 119
2.3 A farsa da democracia racial 136
2.4 Considerações finais 141
Capítulo 3. Por uma nova abolição: o 13 de maio, abolicionistas negros e o racismo cotidiano 143
3.1 As comemorações do 13 de Maio 144
3.2 Princesa Isabel ou Abolicionistas negros? 149
3.3 Racismo cotidiano 155
3.4 Considerações finais 165
Capítulo 4. Intelectuais Negras/os Insurgentes 167
4.1 Muitas histórias importam 168
4.2 Intelectuais negros/as insurgentes 171
4.3 José Correia Leite – um intelectual negro insurgente 177
4.4 Sofia Campos: uma intelectual negra insurgente 189
4.5 Carolina Maria de Jesus: uma intelectual favelada insurgente 202
4.6 Considerações finais 211
Capítulo 5. Palavras finais 213
Lista dos periódicos pesquisados no site da hemeroteca digital 217
Referências Bibliográficas 219

O Historiador Obstinado: uma introdução

Foi Grace que começou a repensar tudo o que seu pai havia aprendido e que então correu para casa para vê-lo, ele já tinha olhos molhados dos velhos, dizendo-lhe que não recebera todas aquelas cartas que tinha ignorado dizendo amém quando ele rezava, apertando os lábios contra sua testa. (Chimamanda Ngozi Adichie)[1]

---

[1] Adichie, Chimamanda Ngozi. No seu pescoço. São Paulo: Companhia das Letras, 2017, p.232

Quando li pela primeira vez o conto *A historiadora obstinada*[2], da escritora nigeriana Chimamanda Ngozi Adichie, logo me identifiquei com a personagem Afamefuna. A história da neta de Nwamgba se assemelhava, e muito, com a minha história e com a escrita desta tese, pois assim como Afamefuna, também fui me tornando um historiador obstinado.

Na verdade, Afamefuna se chamava Grace, nome escolhido pelo padre O'Donnel, a contragosto de sua avó paterna. Nwamgba escolheu um nome *igbo* pois acreditava que a neta era o retorno do espírito de seu avô, Obierika. De forma resumida, será contada a história de Afamafuna para que o/a leitor/a compreenda a relação entre o conto de Chimamanda e a escrita desta tese.

Após Nwamgba insistir com o seu pai que não aceitaria se casar com ninguém a não ser com Obierika, ele cedeu e deu a sua benção para o casamento. No dia em que Obierika foi pagar o dote de Nwamgba, foi acompanhado de dois primos, quase irmãos, Okafo e Okoye. Nwamgba detestou-os à primeira vista.

O tempo passou e após alguns abortos espontâneos, quando Nwamgba já pensava em conseguir uma segunda esposa para o marido, finalmente engravidou. O primeiro e único filho do casal recebeu o nome de Anikwenwa. O menino cresceu, porém, a felicidade da família foi abalada pela morte de Obierika, que aparentemente gozava de boa saúde. Para Nwamgba, a morte do marido foi resultado da feitiçaria dos primos Okafo e Okoye. A partir daí, se instala um conflito entre os primos, interessados na posse de Obierika e a sua esposa.

Nwamgba soube pela sua amiga Ayaju sobre a presença dos homens brancos em Onicha. Segundo ela, os homens brancos haviam construído um posto de troca e que estavam querendo ensinar as mulheres de Onicha a fazer negócios. Ayaju também contou a forma como esses mesmos homens brancos destruíram a aldeia. Nwamgba, sem entender bem a história, indagou: "que tipo de arma esses brancos tinham?" (ADICHIE, 2017, p. 218) e a amiga riu e respondeu, "as armas deles eram bem diferentes daquela coisa enferrujada que seu marido tinha" (ADCHIE, 2017, p.218).

Ayaju disse a Nwamgba que os homens brancos estavam visitando os clãs

---

[2] O conto é um dos doze contos do livro *No seu pescoço* da escritora nigeriana Chimamanda Ngozi Adichei. A obra foi publicada pela editora Companhia das Letras em 2017.

e pedindo aos pais que mandassem seus filhos à escola e que ela decidiu enviar o seu filho Azuka para que ele pudesse aprender os hábitos dos estrangeiros e, sobretudo, aprender a usar as armas dos brancos. Nwamgba ficou interessada e pensou que poderia matar os primos do falecido Obierika com as armas dos homens brancos.

Após um período de resistência, finalmente Nwamgba decidiu enviar o seu único filho para a escola dos brancos. Na missão católica, o padre Shanahan disse a Nwamgba que Anikwenwa teria de assumir um nome de origem inglesa, pois não era possível ser batizado com um nome pagão: "Michael, eu batizo você em nome do pai, do filho e do espírito santo" (ADICHIE, 2017, p. 223). De início, Anikwenwa, agora Michael, não gostou da escola dos brancos, mas aos poucos foi se adaptando e mudando de postura.

A mãe de Michael percebeu sua mudança quando ele respondeu em inglês e de forma ríspida a alguns meninos, assim como parou de comer a comida feita pela mãe e se recusou a participar da cerimônia *ima mmuo*. Aos poucos, Nwamgaba foi compreendendo que "seu filho agora habitava um espaço mental que lhe era estranho" (ADICHIE, 2017, p.226). Mesmo assim, ficou feliz e orgulhosa quando Michael conseguiu de volta a presa de marfim do pai, que estava de posse dos primos.

O tempo passou e Michael comunicou a sua mãe que iria se casar com Agnes, uma moça convertida ao cristianismo. O nome Agnes foi adotado após Mgbeke fazer a sua conversão para a religião dos homens brancos. Os dois se casaram e, após algumas gestações frustradas, finalmente nasceu o primeiro filho do casal. O menino foi batizado pelo padre O'Donnell e recebeu o nome de Peter, mas para a sua avó, seu primeiro neto se chamava Nnamdi.

Não se passou muito tempo e Agnes engravidou mais uma vez. Agora, ela deu à luz a uma menina, e assim como o seu irmão, a menina foi batizada pelo padre O'Donnell e recebeu o nome de Grace. A avó deu a menina o nome de Afamefuna. Nwamgaba acreditava que a neta era a volta do espírito do seu falecido esposo Obierika. As crianças foram educadas de acordo com os costumes e a cultura dos homens brancos.

No ano que Afamefuna foi para o internato em Onicha para aprender a cultura dos homens brancos, sua avó sentiu uma dor funda nas juntas e pressentiu que em breve se reencontraria com Obierika. Seu filho, agora um "legítimo" homem branco, insistiu para que ela aceitasse a extrema-unção e o enterro católico. Nwamgba recusou enfaticamente e ameaçou usar das suas últimas forças para dar uma bofetada naquele/a que ousasse passar óleo na sua cabeça. Ela tinha apenas um único desejo: ver a sua neta antes do reencontro com os/as ancestrais. Anikwenwa disse que seria impossível, pois a filha estava na semana de provas.

Pressentindo que algo estava por acontecer, Grace decidiu voltar. Largou a sua mochila com o livro escolar "A pacificação das tribos primitivas do sul da Nigéria", escrito por um administrador que vivera durante sete anos na região. Ao chegar na casa de sua avó, Grace se sentou ao lado da cama e segurou a sua mão áspera, resultado dos anos de trabalho com as cerâmicas.

A partir dali, Grace passou a investigar o seu passado e a questionar a educação recebida pelos homens brancos. Ela foi se transformando numa verdadeira historiadora obstinada. Grace tornou-se professora do ensino fundamental em Agueke e uma das poucas mulheres a estudar Química na University College de Ibadan, em 1950. Recebeu vários prêmios e discursou na universidade sobre os povos *ijaw, ibibio, igbo* e *efik* do Sul da Nigéria. Por fim, Grace, "cercada por seus prêmios, seus amigos, seu jardim de rosas inigualáveis, mas sentindo-se, sem saber explicar bem por que, distante de suas raízes no fim da vida, foi a um cartório em Lagos mudar oficialmente seu primeiro nome de Grace para Afamefuna", nome escolhido pela sua avó Nwamgba.

Como eu disse logo acima, a minha identificação com a Afamefuna foi instantânea, pois assim como a neta da Nwamgba, também fui "enviado" para a escola dos homens brancos. Durante quase todo o tempo em que estive na universidade não tive contato com os/as intelectuais negros/as insurgentes. Passei pela graduação e mestrado em História sem ler autores/as como Abdias Nascimento, Lélia Gonzalez, Beatriz Nascimento, Sueli Carneiro, entre outros/as[3], por exemplo.

Meu primeiro contato[4] com os/as intelectuais negros/as insurgentes

---

[3] Em relação a minha trajetória na universidade, ingressei no curso de graduação em História no ano de 2008, antes da implementação das cotas raciais. Naquele contexto, éramos poucos/as os/as discentes negros/as no curso de graduação em História. Durante este período, tive acesso às políticas estudantis, moradia e alimentação, que foram fundamentais para a minha estabilidade e formação. Já na pós-graduação, tanto no mestrado quanto no doutorado, não tive acesso a bolsa de pesquisa, e com isso lecionei durante todo o período. Agora, no doutorado, tive três experiências profissionais importantes, lecionei no projeto de educação em tempo integral em Belo Horizonte-MG. Logo depois, lecionei na Universidade Federal de Ouro Preto e, por fim, o meu atual emprego é numa escola particular, também em Belo Horizonte.

[4] O primeiro contato acontece em meados de 2017, antes disso tive acesso apenas em algumas poucas discussões durante a graduação a respeito da Lei Nº 10.639.

aconteceu numa reunião do Grupo de Estudos Sobre Linguagens, Culturas e Identidades (GELCI)[5] coordenado pela professora Kassandra Muniz[6]. Na ocasião, discutimos a obra *Tornar-se Negro*, da psicanalista Neusa Santos Souza[7], e suas palavras finais ecoaram profundamente na minha alma, "ser negro não é uma condição dada, *a priori*. É um vir a ser. Ser negro é tornar-se negro" (SOUZA, 1983, p.77). Eu diria que nos últimos três anos estou neste processo de me tornar negro e a escrita desta tese é, talvez, um dos capítulos mais importantes.

E este vir a ser não aconteceu nas aulas do curso de História, o vir a ser foi acontecendo nos encontros da *Calourada Preta*[8], do Coletivo Braima Mane[9], no *Pensando Áfricas e suas diásporas*[10] do Núcleo de Estudos Afro-Brasileiros e Indígenas (NEABI) e através do rap. Três álbuns foram fundamentais: *Outra Esfera*[11], de Tássia Reis[12], *O Glorioso Retorno De Quem Nunca Esteve Aqui*[13] e *Sobre Crianças, Quadris, Pesadelos e Lições de Casa*[14], de Emicida[15].

Paralelamente, iniciei minhas primeiras leituras com Angela Davis, bell hooks[16], Abdias Nascimento, Lélia Gonzalez, Alberto Guerreiro Ramos, Djamila Ribeiro, entre outros/as. Com o intuito de criar um espaço coletivo de aprendizado, em 2017 lecionei uma disciplina eletiva com o tema "Intelectuais negros/as" na graduação[17]. Foi um momento importante para mim e para os/as alunos/as, pois estávamos rompendo com os silêncios institucionais que vinham alimentando o racismo epistêmico. Em 2018, numa parceria com o

---

[5] Grupo de estudos vinculado ao Núcleo de Estudos Afro-brasileiros e Indígenas (NEABI), da Universidade Federal de Ouro Preto.
[6] Professora do Departamento de Letras e do Programa de Pós-graduação em Letras: Estudos da Linguagem da Universidade Federal de Ouro Preto.
[7] Neusa Santos Souza foi uma psiquiatra, psicanalista e escritora brasileira. Sua obra é referência nos aspectos sociológicos e psicanalíticos da negritude, inaugurando o debate contemporâneo e analítico sobre o racismo no Brasil.
[8] Evento organizado pelos/as membros/as do Coletivo Negro Braima Mané.
[9] O coletivo foi fundado em 2015 por discentes negros/as da Universidade Federal de Ouro Preto. O seu nome é uma homenagem ao estudante intercambista de Guiné-Bissau, Braima Mané, falecido em 2015.
[10] Evento organizado pelo Núcleo de Estudos Afro-brasileiros e Indígenas (NEABI), da Universidade Federal de Ouro Preto.
[11] Segundo álbum de estúdio da rapper Tássia Reis, lançando em setembro de 2016.
[12] Tássia Reis dos Santos é uma das rappers mais influentes da atualidade. A rapper, cantora e compositora nasceu na cidade de Jacareí, São Paulo, em 16 de agosto de 1989.
[13] *O Glorioso Retorno de Quem Nunca Esteve Aqui* é o primeiro álbum de estúdio do rapper brasileiro Emicida, lançado em 21 de agosto de 2013 pela gravadora independente Laboratório Fantasma.
[14] *Sobre Crianças, Quadris, Pesadelos e Lições de Casa...* é o segundo álbum de estúdio do rapper brasileiro Emicida, lançado em 7 de agosto de 2015 pela gravadora Laboratório Fantasma.
[15] Leandro Roque de Oliveira, mais conhecido pelo nome artístico Emicida, é um rapper, cantor e compositor brasileiro. É considerado uma das maiores revelações do hip hop do Brasil da década de 2000.
[16] bell hooks é o pseudônimo de Gloria Jean Watkins. O nome foi inspirado na sua bisavó materna, Bell Blair Hooks. A escritora adota o uso da letra minúscula para dar ênfase a sua escrita e não à sua pessoa.
[17] Entre 2016 e 2018 atuei como professor substituto no Departamento de História da Universidade Federal de Ouro Preto. Em 2017 tive a oportunidade de lecionar uma disciplina eletiva sobre os/as intelectuais negro/as insurgentes.

professor Luciano Roza[18] e os colegas Thiago Borges, Bruna Carvalho e Floriza Sena[19], fundamos o Grupo de Estudos sobre Intelectualidades Pretas – Lélia Gonzalez (GESIP). O grupo foi um divisor de águas na minha trajetória pessoal e, sobretudo, acadêmica.

Figura 1 – Cartaz de divulgação do Grupo de Estudos sobre Intelectualidades Pretas – Lélia Gonzalez (GESIP) – 2018.

Fonte: Arquivo pessoal do pesquisador.

Figura 2 - Primeira reunião do Grupo de Estudos sobre Intelectualidades Pretas – Lélia Gonzalez (GESIP) – 2018.

Fonte: Arquivo pessoal do pesquisador.

---

[18] Professor do departamento de história e coordenador do grupo de estudos.
[19] Os/as discentes foram bolsistas do grupo de estudos.

Figura 3 - Reunião do Grupo de Estudos sobre Intelectualidades Pretas – Lélia Gonzalez (GESIP) - 2018.

Fonte: Arquivo pessoal do pesquisador

Durante este processo fui modificando meu projeto de tese. A qualificação foi uma etapa importante e com o auxílio da banca[20] pude refletir sobre os caminhos a serem percorridos nos últimos dois anos de pesquisa. Por ora, gostaria de dizer ao/a leitor/a que a tese não é o ponto final. É apenas o começo para alguém que ainda está dando os primeiros passos, que ainda está no processo do vir a ser, de tornar-se negro.

Falando sobre a tese *"Nosso imperativo Histórico é a Luta": Intelectuais negros/as insurgentes e a questão da democracia racial em São Paulo (1945-1964)*, o presente texto é um anseio de reafirmar aquilo que foi dito por Chimamanda no livro *O Perigo da História Única*: "as histórias importam, muitas histórias importam". Como afirmou a escritora nigeriana, se durante muito tempo as histórias foram usadas para espoliar e caluniar, é chegado o momento da história se redimir, tornando-se uma ferramenta de empoderamento e, sobretudo, de humanização dos/as homens negros e mulheres negras.

---

[20] Estiveram presentes na minha banca de qualificação, os/as professores/as, Valdei Lopes de Araujo, Luciano Roza e Ana Flávia Magalhães Pinto.

Partindo da ideia de que "muitas histórias importam", a presente tese busca apresentar as Histórias do Movimento Negro de São Paulo na Segunda República[21] (1945-1964). Tal periodização justifica-se, pois a historiografia hegemônica tem dado pouca ou quase nenhuma atenção para o protagonismo do Movimento Negro deste período. Um exemplo disso é a obra *O tempo da experiência democrática – da democratização de 1945 ao golpe civil militar de 1964*, de 2003, que segundo os/as organizadores/as, "resgata atores sociais que, de maneira crescente, se engajaram em lutas pela ampliação dos direitos de cidadania" (FERREIRA; DELGADO, 2003, p.9), mas negligencia a atuação e o protagonismo do Movimento Negro.

Diante disso, nas últimas décadas, um conjunto de estudiosos/as, na maioria negros/as, tem se dedicado a romper com os silêncios institucionais e trazido à tona as histórias de luta protagonizadas pelo Movimento Negro ao longo do século XX. Porém, como afirmou o historiador Petrônio Domingues, apesar dos avanços, algumas lacunas ainda persistem, "é mister, particularmente, promover mais estudos sobre o protagonismo negro nas duas décadas seguintes à extinção do cativeiro, bem como durante o interregno da Segunda República" (DOMINGUES, 2019, p.61).

A tese é uma tentativa de preencher essas lacunas e contribuir para um maior conhecimento da História do Movimento Negro. Em relação ao recorte espacial, é importante ressaltar que a investigação tem como foco o contexto do estado de São Paulo, principalmente a capital. Por isso, ao longo do texto, será usada a expressão Movimento Negro de São Paulo, para enfatizar que não se trata do contexto nacional, visto que há especificidades regionais que ainda precisam ser melhores investigadas. A respeito de São Paulo, Petrônio Domingues afirma que:

> O racismo antinegro no pós-abolição tinha uma outra dinâmica em São Paulo. Ele não expressava o convencionado diapasão nacional; pelo contrário, forjou-se, em larga escala, com vida própria. O preconceito e a discriminação raciais à paulista não eram diferentes

---

[21] Ao longo da tese será adotado o uso do termo Segunda República, para se referir ao período de 1945 a 1964.

apenas em intensidade do racismo à brasileira; sua diversidade era ainda qualitativa. (DOMIGUES, 2004, p.133)

Desde a década de 1940, o contexto racial da cidade de São Paulo, devido a algumas singularidades, tem despertado o interesse dos/as pesquisadores/as. A respeito disso, afirmou Roger Bastide, "a cidade de São Paulo apresenta, para o estudo do preconceito de cor, um significado especial, pois transformou-se, em menos de meio século, de uma cidade tradicional numa metrópole tentacular, o maior centro industrial da América Latina" (BASTIDE, 2008, p.21).

Diante de tais mudanças, interessava aos/as pesquisadores/as investigar como a nova ordem capitalista impactava nas relações raciais da cidade de São Paulo. Aliás, essa questão norteou os trabalhos envoltos no Projeto Unesco. Segundo Bastide, em São Paulo, "um novo tipo de preto afirma-se cada vez mais, com a transformação do escravo em cidadão, e o branco não sabe mais que atitude tomar para com ele, pois os estereótipos tradicionais já não se aplicam a esse negro que sobe na escala social" (BASTIDE, 2008, p.21).

Um dos estudos pioneiros acerca das relações raciais em São Paulo veio a público em 1945: *Atitudes Raciais de Pretos e Mulatos em São Paulo*, da cientista social e psicanalista Virgínia Leone Bicudo, é um marco nas Ciências Sociais Brasileiras, pois se trata da primeira tese sobre relações raciais no Brasil. Segundo Janaína Damasceno, o trabalho de Bicudo é inovador pois rompe com o pensamento social hegemônico da época, "a norma geral do pensamento social brasileiro era a de que vivíamos numa harmonia racial. Mas Virgínia não aceitou a norma. Preferiu ouvir a cidade que lhe disse e lhe mostrou, através das *atitudes* de seus habitantes, que a moderna São Paulo não vivia em harmonia" (DAMASCENO, 2020, p.289, grifo da autora).

Ao realizar um estudo pioneiro e inovador no campo das Ciências Sociais Brasileiras, Bicudo demonstrou através de sua tese que o discurso da democracia racial brasileira era uma verdadeira falácia. "Virgínia não só provou a existência de preconceito de cor no Brasil, como também negou a possibilidade de embraquecimento social do negro em ascensão" (DAMASCENO, 2020, p.289). Ainda, segundo Janaína Damasceno, a originalidade de Bicudo está no fato de que ela "foi a primeira cientista social a ouvir, compreender e transformar, em tese, esta denúncia do Movimento Negro Brasileiro" (DAMASCENO, 2014, p.64).

Assim como a cientista social, na presente tese busca-se ouvir o Movimento Negro de São Paulo, de modo a expor o seu protagonismo no cenário das lutas antirracistas ocorridas no contexto da Segunda República (1945-1964). Além de denunciar o racismo e o mito da democracia racial, o Movimento Negro também foi um produtor de saberes e conhecimentos, pois parte da produção intelectual sobre a questão racial foi produzida pelos/as intelectuais negros/as insurgentes. É fundamental compreender que "os movimentos têm um valor epistemológico intrínseco, são produtores de um tipo específico de conhecimento, o conhecimento nascido na luta" (GOMES, 2017, p.9).

Pensando especificamente no caso dos movimentos protagonizados por homens negros e mulheres negras, Nilma Lino Gomes afirma que o Movimento Negro Brasileiro cumpre papel como "educador, produtor de saberes emancipatórios e um sistematizador de conhecimentos sobre a questão racial no Brasil" (GOMES, 2017, p.11). Diante disso, Gomes considera como questão essencial a preservação da memória e da história dos movimentos sociais construídos pelos grupos não-hegemônicos: "é importante que a memória e a história dos movimentos sociais não sejam perdidas" (GOMES, 2017, p.16).

A tese está dividida em quatro capítulos: o primeiro, *O Movimento Negro em São Paulo (1945-1964)*, se inicia com um breve balanço historiográfico, contextualizando como os relevantes trabalhos, publicados a partir dos anos 2000, abordaram o contexto do período democrático (1945-1964). Logo em seguida, será apresentado o Movimento Negro em si, destacando o protagonismo de algumas associações, tais como a Associação José do Patrocínio, Associação dos Negros Brasileiros e Associação Cultural do Negro e também de importantes periódicos negros como Alvorada, Novo Horizonte, Mundo Novo, entre outros.

O segundo capítulo, *Ação Política e a luta antirracista*, destaca as formas de atuação política associativista e político-partidária. Além disso, salienta como a questão racial dos Estados Unidos foi retratada na Imprensa Negra Brasileira e termina demonstrando as críticas do Movimento Negro sobre a dita democracia racial.

O terceiro capítulo, *Por uma nova abolição: o 13 de maio, abolicionistas negros e o racismo cotidiano*, contextualiza as comemorações em torno do dia da abolição, enfatizando como o Movimento Negro transformou a data num dia de protesto, mas também de reconhecimento aos abolicionistas negros. Ainda, discute a rejeição à figura da Princesa Isabel e, por fim, traz alguns casos de racismo cotidiano que repercutiram na Imprensa Negra.

O último capítulo, *Intelectuais negros/as insurgentes*, inicia-se com uma discussão em torno do conceito de intelectuais negros/as insurgentes. Logo em seguida, será apresentada as trajetórias de três personagens centrais na luta antirracista na cidade de São Paulo, a saber: José Correia Leite, Sofia Campos e Carolina Maria de Jesus.

Como já mencionado acima, a tese também é um exercício do vir a ser, do tornar-se negro. Com isso, o texto também é sobre mim, Felipe Alves de Oliveira, homem negro e a primeira pessoa de uma família de trabalhadores negros a ingressar numa universidade pública. Por fim, gostaria de compartilhar uma reflexão do professor Caio César a respeito da experiência de ser homem negro num país racista como o Brasil:

> O mundo é muito ruim para nós, nos exige força e heroísmo todos os dias para sobreviver. Somos o grupo social que mais morre neste país, os que menos estão nas universidades públicas. E, por vezes, nos revestimos de dureza e brutalidade, nos magoamos e não conversamos, guardando para si angústias e revertendo isso em dor para nós mesmos e para as nossas companheiras. Acredito na força e capacidade intelectual de realizar mudanças neste país, tornando-o mais justo para nós e para os nossos. (CÉSAR, 2019, p.74)

Assim como Caio César, eu acredito profundamente na força e capacidade intelectual dos/as homens negros e mulheres negras. Enfim, gostaria de dedicar este trabalho a Afamefuna, por me inspirar na escrita desta tese. Assim como a neta de Nwamgba, eu me tornei um historiador obstinado.

Capítulo 1. O Movimento Negro de São Paulo (1945-1964)

> O lema é lutar. A nossa luta é um imperativo histórico. (...) O negro, nem aqui, nem em qualquer outra parte, jamais provocou um conflito de orgulho racial. Apenas defende-se como é justo e humano. (As duas etapas da liberdade – José Correia Leite)[22]

---

[22] LEITE, José Correia. As duas etapas da liberdade. **Novo Horizonte**, São Paulo, dezembro de 1954, p.1.

Neste primeiro capítulo será feita uma apresentação das instituições e organizações – associações, sociedades, teatro, clube de futebol – que compunham o Movimento Negro de São Paulo, bem como os destaques de suas histórias. A ideia aqui é resgatar o histórico de cada organização, enfatizando os/as fundadores/as e as formas de atuação. Logo em seguida, será tratado sobre a Imprensa Negra, ressaltando o contexto de fundação dos periódicos, assim como a sua atuação no contexto das lutas antirracistas. Porém, antes disso, o capítulo inicia-se com um breve balanço historiográfico, demonstrando como alguns recentes trabalhos abordaram as lutas da Segunda República. Como o/a leitor/a poderá observar, o período de 1945-1964 ainda não mereceu a devida atenção dos/as historiadores/as. Portanto, o primeiro capítulo busca preencher algumas lacunas historiográficas. Boa leitura!

1.1 O Movimento Negro em discussão: breve balanço historiográfico

"Minha caneta tá fudendo com a história branca", escreveu Leandro Roque de Oliveira, mais conhecido como Emicida[23]. A frase é uma das mais emblemáticas da música *Eminência Parda*, uma das minhas favoritas do álbum *Amarelo*[24]. Como um dos grandes nomes do rap nacional, Emicida dá continuidade às lutas dos/as nossos/as ancestrais, que historicamente denunciaram o silenciamento e o apagamento das histórias negras.

Além da denúncia, os/as ativistas tem reivindicado o direito de narrar e escrever suas próprias histórias em primeira pessoa, rompendo assim com as relações de poder que nos colocaram na posição de objeto, ou seja, daqueles/as que são falados/as em terceira pessoa[25], como denunciou Lélia Gonzalez nos anos 1980[26].

---

[23] Emicida, Leandro Roque de Oliveira, nasceu em uma casinha bem pobrezinha na parte norte da cidade de São Paulo. Sua imaginação foi sua melhor amiga e o fez visitar mundos incríveis, transformando-o em astronauta, desenhista, guerreiro, pirata, rei, pintor, samurai e muitas outras coisas. Tudo sem sair de casa. Foi brincando com sua imaginação e com as palavras que Emicida descobriu sua habilidade de contar histórias fazendo poesias e ele não parou mais de fazer isso. Acreditou durante muito tempo que muitas coisas eram impossíveis. Hoje, acredita no contrário e, por meio das histórias que conta, prova que tudo é possível. Emicida, **Amoras**. 1ed. São Paulo: Companhia das Letrinhas, 2018.
[24] Amarelo, lançado em 30 de outubro de 2019, é o terceiro álbum de estúdio de Emicida.
[25] No artigo de 1980, *Racismo e sexismo na cultura brasileira*, apresentado no IV Encontro Anual da Associação Brasileira de Pós-graduação e Pesquisa nas Ciências Sociais, no Rio de Janeiro, indagou Lélia Gonzalez, "ora, na medida em que nós negros estamos na lata de lixo da sociedade brasileira, pois assim o determina a lógica da dominação, caberia uma indagação via psicanálise. E justamente a partir da alternativa proposta por Miller, ou seja: por que o negro é isso que a lógica da dominação (e consegue muitas vezes, nós o sabemos) domesticar? E o risco que assumimos aqui é o ato de falar com todas as implicações. Exatamente porque temos sido falados, infantilizados (infans, é aquele que não tem fala própria, é a criança que se fala na terceira pessoa, porque falada pelos adultos), que neste trabalho assumimos nossa própria fala. Ou seja, o lixo vai falar, e numa boa". Referência Completa em: **Racismo e sexismo na cultura brasileira**. Lélia Gonzalez – Primavera para as rosas negras. Coletânea organizada e editada pela União dos Coletivos Pan-Africanistas. Diáspora Africana, 2018, p.193.
[26] Lélia Gonzalez nasceu na cidade de Belo Horizonte em 1935. Foi uma das ativistas mais importantes do Movimento Negro Unificado. Com formação em História, Filosofia, Comunicação, Antropologia, Sociologia e Psicanálise, deixou como legado uma vasta produção intelectual

Em 1954, Fernando Góes[27], um dos grandes baluartes do Movimento Negro de São Paulo, exclamou "nem mesmo a justiça dos historiadores e estudiosos do passado de São Paulo, tem os negros merecido; pois sofrendo daquela prosápia e mania de branquitude de que o poeta Garção acusava os antigos paulistas, querem eles passar na história uma pincela de tinta branca."[28]

No mesmo ano, o sociólogo negro Guerreiro Ramos[29] publicou a obra O problema do negro na sociologia brasileira[30], criticando enfaticamente os/as estudiosos/as da primeira metade do século XX. De acordo com o autor, "o negro tem sido estudado, no Brasil, a partir de categorias e valores induzidos predominante da realidade europeia" (RAMOS, 1954, p.1). Segundo Ramos[31], a sociologia brasileira tem sido um dos sustentáculos ideológicos do genocídio do negro brasileiro. Ao situar o negro como um problema e ao enfatizar o mito da democracia racial, os/ estudiosos/as:

> Deram-nos a impressão de que tudo corria bem quando efetivamente tudo corre mal. O negro tem sido estudado, entre nós, como palha ou múmia. A quase totalidade dos estudos sobre o tema implica a ideia de que a abolição tenha sido uma resolução definitiva do problema das massas de cor. Depois daquele cometimento espetacular, nada haveria de fazer senão estudar o negro do ponto de vista estático. (RAMOS, 1954, p. 34)

Para Guerreiro Ramos, a renovação da sociologia brasileira só seria possível a partir do momento em que o/a negro/a tornar-se-ia um sujeito autêntico,

---

acerca da questão racial no Brasil, com foco nas condições das mulheres negras. Lélia Gonzalez ocupou diversos cargos importantes, como, por exemplo, Conselho Diretor do Memorial Zumbi, Conselho Nacional dos Direitos da Mulher. Foi a primeira mulher negra a sair do país para divulgar a verdadeira situação da mulher negra brasileira. Faleceu em 1994.

[27] Fernando Góes nasceu no dia 27 de novembro de 1915, em Salvador, Bahia, estado que deixou ainda jovem para morar em Petrópolis e na cidade do Rio de Janeiro. E, com apenas 15 anos, já morava em São Paulo onde viveu a maior parte de sua vida. Foi totalmente dedicado às letras, destacando-se muito cedo como brilhante e ativo jornalista aos importantes órgãos da imprensa paulista, em quase todas as funções, tornando-se um autêntico profissional de carreira.
Disponível em: <http://www2.assis.unesp.br/cedap/cat_imprensa_negra/biografias/fernando_goes.html>. Acessado em 04 de setembro de 2020.

[28] GÓES, Fernando. Os três grandes de São Paulo. **Novo Horizonte**, São Paulo, setembro de 1954, p.1

[29] *Alberto Guerreiro Ramos* (Santo Amaro da Purificação, Bahia, 13 de setembro de 1915 – Los Angeles (EUA), 1982) foi uma figura de grande relevo da ciência social no Brasil. Em 1956, Pitirim A. Sorokin, analisando a situação da sociologia na segunda metade do século, inclui Guerreiro Ramos entre os autores eminentes que contribuíram para o progresso da disciplina. Foi deputado federal pelo Rio de Janeiro e membro da delegação do Brasil junto à ONU. É autor de dez livros e de numerosos artigos, muitos dos quais têm sido disseminados em inglês, francês, espanhol e japonês.
Disponível em: https://www.geledes.org.br/alberto-guerreiro-ramos/. Acessado em 17/10/2020.

[30] O texto foi publicado originalmente em 1954 pela *Revista Cadernos de Nosso Tempo*, editada pelo Instituto Brasileiro de Economia, Sociologia e Política (IBESP).

[31] Sobre a trajetória de Alberto Guerreiro Ramos, ver: Barbosa, Muryatan Santana. Guerreiro Ramos e o personalismo negro. Jundiaí, Paco Editorial: 2015, p.23-27

"a rebelião estética de que se trata nestas páginas será um passo preliminar da rebelião total dos povos de cor para se tornarem sujeitos de seu próprio destino" (RAMOS, 1995, p.244).

Em 1974, no artigo *Por uma história do homem negro*[32], a historiadora Beatriz Nascimento[33] levantou as mesmas reflexões: "não podemos aceitar que a história do negro no Brasil presentemente seja entendida apenas através dos estudos etnográficos, sociológicos. Devemos fazer a nossa História, buscando nós mesmos" (NASCIMENTO, 2018, p.48). Segundo Nascimento, "a história da raça negra ainda está por fazer, dentro de uma História do Brasil ainda a ser feita" (NASCIMENTO, 2018, p. 48). Assim como Guerreiro Ramos, a historiadora ressaltou a importância de negros/as assumirem o controle das suas próprias histórias:

> Não aceito mais nenhuma forma de paternalismo, especialmente intelectual. Como o jovem branco, eu adquiri instrumentos para o meu conhecimento através do estudo da História, na qual acredito totalmente. São instrumentos adquiridos na cultura branca ocidental, portanto nada deixo a dever a ele. Entretanto, como me disse a pessoa que mais amo, um negro, meu marido, as coisas que reflito neste momento já existiram no ventre de minha mãe, num quilombo qualquer do Nordeste, na África onde já não quero nem posso mais voltar. (NASCIMENTO, 2018, p. 49)

Dando continuidade às críticas feitas por Alberto Guerreiro Ramos e Beatriz Nascimento, Clóvis Moura[34], um dos grandes nomes da sociologia brasileira, afirmou que durante a Segunda República,[35] o Movimento Negro passou a elaborar um pensamento social verdadeiramente revolucionário, capaz de contestar o saber acadêmico hegemonicamente branco, que vinha dando sustentação ao mito da democracia racial:

---

[32] O artigo foi publicado originalmente na *Revista de Cultura e Vozes*, 1968, p.41-45.
[33] Beatriz Nascimento foi historiadora, poeta e uma das mais destacadas militantes do Movimento Negro Brasileiro. Sobre a sua trajetória biográfica, disponível em: https://www.geledes.org.br/a-trajetoria-intelectual-ativista-de-beatriz-nascimento/. Acessado em 04 de setembro de 2020.
[34] Clóvis Moura foi um dos grandes sociólogos brasileiros e um dos mais importantes militantes do Movimento Negro Brasileiro. Sobre a sua trajetória biográfica, disponível em: https://www.geledes.org.br/clovis-moura-5-anos-sem-o-pensador-quilombola/. Acessado em 04 de setembro de 2020.
[35] Ao longo do texto será adotada a expressão "Segunda República" para se referir ao período de 1945-1964.

> Evidente que esses movimentos negros estão começando a elaboração do seu pensamento, nada tendo ainda de sistemático ou unitário. Muito pelo contrário. Isso, porém, não quer dizer que seja menos válido do que a produção acadêmica, pois ele é elaborado na prática social, enquanto o outro se estrutura e se desenvolve nos laboratórios petrificados do saber acadêmico. (MOURA, 2019, p.58)

Tendo como ponto de partida as reflexões citadas acima, pode-se dizer que o objetivo desta tese é, por meio da escrita da história, contribuir para a restituição do direito à humanidade dos homens negros e mulheres negras. Assim como a escritora nigeriana Chimamanda Ngozi Adichie[36], acredita-se que muitas histórias importam e elas podem ser usadas para empoderar e humanizar. A tese é um esforço de fazer justiça e reparar, ainda que tardiamente, os/as históricos/as militantes negras/os de São Paulo que durante a Segunda República lutaram incessantemente contra o racismo estrutural brasileiro.[37]

Este trabalho é parte de um amplo movimento de renovação historiográfica que vem rompendo com uma certa tradição, que segundo Petrônio Domingues[38], ao longo das últimas décadas, "concedeu a população negra como sinônimo de escrava, razão pela qual o estudo das experiências e das vivências específicas desse segmento populacional ficou circunscrito às molduras do cativeiro" (DOMINGUES, 2019, p.17).[39] A mudança de paradigma, conforme Luciano Roza[40], vem acontecendo desde a década de 1990:

> A compreensão da trajetória histórica dos negros brasileiros, sob o recorte temporal, iniciado, imediatamente, após o fim da escravidão (1888), e que se estende até a contemporaneidade, é uma preocupação investigativa relativamente recente na historiografia. A partir da década de 1950, questões sobre a constituição das relações étnico-raciais na sociedade brasileira e sobre a inserção dos negros ex-escravizados e seus descendentes, no mundo do trabalho,

---

[36] Chimamanda Ngozi Adichie nasceu em 15 de setembro de 1977, em Enugu, na Nigéria. Atualmente, é uma das escritoras mais influentes do mundo. Sua obra foi traduzida para mais de trinta línguas. Sua publicação mais recente é o ensaio *Como educar crianças feministas*, de 2017.
[37] No livro *O que é racismo estrutural?* Silvio de Almeida explica que o racismo é sempre estrutural, ou seja "ele é um elemento que integra a organização econômica e política da sociedade" (ALMEIDA, 2018, p.15).
[38] Professor associado do Departamento de História da Universidade Federal de Sergipe (UFS).
[39] Segundo Domingues, "um dos primeiros trabalhos acadêmicos sobre a vida das populações afro-paulistas desse período foi desenvolvido por Florestan Fernandes e Roger Bastide" (DOMINGUES, 2019, p. 17).
[40] Professor do Departamento de História da Universidade Federal de Ouro Preto (UFOP).

> organizado pelas relações capitalistas de produção, tornam-se temas emergentes na produção sociológica brasileira. Contudo, somente a partir de meados da década de 1990, verifica-se o desenvolvimento de investigações entre os historiadores que privilegiam o estudo das estratégias elaboradas pelos negros brasileiros, no contexto posterior a 1888, e que visavam o enfrentamento de práticas preconceituosas, tanto no campo material, como no simbólico, no interior de uma sociedade fortemente caracterizada pela racialização das relações sociais e pela assimetria das relações de poder. (ROZA, 2017, p.17)

Ainda que a mudança mais significativa só tenha ocorrido na década de 1990, vieram à tona nas décadas de 1970 e 1990, importantes estudos sobre as experiências negras no pós-abolição. Em 2019, Petrônio Domingues publicou *Protagonismo negro em São Paulo: história e historiografia*, um livro que segundo o autor "tem o intuito de mapear e fazer um balanço dessa produção histórica" (DOMINGUES, 2019, p. 13). A publicação de Domingues é um marco, pois além de fazer um balanço historiográfico sobre o pós-abolição, também busca "delinear os avanços, apontar as tendências, discutir problemas, impasses e desafios desse novo campo de estudos e pesquisas" (DOMINGUES, 2019 p. 13). Um dos desafios desses novos campos de estudos e pesquisas, de acordo com Domingues, é investigar de forma mais aprofundada o contexto democrático (1945-1964).

> No tocante ao associativismo dos "homens de cor", a maior parte dos pesquisadores volta o olhar para as primeiras décadas do século XX. Há, assim, certa inflação de relatos sobre a Frente Negra Brasileira, por exemplo. Quando não, os trabalhos se concentram no intervalo de tempo que se estende do fim da década de 1970 até a fase contemporânea, privilegiando, nesse caso, os domínios do Movimento Negro Unificado (MNU) e suas lideranças. E os demais personagens e grupos que existiram nessas e noutras épocas? Suas histórias não podem ser negligenciadas. É mister, particularmente, promover mais estudos sobre o protagonismo negro nas duas décadas seguintes à extinção do cativeiro, bem como durante o interregno da Segunda República (1945-1964). (DOMINGUES, 2019, p. 61)

Como advertiu Domingues, os/as pesquisadores/as voltaram seus olhares para dois períodos específicos, as décadas de 1930 e 1970, focando nas experiências da Frente Negra Brasileira[41] e do Movimento Negro Unificado[42]. As primeiras décadas do século XX e o período democrático (1945-1964) passaram a ser temas periféricos e, geralmente, tidos pelos/as pesquisadores/as como um período sem maior relevância. Mas como indagou Domingues, é preciso investigar de forma mais aprofundada o protagonismo negro no século XX, indo além dos marcos históricos já estabelecidos.

Os novos estudos sobre as primeiras décadas do século XX e a Segunda República levarão a compreender que o tratamento dado pelos/as pesquisadores/as é resultado da superficialidade analítica, pois como será demonstrado na tese, o Movimento Negro de São Paulo contribuiu enormemente na luta antirracista do século XX.

Antes disso, será feito um breve balanço historiográfico[43], de modo a apresentar como o período de 1945-1964 tem sido abordado pelos/as estudiosos/as nestas primeiras décadas do século XXI. Não se trata de uma análise exaustiva sobre a historiografia do Movimento Negro. O intuito é analisar algumas das publicações mais relevantes das últimas décadas que tiveram como objetivo investigar as trajetórias do Movimento Negro Brasileiro no século XX.

No início do século XXI, alguns estudiosos/as se dedicaram em realizar balanços historiográficos sobre o Movimento Negro Brasileiro do século XX. Foi um momento em que finalmente o Estado brasileiro reconheceu a existência do racismo. Conforme Sueli Carneiro, o então presidente Fernando Henrique Cardoso foi o primeiro "a declarar em seu discurso de posse que havia um problema racial no Brasil e que era necessário enfrenta-lo com audácia política"

---

[41] A Frente Negra Brasileira foi fundada em 1931 na cidade de São Paulo. Em 1936, transformou-se em partido político e em 1938 foi extinta com a ascensão do Estado Novo. A Frente Negra foi uma das mais importantes instituições do Movimento Negro Brasileiro do século XX. A instituição desenvolveu atividades em prol da coletividade negra, como cursos de alfabetização e costura. Este último foi direcionado para a inserção das mulheres negras no mercado de trabalho.

[42] A história do Movimento Negro Unificado começou no dia 18 de junho de 1978, em uma reunião onde participaram representantes do Centro de Cultura e Arte Negra e demais outras associações e decidiram criar o Movimento Unificado Contra a Discriminação Racial. A primeira atividade pública aconteceu no dia 7 de julho de 1978, durante um ato de protesto nas escadarias do Teatro Municipal de São Paulo, onde foi lançado, publicamente, o Movimento Unificado Contra a Discriminação Racial. A manifestação foi convocada para protestar contra os atos de violência: a discriminação racial sofrida por quatro atletas negras, o assassinato de Robson Silveira da Luz, trabalhador e pai de família, preso sob suspeita da polícia, pelo simples fato de ser negro, ele foi torturado até a morte no 44º Distrito Policial de Guaianazes-SP; e a morte do negro e operário Newton Lourenço, também morto pela polícia, no Bairro da Lapa.

[43] Para um balanço historiográfico sobre a temática, sugiro: DOMINGUES, Petrônio. Protagonismo negro em São Paulo: história e historiografia. São Paulo: Edições Sesc São Paulo, 2019.

(CARNEIRO, 2011, p.19). A discussão em torno da questão racial avançou em âmbito governamental, após a participação do Brasil na Conferência Mundial contra o Racismo, a Discriminação Racial, a Xenofobia e Formas Correlatas de Intolerância, que ocorreu em Durban, África do Sul, em 2001.

O debate racial caminhou um pouco no primeiro governo do presidente Luís Inácio Lula da Silva (2002-2006), em especial, com a criação da Secretaria de Promoção da Igualdade Racial, com status de Ministério sob a liderança de Matilde Ribeiro (CARNEIRO, 2011.) Em relação ao governo Lula, Sueli Carneiro reconhece que, "inegavelmente, em nenhum outro governo houve esse número de pessoas negras ocupando postos de primeiro escalão em franca sinalização para a sociedade de uma política de reconhecimento e inclusão dos negros em instância de poder" (CARNEIRO, 2011, p.20).

Foi neste contexto, da criação da Secretaria da Promoção da Igualdade Racial e da efetivação de importantes políticas públicas, como a promulgação da Lei Nº 10.639/2003, de 9 de janeiro de 2003 – considerada um marco na educação brasileira, ao tornar obrigatório o ensino da história e da Cultura Africana e Afro-brasileira e ao instituir o dia 20 de novembro como o Dia Nacional da Consciência Negra – que um conjunto de estudiosos/as, ao observarem o crescente interesse pela temática racial e se dedicaram a recuperar as trajetórias do Movimento Negro Brasileiro do século XX. Logo abaixo, terá uma análise de algumas obras publicadas a partir dos anos 2000, enfatizando especificamente a forma como cada autor e autora abordou o período de 1945-1964.

A primeira obra a ser analisada foi publicada pela primeira vez em 2005, intitula-se por *Trajetória e Perspectivas do Movimento Negro Brasileiro*, de Amauri Mendes Pereira[44], nele, traz um amplo panorama sobre o protagonismo negro no século XX. A obra é um compilado de três textos escritos em momentos distintos, 1998, 2001 e 2005. Na primeira parte do livro, intitulada de Três Impulsos para um Salto, logo no início do texto, Pereira adverte que:

> Na década de 30, a Frente Negra (FNB) pode ser vista como o primeiro impulso do Movimento Negro Brasileiro, com a pujança e

---

[44] Amauri Mendes Pereira, militante negro e acadêmico. Doutor em Ciências Sociais – PPCIS-UERJ. Militante do Movimento Negro desde 1974.

> as articulações que possibilitou. Na década de 40, no Rio e em São Paulo principalmente, o segundo impulso: com outras táticas, maior visão de poder – talvez seja correto dizer, com mais consistência, - todavia, com menos força e abrangência. O terceiro impulso demorou a acontecer: iminente desde o início da década de 70, esperou até o finalzinho dos anos 80 enquanto oscilava entre o aquecimento e a indecisão quanto ao melhor momento e o melhor "estilo para efetuar a tentativa". (PEREIRA, 2008, p. 26)

A respeito do uso do termo Movimento Negro, Pereira esclarece que o conceito passou a ser adotado na década de 1970[45] pelas entidades e grupos para designar o seu conjunto e as suas atividades. No tocante ao *Segundo Impulso*, dos anos 1940 a 1970, o autor afirma que "em meados dos anos 40, com o final do Estado Novo, toma vulto uma nova movimentação política e cultural. Rio de Janeiro e São Paulo afirmam-se como os dois centros de maior expressão" (PEREIRA, 2008, p. 37). Em relação às movimentações políticas, Pereira cita o Comitê Democrático Afro-Brasileiro, no Rio de Janeiro e a Associação dos Negros Brasileiros, em São Paulo, ambos criados em 1945. Para o autor, aquela conjuntura foi o período auge do mito da democracia racial. Por fim, há uma referência a pesquisa feita pela Unesco no Brasil, "e havia ainda um outro fator nada desprezível. A UNESCO interessa-se pelo estudo das relações raciais no Brasil" (PEREIRA, 2008, p.37). Na segunda parte do livro, *Emergência e Ruptura*, Pereira apresenta um quadro semelhante a primeira parte:

> Alguns exemplos são válidos: em 1945, no Rio, forma-se o Comitê Democrático Afro-Brasileiro, para atuar na campanha de redemocratização e defender uma nova Constituição; em São Paulo, reúne-se uma Convenção Nacional do Negro Brasileiro. Por esta época, nasce o TEN (Teatro Experimental do Negro), sob a liderança de Abdias do Nascimento, e o Teatro Popular do Negro, sob a direção de Solano Trindade, ambos com atividades – realizadas intermitentemente ao longo dos anos 40 e 50 – que desafiavam os padrões "aceitáveis" de participação do negro. Em 1949, no Rio de

---

[45] De fato, ao analisar as fontes, sobretudo, a imprensa negra, não foi localizado o uso do termo Movimento Negro, no período de 1945 a 1964.

Janeiro, organiza-se a Conferência Nacional do Negro e, em 1950, um Congresso Nacional do Negro. Clubes, como a Renascença no Rio, e o Aristocrata em São Paulo, são criados em incontável número de cidades brasileiras neste período. (PEREIRA, 2008, p. 93)

Logo em seguida, a autor afirma que o negro já não representava apenas um objeto, ele já tinha "uma voz – ainda – capaz de questionar os fundamentos das desigualdades raciais e sociais; mas foi o suficiente para obrigar uma certa progressão nas maneiras tradicionais de se lidar com a questão racial" (PEREIRA, 2008, p. 94). Nesta última passagem está bem evidente que Pereira reconhece que o Movimento Negro de 1945-1964 conseguiu, de alguma forma, tensionar o debate acerca da democracia racial.

Em 2008, também foi publicada a obra *Cultura em Movimento: Matrizes africanas e ativismo negro no Brasil*, organizada por Elisa Larkin Nascimento[46]. Um dos textos contidos no livro, *O movimento social afro-brasileiro no século XX: um esboço sucinto*, foi escrito pela própria organizadora. Segundo Nascimento, o objetivo do texto era: "o esboço aqui apresentado limita-se ao âmbito dos estados de São Paulo e Rio de Janeiro entre 1900 e 1960" (NASCIMENTO, 2008, p. 93). Uma das primeiras reflexões diz respeito ao silenciamento da história da agência afro-brasileira, expressão utilizada pela autora.

> A história da agência afro-brasileira é pouco conhecida e quase inteiramente ausente dos currículos de ensino. Nas escolas, a figura de Zumbi dos Palmares, às vezes complementada por referências a alguns heróis do abolicionismo, quase esgota a noção do afrodescendente como ator e criador de sua própria história. Assim, mesmo, esses nomes são recordados, em geral, apenas por ocasião de datas comemorativas como a da Abolição da Escravatura, em 13 de maio, ou do Dia Nacional da Consciência Negra, em 20 de novembro. (NASCIMENTO, 2007, p. 94)

De acordo com Nascimento, o silenciamento e o apagamento da história afro-brasileira se deve em parte a precariedade dos registros documentais que, na

---

[46] Elisa Larkin Nascimento é escritora, mestre em Direito e em Ciências Sociais pela Universidade do Estado de Nova York e doutora em Psicologia pela Universidade de São Paulo (USP).

maioria das vezes, desapareceram ou estão guardados em arquivos particulares, dificultando assim o trabalho de pesquisa documental. Além disso, a autora sinalizava para o fato de que parte desta precariedade está intimamente ligada às condições de vulnerabilidade econômica da comunidade negra.

> Essa precariedade do registro decorre, em grande parte, da trajetória de uma comunidade destituída de poder econômico e político e de um movimento composto de entidades perenemente sujeitas à instabilidade e à falta de recursos, infraestrutura, espaço físico e apoio de outros setores da sociedade civil. Consequência da parca documentação e pesquisa sobre o tema é o reforço e a reprodução do discurso que escamoteia o processo histórico afro-brasileiro. Prevalece a imagem de uma comunidade negra com pouca tradição de luta antirracista. Essa noção impera tanto entre os partidários da tese da democracia racial, para quem não haveria motivo para tal luta, como também entre intelectuais com visão mais crítica. (NASCIMENTO, 2008, p. 95)

Diante deste dilema, Nascimento ressalta a importância dos trabalhos pioneiros de Roger Bastide e Florestan Fernandes, aos quais transcreveram importantes fontes primárias sobre o Movimento Negro. Logo em seguida, a autora faz uma advertência fundamental: "a procedência desses documentos, majoritariamente paulista, implica uma provável distorção dos dados, podendo marginalizar manifestações que tenham ocorrido em outros estados" (NASCIMENTO, 2008, p.95). Tal advertência é importante, pois ainda precisa-se de trabalhos sobre outras regiões, como Norte, Nordeste, Centro-Oeste, Sul e no Sudeste, Minas Gerais e Espírito Santo.

Em relação à Segunda República, Nascimento intitula tal período como a "Nova Fase", considerada como a terceira etapa da História do Movimento Negro: "a partir de 1945, a sociedade brasileira se mobilizava para discutir os grandes temas nacionais, preparando-se para a eleição da Assembleia Nacional Constituinte que estruturaria o Estado democrático no período do pós-guerra" (NASCIMENTO, 2008, p. 116). Logo após, a autora faz referência a Associação José do Patrocínio (1941), a Associação do Negro Brasileiro (1945) e a Imprensa

Negra Paulista. Dali em diante, o texto dedica-se a analisar o Teatro Experimental do Negro, o Jornal Quilombo, o Comitê Democrático Afro-brasileiro, a Convenção Nacional do Negro e a Constituinte de 1946, a gênese da Lei Afonso Arinos e o 1°Congresso do Negro Brasileiro. Além disso, há uma breve análise sobre a Atividades da Mulher Negra e Outros Movimentos.

Ao analisar o texto de Nascimento, não é possível identificar um rebaixamento das lutas no período de 1945-1964. Pelo contrário, trata-se de um esforço intelectual que, segundo a autora, procurou posicionar o Movimento Negro "na qualidade de sujeito e construtor da história do país e de sua própria história" (NASCIMENTO, 2008, p.175).

Em 2010, Amilcar Araujo Pereira[47] defendeu a sua tese de doutoramento *O Mundo Negro: a constituição do movimento negro contemporâneo no Brasil (1970-1995)*. A respeito da pesquisa, explica que "será dada maior ênfase ao processo de construção política, a partir da década de 1970, desse conjunto que se autodenomina e é denominado de movimento negro contemporâneo" (PEREIRA, 2010, p. 27). Apesar da temporalidade da temática não ser de 1945-1964, o interesse era saber como o autor analisava tal período e quais as possíveis semelhanças e descontinuidades entre as experiências de 1940 e 1950 e o Movimento Negro Contemporâneo. No segundo capítulo, intitulado *O movimento negro no Brasil, a partir do início do século XX*, o autor busca dialogar com Petrônio Domingues (2007)[48] e Amauri Mendes Pereira (2008) e reforça o argumento de que o Movimento Negro de 1945-1964 não teve a mesma força que a Frente Negra Brasileira e, também, não conseguiu mobilizar as massas.

> A segunda fase do movimento negro brasileiro no século XX, para Pereira e Domingues, teve início no período final do Estado Novo (1937-1945). Entretanto, os autores citados destacam organizações diferentes como principais expoentes dessa segunda fase do movimento. Para Amauri Mendes Pereira (2008), o Teatro Experimental do Negro (TEN), criado por Abdias do Nascimento

---

[47] Formado em História pela Universidade Federal do Rio de Janeiro (UFRJ), é mestre em Ciências Sociais pela Universidade do Estado do Rio de Janeiro (UERJ) e doutor em História pela Universidade Federal Fluminense (UFF).

[48] No artigo de 2007, *Movimento Negro Brasileiro: alguns apontamentos históricos*, Petrônio Domingues havia afirmado que o Movimento Negro durante a Segunda República não teve o mesmo poder de aglutinação do período anterior, fazendo referência a Frente Negra Brasileira (1931-1937).

> em 1944, no Rio de Janeiro, e o Teatro Popular Brasileiro, criado por Solano Trindade em 1943, assim como a Associação dos Negros Brasileiros, também criada em São Paulo em 1945 por Correia Leite e outros militantes, são as organizações citadas pelo autor para caracterizar a segunda fase do Movimento. Pereira diz ainda que nenhum desses movimentos, apesar de aglutinar negros conscientes, possuía o mesmo sentido da Frente Negra. Não buscavam decididamente mobilizar a massa. (PEREIRA, 2010, p.91)

Buscando estabelecer uma diferenciação do Movimento Negro Contemporâneo das experiências anteriores, Pereira explica que "podemos encontrar várias características específicas nesse movimento contemporâneo, como por exemplo o fato de que, diferentemente de momentos anteriores, a oposição ao chamado mito da democracia racial." (PEREIRA, 2010, p.98). Tal afirmação é problemática e será refutada ao longo da tese. Será demonstrado que o Movimento Negro da Segunda República lutou incessantemente para denunciar o mito da democracia racial.

Em 2011, Marcos Antônio Cardoso[49] publicou *O movimento negro em Belo Horizonte*. Assim como a obra de Amilcar Araujo Pereira, o foco de Cardoso não era o Movimento Negro de 1945-1964, mas como no caso anterior, o interesse era relacionado a forma como esse período seria retratado no livro. Logo no início do primeiro capítulo, o autor afirma que "no período compreendido entre 1888 – marco da abolição formal do trabalho escravo no Brasil – até os anos 70 do século XX, com raras exceções, os negros e negras não puderam expressar, por sua própria voz, a luta pelo reconhecimento da sua participação social" (CARDOSO, 2011, p. 28). Mais à frente, apresenta uma descrição das manifestações mais relevantes no período de 1937 a 1978.

> De 1937 a 1978, muitas outras tentativas de retomada política das lutas do povo negro contra o racismo no Brasil serão desenvolvidas. Entre 1940 e 1970, surgiram e desapareceram dezenas de instituições negras que estimulavam a participação política e artística de negros

---

[49] Marcos Antonio Cardoso, militante do Movimento Negro de Minas Gerais, professor de Introdução à História da África, filósofo, historiador e mestre em história social.

> e negras. Podemos citar o Comitê Democrático Afro-brasileiro – no período da chamada "redemocratização" da sociedade brasileira em 1945 – o Museu de Artes Negras, a Convenção Nacional do Negro de 1950. Citamos, ainda, a criação em 1936, do Centro de Cultura Afro-brasileira, em Pernambuco, pelo poeta Solano Trindade, a organização em São Paulo, da Associação Cultural do Negro, em 1954, pelo líder José Correia Leite e a Associação José do Patrocínio em Belo Horizonte – Minas Gerais. (CARDOSO, 2011, p. 32)

A seguir, Cardoso conclui ressaltando e sublinhando a importância do Teatro Experimental do Negro.

> Cabe ressaltar ainda o Teatro Experimental do Negro – o TEN, criado em 1944, no Rio de Janeiro, pelo artista professor, escritor e senador da República, Abdias do Nascimento, talvez, o mais antigo militante do Movimento negro brasileiro. Dentre as suas importantes realizações, o TEN contribuiu na criação de duas organizações de mulheres negras: "O Conselho Nacional das Mulheres Negras", fundado em maio de 1950 por Maria de Lourdes Nascimento, e a "Associação das Empregadas domésticas", criada, também, em 1950 e liderada por Arlinda Serafim e Elza de Souza, ambas empregadas domésticas. As mulheres negras criaram ainda o Ballet Infantil do TEN. (CARDOSO, 2011, p. 33)

Dali em diante, Cardoso se dedica em analisar o seu objeto de pesquisa, o Movimento Negro Contemporâneo, enfatizando às organizações em atuação na cidade de Belo Horizonte. Quatro anos depois, em 2015, Joel Rufino dos Santos[50] publicou a obra *Saber do Negro* que, como as demais citadas anteriormente, faz uma síntese breve sobre o período de 1945-1964 e ressalta o protagonismo do Teatro Experimental do Negro, Comitê Democrático Afro-brasileiro e o Museu de Arte Negra. Para Santos, o Movimento Negro atingiu a sua maioridade nos anos 1970, "a luta organizada contra o racismo desembocou, enfim, num

---

[50] Joel Rufino dos Santos nasceu em 1941, no Rio de Janeiro, filho de um operário naval e de uma costureira, descendente de negros e de índios fulniô. Em 1960, começou a cursar História na Faculdade Nacional de Filosofia (atual UFRJ). Tem vasta obra publicada, incluindo livros infanto-juvenis e para adultos, obras de análise e crítica literária e vários títulos na área de História.

movimento negro de amplitude nacional e claramente destacado de outros movimentos sociais e políticos" (SANTOS, 2015, p. 20).

Em 2016, Nilma Lino Gomes[51] e Kabengele Munanga[52] publicaram o livro *O negro no Brasil de hoje* e uma das perguntas norteadoras é: qual a importância de estudar a História do Negro e de seus descendentes mestiços no Brasil de hoje? Em busca desta resposta, o livro (re)conta a História do Brasil a partir do ponto de vista dos/as negros/as, ou seja, situando-os(as) na posição de sujeitos históricos. Trata-se de uma obra fundamental, pois vem contribuindo na implementação da Lei Nº 10.639/2003[53], que tornou obrigatório o ensino de História da África e da Cultura Afro-brasileira nos currículos da educação básica dos estabelecimentos públicos e privados do país. O capítulo 4, *A resistência negra: das revoltas ao movimento negro contemporâneo*, conforme Kabengele Munanga e Nilma Lino Gomes,

> Neste capítulo, focalizaremos alguns exemplos da resistência negra após a abolição. É importante destacá-los para refletir sobre o processo de luta do povo negro no Brasil e desmistificar a ideia de que após a assinatura da Lei Áurea a situação dos negros, descendentes de africanos escravizados no Brasil, tornou-se harmoniosa e estável. Essa ideia ainda paira em nosso imaginário social. (MUNANGA; GOMES, 2016, p. 107)

Em relação ao período de 1945-1964, a obra faz referência apenas ao Teatro Experimental do Negro e ao poeta Solano Trindade e resume a conjuntura a partir destes termos.

> Em vários estados do país, proliferaram organizações negras de diferentes aspectos: cultural, político, recreativo, intelectual e literário.

---

[51] Nilma Lino Gomes (Belo Horizonte, 13 de março de 1961) é uma pedagoga brasileira. Tornou-se a primeira mulher negra do Brasil a comandar uma universidade pública federal, ao ser nomeada reitora da Universidade da Integração Internacional da Lusofonia Afro-Brasileira (UNILAB), em 2013. Tem se posicionado, frequentemente, na luta contra o racismo no Brasil. No dia 2 de outubro de 2015, foi nomeada pela presidente Dilma Rousseff para ocupar o novo Ministério das Mulheres, da Igualdade Racial e dos Direitos Humanos, que uniu as secretarias de Políticas para Mulheres, Igualdade Racial, Direitos Humanos e parte das atribuições da Secretaria-Geral. Permaneceu no cargo até o dia do afastamento de Dilma pelo Senado Federal. Disponível em: https://pt.wikipedia.org/wiki/Nilma_Lino_Gomes. Acessado em 17/10/2020.

[52] O professor Doutor Kabengele Munanga, antropólogo e professor brasileiro-congolês, é uma das principais referências na questão do racismo na sociedade brasileira. Seus estudos, realizados desde a década de 1970, foram responsáveis por romper a visão eurocêntrica da antropologia, repensar a participação dos negros na História do país e, ainda, consolidar os estudos preparatórios para a Constituição de 1988, no eixo que tange aos Direitos Humanos e combate à toda a forma de racismo no Brasil. Disponível em: https://www.cartamaior.com.br/?/Editoria/Direitos-Humanos/Kabengele-Munanga-o-antropologo-que-desmistificou-a-democracia-racial-no-Brasil/5/44091. Acessado em 17/10/2020.

[53] Disponível em: http://www.planalto.gov.br/ccivil_03/LEIS/2003/L10.639.htm. Acessado em 15 de setembro de 2020.

> Esse movimento em prol da participação do povo na vida nacional acontecia de uma maneira geral na sociedade brasileira, e o segmento negro da população acompanhava todo esse processo, enfatizando a dimensão racial e a luta contra o preconceito e a discriminação. (MUNANGA; GOMES: 2016, p. 125)

No ano de 2017, Ynaê Lopes dos Santos[54] publicou a obra *História da África e do Brasil Afrodescendente*, logo na abertura adverte o/a leitor/a sobre os objetivos do livro:

> Mas este livro não é apenas sobre parte da história da África. Graças à variedade e à complexidade das histórias africanas, este livro irá explorar alguns aspectos da vida humana nesse continente, dando especial atenção para as sociedades africanas que estiveram diretamente relacionadas à história brasileira. E por que essa escolha? Por que o Brasil é um país cuja história foi construída por milhares de africanos e seus descendentes, homens e mulheres que durante muito tempo tiveram suas vidas e trajetórias pouco contadas ou totalmente silenciadas. Por que conhecer um pouco melhor o continente africano é uma forma de entendermos melhor o mundo e a nós mesmos. (SANTOS, 2017, p. 11)

O capítulo 5, *Um afro Brasil: de 1888 aos dias atuais*, é dedicado às lutas antirracistas no contexto do pós-abolição. De forma cronológica, Santos apresenta a História da Imprensa Negra e das Associações, dando destaque para a Frente Negra Brasileira, o Teatro Experimental do Negro e o Movimento Negro Unificado, desta forma, conclui que:

> Desde a abolição da escravidão até os dias atuais, negros e mestiços de diferentes localidades do Brasil lutaram e ainda lutam pela construção de um país sem discriminação racial. Embora inúmeras conquistas tenham sido alcançadas, a luta ainda está longe de acabar. (SANTOS, 2017, p. 267)

Ainda em 2017, Paulina L. Alberto[55] publicou *Termos de Inclusão:*

---

54 Professora Adjunta no Instituto de História da Universidade Federal Fluminense – UFF.
55 Paulina Alberto é doutora em História pela University of Pennnsylvania (EUA).

Intelectuais negros brasileiros no século XX. De todas as obras analisadas, essa é a que traz um estudo mais aprofundando a respeito da Segunda República. Além disso, a autora traz importantes reflexões e já na introdução faz uma indagação a respeito do Movimento Negro Unificado: "mas, por mais poderoso que esse momento tenha sido, ele não deve obscurecer a história igualmente importante de intelectuais negros de gerações anteriores" (ALBERTO, 2017, p.16). A reflexão da autora é central para esta pesquisa, pois também se acredita que as histórias anteriores, sobretudo, da Segunda República, foram fundamentais no enfrentamento do racismo no século XX. Segundo Paulina Alberto, uma certa tradição historiográfica insistia em afirmar que, as gerações anteriores a década de 1970, não foram capazes de enfrentar efetivamente o mito da democracia racial:

> Nas últimas décadas do século XX, a maioria dos intelectuais negros e outros estudiosos da política negra brasileira argumentavam que as ideologias de harmonia racial tinham efetivamente impedido os brasileiros negros, como os politicamente engajados, de desafiar ou compreender completamente as desigualdades raciais profundas e o racismo." (ALBERTO, 2018, p. 16)

Com o intuito de demonstrar a importância das lutas no período anterior à década de 1970, Paulina Alberto dedica dois dos seis capítulos do livro para analisar as movimentações políticas nas cidades de São Paulo, Rio de Janeiro e Salvador no período de 1945-1964. Em relação as duas primeiras, a autora afirma que lá "os intelectuais negros aproveitaram ao máximo a volta da liberdade de expressão e associações para reativar as organizações e publicações mais antigas e formar novas" (ALBERTO, 2017, p. 215). De acordo com a autora, com o fim do Estado Novo, uma nova linguagem política foi sendo forjada.

> Ao retomarem o seu projeto de reivindicação da cidadania plena para os brasileiros afrodescendentes depois de um intervalo de sete anos, os intelectuais negros pautaram sua política de pertencimento em novos termos. No lugar da linguagem mais antiga da fraternidade ou do mais recente nacionalismo nativista, suas publicações e declarações públicas fizeram da linguagem da democracia o ponto central para as reivindicações de inclusão racial. (ALBERTO, 2017, p.215)

Como será visto mais adiante, o Movimento Negro de 1945-1964 irá problematizar a noção de democracia instaurada no contexto após o Estado Novo, enfatizando que não seria possível falar em democracia num país onde homens negros e mulheres negras viviam às margens da sociedade e eram tratados como cidadãos de segunda classe. Naquele momento, um dos grandes desafios era desmitificar a tese da democracia racial, que segundo Paulina Alberto, passou a ser amplamente difundida no país após o término da Segunda Guerra Mundial, pois "foi no clima de entusiasmo nacional e internacional pela democracia, no final da Segunda Guerra Mundial, que a frase democracia racial passou a fazer parte da vida pública brasileira" (ALBERTO, 2017, p. 247).

Conforme a autora, "na época Freyre foi um entre vários outros cientistas importantes que coletivamente ajudaram a introduzir o termo e o conceito na consciência pública nacional" (ALBERTO, 2017, p.248). Ainda, para Paulina Alberto, o termo democracia racial era utilizado pelos conservadores, dentre eles Gilberto Freyre, como uma forma de retratar o Brasil como um paraíso racial. Do outro lado, o Movimento Negro e os setores progressistas utilizaram o termo num tom reivindicatório, como algo que até o momento não havia se estabelecido, mas poderia estar se concretizando no país.

> Eles se basearam no consenso generalizado sobre a democracia política e o antirracismo para moldar novos significados explicitamente orientados pela linguagem de direitos, usando a democracia racial para fazer exigências e alcançar um ideal não realizado de igualdade. Em outras palavras, os intelectuais negros teriam deixado para trás os significados tradicionais e conservadores de democracia racial (definidos por intelectuais como Freyre) e enfatizado, em vez disso, o potencial emancipatório e reivindicatório do termo. (ALBERTO, 2017, p. 248)

Visto como uma verdadeira democracia racial, o Brasil passou a chamar a atenção da Unesco, que foi fundada no imediato contexto do pós-guerra e almejava investigar as dinâmicas do racismo no mundo, de modo a prevenir novas experiências como o caso do Holocausto na Segunda Guerra Mundial. Um dos trabalhos que reforça ainda mais a visão do Brasil como um paraíso racial foi publicado pelo sociólogo da Universidade de Chicago Donald Pierson[56]. Em sua obra de 1942, Negroes in Brazil, "o autor descrevia a relativa ausência de preconceito racial na Bahia por meio de uma comparação e uma crítica às relações raciais no sul dos Estados Unidos" (ALBERTO, 2017, p. 251). O Projeto Unesco contou com a colaboração de diversas entidades e figuras públicas conhecidas no meio negro, tais como Raul Joviano Amaral, Arlindo Veiga dos Santos, Francisco Lucrécio, José Correia Leite, Geraldo Campos de Oliveira, Sofia Campos, Nair Pinheiro, Maria de Lourdes Rosário, entre outros/as.[57]

Segundo Paulina Alberto, ao escolher o Brasil como o local para as suas pesquisas, a Unesco deixava transparecer que, internacionalmente, o país realmente era visto como uma verdadeira democracia racial, com força suficiente para apontar caminhos e soluções a respeito da questão racial numa escala global. De acordo com a autora, a conclusão dos estudos foram:

> Os resultados da pesquisa da Unesco apresentaram um veredito misto sobre a celebrada democracia racial do Brasil. De uma perspectiva, esses estudos negaram a ideia das relações raciais harmoniosas, uma vez que a maioria dos pesquisadores concordava que a balança do poder dos recursos pendia contra a vasta população negra do Brasil. No entanto, muitos pesquisadores, seguindo mais ou menos as conclusões do estudo de 1942 de Pierson, concluíram que a classe, e não a raça, era a principal razão para a discriminação no Brasil. Os pesquisadores marxistas Florestan Fernandes e Luiz de Aguiar Costa Pinto (que estudaram São Paulo e Rio de Janeiro, respectivamente), por exemplo, esclareceram que o racismo existia e representava um sério obstáculo para o progresso dos brasileiros negros. No entanto, de maneiras diferentes, ambos relacionavam o problema do racismo, e a afirmação de identidades raciais dos negros em resposta ao racismo, a questões mais amplas de discriminação de classe e conflitos de classes. (ALBERTO, 2018, p. 252)

---

[56] Donald Pierson obteve seu doutorado pela Universidade de Chicago em 1939, com uma tese sobre as relações raciais na Bahia baseada numa estadia de 1935. A pesquisa se prolongou até 1937. Depois, permaneceu como professor na Escola de Sociologia e Política de São Paulo até 1959. O seu livro *Negroes in Brazil, a Study of Race Contact at Bahia*, de 1942, baseado na tese, contém, principalmente, quadros numéricos classificando pessoas por tipo racial, para concluir que embora os negros ocupassem os degraus inferiores da escala social brasileira, não havia o racismo tal como definido nos Estados Unidos. Disponível em: https://pt.wikipedia.org/wiki/Donald_Pierson. Acessado em 17/10/2020.

[57] Veja: BASTIDE, Roger; FERNANDES, Florestan. Brancos e negros em São Paulo. – 4.ed. São Paulo: Global, 2008. p.24-25.

As reflexões de Alberto são pertinentes, pois na introdução da obra *Brancos e negros em São Paulo*[58], publicada originalmente 1955, Roger Bastide reconhece a existência do racismo, porém relativiza e afirma que os/as negros/as não viviam uma tragédia perpétua, "os problemas produzidos pela cor constituem apenas momentos, e que, no seu conjunto, a vida dos pretos nada oferece de uma perpétua tragédia. É preciso ter em mente esse fato no momento de começar a leitura deste trabalho sobre a situação racial em São Paulo" (BASTIDE; FERNANDES, 2008, p.25)[59].

Após o debate a respeito do Projeto Unesco, Paulina Alberto apresenta um amplo panorama das instituições e associações negras e termina o capítulo afirmando que, "na segunda metade da década de 1940, os intelectuais negros de São Paulo e Rio de Janeiro usaram a ideia conhecida de democracia racial, e até mesmo de mistura racial indissolúvel do Brasil, para reforçar as suas reivindicações pela igualdade racial" (ALBERTO, 2017, p.265).

Por fim, é importante destacar a obra de 2020, *Pensadores Negros Pensadoras Negras: Brasil séculos XIX e XX*, organizada por Ana Flávia Magalhães Pinto[60] e Sidney Chalhoub[61], que buscou reunir um conjunto de artigos "sobre modos como pensadores negro e pensadoras negras lidaram com o racismo no Brasil em diferentes períodos e situações diversas" (PINTO; CHALLOUB, 2020, p.13). A respeito do período compreendido entre as décadas de 1930 e 1950, afirmam os/as organizadores/as, "viram surgir o que se poderia chamar talvez das primeiras formas do movimento negro organizado, tendo de lidar de diversas maneiras,

---

[58] Como advertiu Janaína Damasceno, apesar dos estudos de Roger Bastide e Florestan Fernandes terem sido vistos como pioneiros, a primeira tese a afirmar a existência do preconceito racial na cidade de São Paulo foi escrita por uma socióloga negra, Virgínia Leone Bicudo. Segundo Damasceno, ela "foi a primeira cientista social a ouvir, compreender e transformar, em tese, esta denúncia do Movimento Negro Brasileiro" (DAMASCENO, 2014, p. 64). A respeito da sua tese, pioneiro estudo de "Atitudes Raciais de Pretos e Mulatos em São Paulo", defendida na Escola Livre de Sociologia e Política (ELSP), explica que, embora sua obra seja pequena, sua importância se deve ao fato de que ela faz parte da reflexão da primeira geração de brasileiros, formados por pesquisadores estrangeiros, que vão pensar sobre relações raciais no Brasil a partir da influência direta da Escola de Chicago. A primeira tese sobre relações raciais no Brasil foi escrita por uma socióloga negra que acreditava, a despeito da orientação teórica nas ciências sociais daquele momento, na existência de preconceito racial no Brasil, o que foi tido como evidente somente dez anos depois da publicação de seu trabalho, em outra empreitada da qual fez parte; a publicação do relatório do Projeto Unesco, coordenado, em São Paulo, por Roger Bastide e Florestan Fernandes, na década de 1950 (DAMASCENO, 2014, p. 60).

[59] Os estudo sobre as relações raciais do Projeto Unesco, apesar da importância, não foram uma unanimidade entre os/as intelectuais negros/as. Conforme Alberto, uma das principais críticas foi apresentada pelo sociólogo negro Alberto Guerreiro Ramos na obra *Introdução à sociologia brasileira* publicada em 1957.

[60] Doutora em História Social pela Universidade Estadual de Campinas (2014) e mestre em História pela Universidade de Brasília (2006). É professora do Departamento de História da Universidade de Brasília (UnB).

[61] Professor dos Departamentos de História e African and African American Studies da Universidade Harvard. Aposentou-se como professor titular do Departamento de História da Universidade Estadual de Campinas (Unicamp).

com a propaganda, insistente à época, da suposta democracia racial vigente no país" (PINTO; CHALLOUB, 2020, p.18).

A partir deste breve balanço historiográfico, que buscou reunir algumas das publicações mais relevantes das primeiras décadas do século XXI, é possível afirmar, como bem advertiu Petrônio Domingues, que o Movimento Negro de 1945-1964 ainda não recebeu a devida atenção da historiografia do Movimento Negro, com exceção das obras de Paulina Alberto e a coleção organizada por Ana Flávia Magalhães Pinto e Sidney Chalhoub. Quanto as demais, ora elas relativizam as lutas do período ora reduzem uma ampla conjuntura histórica apenas à atuação do Teatro Experimental do Negro. Ao longo da tese, será demonstrada que o Movimento Negro da Segunda República, por meio da imprensa, associações e demais instituições, tornou-se um dos atores sociais mais relevantes do período, buscando desconstruir o mito da democracia racial e afirmar que o racismo era um dos grandes entraves para a implementação da democracia no Brasil. Em conclusão, é preciso destacar que, ao falar em Movimento Negro, parte-se da definição conceitual de Nilma Lino Gomes:

> Entende-se como Movimento Negro as mais diversas formas de organização e articulação das negras e dos negros politicamente posicionados na luta contra o racismo e que visam à superação desse perverso fenômeno na sociedade. Participam dessa definição os grupos políticos, acadêmicos, culturais, religiosos e artísticos com o *objetivo explícito* de superação do racismo e da discriminação racial, de valorização e afirmação da história e da cultura negras no Brasil, de rompimento das barreiras racistas impostas aos negros e às negras na ocupação dos diferentes espaços e lugares na sociedade. Trata-se de um movimento que não se reporta de forma romântica à relação entre os negros brasileiros, à ancestralidade africana e ao continente africano da atualidade, mas reconhece os vínculos históricos, políticos e culturais dessa relação, compreendendo-a como integrante da complexa diáspora africana. Portanto, não basta apenas valorizar a presença e a participação dos negros na história, na cultura e louvar a ancestralidade negra e africana para que um coletivo seja considerado como Movimento Negro. É preciso que nas ações desse coletivo se

faça presente e de forma explícita uma postura política de combate ao racismo. (GOMES, 2017, p. 25)

Recuperar a História do Movimento Negro é um passo fundamental na luta contra o racismo estrutural brasileiro e o mito da democracia racial, o qual foi construído pelas elites brasileiras. Como reivindicou Gomes, fala-se de um "ator político que produz, constrói, sistematiza e articula saberes emancipatórios produzidos pelos negros e negras ao longo de uma trajetória na sociedade brasileira" (GOMES, 2017, p.38). Da Proclamação da República até os dias atuais, o Movimento Negro tem sido um dos grandes atores políticos do Brasil.

Se por um longo período, a historiografia brasileira, hegemonicamente branca, ignorou a sua força teórico-intelectual, hoje é cada vez mais perceptível a necessidade de uma renovação historiográfica. Para concluir, terá uma reflexão de Guerreiro Ramos, que exemplifica bem o atual momento: "quem não estiver disposto a esse compromisso, arrisca-se a petrificar-se em vida, ou a falar sozinho, ou permanece na condição de matéria bruta desse acontecer, pela apropriação do seu significado profundo" (RAMOS, 1954, p.29).

1.2 Associações Negras

Neste tópico será apresentado as histórias das Associações Negras de São Paulo e das demais cidades no contexto da Segunda República (1945-1964). Antes disso, é preciso ressaltar que as primeiras associações negras começaram a surgir logo após a Abolição e a Proclamação da República, pois, segundo Domingues, "o novo sistema político, entretanto, não assegurou profícuos ganhos materiais ou simbólicos para a população negra" (DOMINGUES, 2007, p. 102).

Diante deste cenário de exclusão e marginalização surgiram as associações negras, "para reverter esse quadro de marginalização no alvorecer da República, os libertos, ex-escravos e seus descendentes instituíram os movimentos de mobilização racial no Brasil, criando incialmente dezenas de grupos" (DOMINGUES, 2007, p. 102). Ainda, conforme Domingues, só na cidade de São Paulo, entre 1907 e 1937, foram fundadas 123 associações.

Com o golpe de 1937 e a ascensão do Estado Novo, houve um forte recuo dos movimentos sociais, a Frente Negra Brasileira, principal organização política do Movimento Negro, foi extinta pelo regime estadonovista. Porém, mesmo que o ativismo negro tenha sofrido os impactos da forte repressão, ele conseguiu se manter, embora com menor intensidade ao longo do Estado Novo (NASCIMENTO, 2009; ALBERTO, 2017). A Associação José do Patrocínio, por exemplo, uma das principais instituições do período, foi fundada em 1941, o que comprova a permanência do ativismo negro.

Com a redemocratização em 1945, outras organizações foram surgindo em São Paulo e nas demais cidades, como Campinas e Santos: Associação dos Negros Brasileiros, Associação Cultural do Negro, Associação Cruz & Souza, Associação Palmares. Além das associações, havia também Movimentos Estudantis, Movimento Recreativo, Sociedade Beneficente, Teatro Experimental do Negro de São Paulo, Grupo Ferroviário Campineiro, União Cultural Artística e Social do Negro e o Ébano Futebol Clube.

O objetivo deste tópico é apresentar um pouco das histórias das Associações, movimentos estudantis, recreativos, beneficentes, dentre outros de São Paulo. Quando foram fundadas? Quem liderava tais instituições? Como contribuíram na organização do Movimento Negro? Entende-se que ao recuperar as histórias das Associações e outras instituições fundadas em São Paulo, no contexto da Segunda República, traz à tona as histórias que importam – parafraseando a escritora Chimamanda –, de modo a demonstrar as suas contribuições na luta antirracista do século XX.

1.2.1 Associação José do Patrocínio

A Associação José do Patrocínio foi fundada em 1941 por Maria do Rosário Alvarenga[62] (NASCIMENTO, 2009; ALBERTO, 2017) com o objetivo de dar continuidade aos trabalhos da Frente Negra Brasileira (1931-1937) e à luta na defesa e na proteção das trabalhadoras negras domésticas. A associação, segundo Paulina L. Alberto, era uma das poucas organizações a prestar auxílio

---

[62] *Alvorada*, São Paulo, agosto de 1946, p.2.

às "pessoas pobres e da classe trabalhadora, oferecendo programas concretos de assistência social e apoio" (ALBERTO, 2017, p. 233).

De acordo com o jornal *Alvorada*, "nestes últimos tempos, podemos afirmar que a sede da Associação José do Patrocínio, tem sido o reduto de toda a articulação do pensamento que se irradia na concepção organizadora da vida social do negro brasileiro"[63]. A associação tinha esse nome como uma forma de homenagear o José do Patrocínio[64], conhecido como o "Tigre da Abolição". Patrocínio era, ao lado de Luiz Gama e Cruz[65] e Souza[66], uma das referências do Movimento Negro da Segunda República, "José do Patrocínio é um nome que, para nós, deve ser imperecível; e os seus feitos e o seu grande devotamento à causa do abolicionismo, devemos guardar na memória, em sinal de gratidão".[67]

Em janeiro de 1946 a diretoria eleita para administrar a associação foi: presidente, João Francisco P. de Araujo; secretário geral, Gil de Carvalho; tesoureiro geral, José Miguel da Silva; primeiro secretário, João Miguel Braga; primeiro tesoureiro, Antonio Firmino; orador, Joaquim Miguel Lopes; diretor dos departamentos, Ismael do Amaral; secretaria dos departamentos, Nair do Rosário; diretora do departamento feminino, Maria do Rosário Alvarenga[68]. Com destaque para este último departamento, dirigido pela sua fundadora e dedicado às questões das mulheres negras.

Ainda no mês de janeiro, no dia 26 de 1946, na rua da Graça, a associação realizou uma festa de formatura da turma de "moças" que concluíram o curso de

---

[63] Sem autor. Associação José do Patrocínio. **Alvorada**, São Paulo, outubro de 1945, p.1.
[64] José do Patrocínio nasceu em 1853, em Campos, um dos polos escravagistas do país, mas mudou-se para o Rio de Janeiro, onde começou a vida como servente de pedreiro na Santa Casa de Misericórdia do Rio. Pagando o próprio estudo, formou-se em Farmácia. Porém, em 1875, descobriu a sua verdadeira vocação ao ler um jornal satírico chamado *Os Ferrões*, começava ali a carreira de um dos mais brilhantes jornalistas brasileiros de todos os tempos. Dono de um texto requintado e viril, José do Patrocínio consagrou-se como um articulista famoso em todo o país, fundou o seu próprio diário, a *Gazeta da Tarde* e tornou-se o *Tigre do Abolicionismo*. Em maio de 1883, criou junto com André Rebouças, uma confederação unindo todos os clubes abolicionistas do país (MUNANGA, GOMES, 2016, p.209).
[65] Luís Gama Pinto da Gama nasceu, 1830, em Salvador-Bahia, filho de escravos (de Luísa Mahim) e foi vendido pelo pai, em 1840, devido a uma dívida de jogo. Comprado em leilão pelo Alferes Antonio Pereira Cardoso, passou a viver num cativeiro, em Lorena, São Paulo. Em 1847, foi alfabetizado e, no ano seguinte, fugiu da fazenda e foi para São Paulo, por volta de 1850 se casou e frequentou o curso de Direito como ouvinte. Em 1864, fundou o jornal *Diário Coxo*, do qual foi redator. Sempre utilizou seu trabalho na imprensa para a divulgação de suas ideias antiescravistas e republicanas. Em 1873 foi um dos fundadores do Partido Republicano Paulista, em Itu, São Paulo. Nos anos seguintes, teve intensa participação em sociedades emancipadoras, na organização de sociedades secretas para fugas e ajuda financeira a negros, além do auxílio na libertação nos tribunais de mais de 500 escravos foragidos. Por volta de 1880, tornou-se líder da Mocidade Abolicionista e Republicana. Morreu em São Paulo em 1882 (MUNANGA, GOMES, 2016, p. 213).
[66] João Cruz e Souza nasceu no dia 21 de novembro de 1862, em Florianópolis, tendo se mudado depois para o Rio de Janeiro, onde trabalhou como funcionário público e jornalista. Defensor do Simbolismo, opôs-se aos parnasianos que gozavam de grande prestígio na época. Em sua poesia aparece uma religiosidade difusa, com uma lírica próximo ao misticismo. Mesmo sem grande cultura literária, sua obra tem grande sensibilidade e as mais destacadas são: Broquéis (poesia, 1893), Missal (prosa, 1893) e Últimos sonetos (póstumo). Faleceu em um sítio de Minas Gerais (MUNANGA, GOMES, 2016, p.208).
[67] Sem autor. José do Patrocínio. **Alvorada**. São Paulo, janeiro de 1946, p.1.
[68] Senzala, São Paulo, fevereiro de 1946, ano 1, n.2, p.30.

corte e costura oferecido pela instituição. A celebração teve início às 21h30 com os discursos do presidente da associação, Francisco F. Pires de Araújo, a professora da escola e o paraninfo, Arlindo Veiga dos Santos, que relembrou a atuação da Frente Negra Brasileira. Em seguida, procedeu-se a entrega dos diplomas e o então secretário, Esmail do Amaral, fez o novo discurso direcionado às demais associações presentes na solenidade. Por fim, aconteceram manifestações artísticas e a parte mais aguardada, o baile de formatura. Sob a supervisão da professora Iracy Padovani, a associação se preparava para oferecer dois novos cursos: de instrução primária e de datilografia.[69]

Além do curso oferecido, a associação se dedicou a protestar contra a discriminação racial sofrida pelas mulheres negras no mercado de trabalho, uma prática bastante comum na época. Diante disso, a associação "monitorava e protestava contra anúncios de emprego doméstico que especificavam a preferência por candidatas de pele clara ou branca" (ALBERTO, 2017, p. 220).

O protesto da associação contra a discriminação racial no mercado de trabalho mostra uma dimensão da situação das mulheres negras no Brasil no contexto do pós-abolição, marcada pela exclusão no mercado de trabalho formal e pelas péssimas remunerações.

> De quando em quando, os jornais desfecham uma campanha contra a falta de empregadas domésticas. Descrevem dramaticamente a situação aflitiva das donas de casa que se veem na dura contingência de andar dependuradas ao telefone, pedindo cozinheiras às agências. Narram com cores gritantes, o peregrinar das patroas a cercar na rua esta ou aquela pessoa, perguntando-lhe se sabe de alguém que queira trabalhar, nos seus vilinios. (...) A verdade mesma fica agachada atrás daquela condição que frequentemente, fecha os anúncios – prefere-se branca.[70]

Segundo Abdias Nascimento, a prática de discriminação racial nos anúncios de emprego seguiu sendo uma prática comum, mesmo após a promulgação da Lei Afonso Arinos em 1951. "Depois da lei, os anúncios se

---

[69] Novo Horizonte, São Paulo, maio de 1946, n. 1, p.4.
[70] GUEDES, Lino. Prefere-se branca. **Novo Horizonte**, São Paulo, março de 1948, p.2.

tornaram mais sofisticados que antes: requerem agora pessoas de boa aparência" (NASCIMENTO, 2016, p. 97).

Os dados do censo de 1950 revelam o drama da população negra no que se refere à distribuição ocupacional. Neste ano, o estado da Bahia possuía uma população de quase cinco milhões de habitantes e, deste total, 70% eram de negros/as. Uma vez sendo a maioria da população, seria natural que os/as negros/as ocupassem lugares de destaque no seio da estrutura social, mas por conta do racismo estrutural, a realidade era completamente inversa. Entre os/as empregados/as, ou seja, aqueles/as que exerciam algum tipo de trabalho remunerado de baixo escalão, negros/as representavam 76%. Os/as brancos eram apenas 23%.

A condição das mulheres negras brasileiras por volta da década de 1940 e 1950, época de atuação da Associação José do Patrocínio, não era muito diferente das suas irmãs norte-americanas. Segundo Angela Davis, a situação econômica das mulheres negras nos Estados Unidos era desesperadora, "de acordo com o censo de 1940, 59,5% das mulheres negras empregadas eram trabalhadoras domésticas e outros 10,4% trabalhavam em ocupações não domésticas" (DAVIS, 2017, p.105). Além disso, Davis esclarece que "menos de uma em cada dez trabalhadoras negras havia realmente começado a escapar dos velhos grilhões da escravidão" (DAVIS, 2016, p.105). O trabalho precarizado e as baixíssimas remunerações levaram as cozinheiras negras de São Paulo a organizarem uma greve em 1947[71]. Em artigo publicado no jornal *Novo Horizonte*, em maio de 1948, Lino Guedes denuncia tal situação:

> É de nosso conhecimento, cozinheiras que trabalharam vinte anos ou mais, serem dispensadas e receberem, em sinal de alta diferencia e distinção, trazem, mil cruzeiros ou menos de gratificação por tudo quanto fizeram naqueles quatro lustros. E vão por aí, coitadas, experimentar de novo a vida como lavadeiras, encomadeiras.[72]

As condições degradantes de trabalho faziam parte do projeto de exclusão social do/a negro/a, iniciado logo após a abolição da escravatura. Desde 1890, o

---

[71] Novo Horizonte, São Paulo, junho de 1947, ed.11, p.2.
[72] GUEDES, Lino. Zé da negra. **Novo Horizonte**, São Paulo, maio de 1948, p. 2.

Estado brasileiro vinha promulgando um conjunto de leis para estimular a vinda de brancos europeus, com o objetivo de branquear o país. Em 1945, ainda no governo ditatorial de Getúlio Vargas, tais legislações foram reforçadas através do Decreto-Lei Nº 7967, que enfatizava "a necessidade de preservar e desenvolver na composição étnica da população as características mais convenientes da sua ascendência europeia" (NASCIMENTO, 2016, p. 86). Em maio de 1949, o jornal *Novo Horizonte* republicou o texto *Abandono completo do trabalho nacional e amparo exclusivo ao imigrante estrangeiro. Uma disparidade de tratamento que indica falta de visão e atinge as raias da desumanidade*, do Diário Popular do Rio de Janeiro, que denuncia tal situação.

> Curioso país o Brasil, país extremoso para os estrangeiros e, não obstante, padrasto brutal para os seus próprios filhos. Veja-se, como exemplo, o que ocorre presentemente no terreno da imigração. Ao passo que os imigrantes estrangeiros estão sendo recebidos com desvelo e amparados, na medida do possível, com maior empenho pelas autoridades, os imigrantes brasileiros se deslocam, de um ponto para outro do território nacional, sem o menor apoio oficial. (...) Pois se há vagas para os estrangeiros, porque não as haverá para os brasileiros? (...) O Brasil não logrará atingir os seus tão decantados destinos radiosos enquanto for impotente para resolver o problema crucial da terra para os que desejam trabalhá-la e não dispõem de meios para isso.[73]

A exclusão dos/as trabalhadores/as brasileiros/as, especialmente os/as negros/as, denunciada pelo Diário Popular do Rio de Janeiro, como citado acima, é parte de um problema estrutural que vinha acontecendo antes mesmo da Primeira República. Segundo Domingues, o projeto de imigração europeia, implementado em São Paulo, não deve ser entendido como uma resposta à possível escassez de mão de obra, mas como "uma campanha ideológica empreendida pela elite para legitimar a de exclusão social do/a negro/a" (DOMINGUES, 2004, p. 83).

---

[73] Sem autor. Abandono completo do trabalho nacional e amparo exclusivo ao imigrante estrangeiro uma disparidade de tratamento que indica falta de visão e atinge as raias da desumanidade. **Novo Horizonte**, São Paulo, maio de 1949, n.36, p.6.

Como visto, décadas depois, a exclusão social do negro continuou sendo a norma e, com isso, eram pouquíssimas as pessoas negras que alcançavam algum lugar de destaque na sociedade brasileira dos anos 1950. Daí a importância da Associação José do Patrocínio em denunciar a discriminação racial sofridas pelas mulheres negras no mercado de trabalho.

Nas décadas de 1970 e 1980[74], as condições das mulheres negras eram as mesmas ou semelhantes da Segunda República. Lélia Gonzalez, uma das maiores referências do feminismo negro no país, seguiu denunciando a situação degradante das mulheres negras. Ao longo da sua trajetória intelectual e de militância, procurou demonstrar como o cruzamento do racismo e do sexismo impactava negativamente a vida das mulheres negras.

> Aquele papo do "exige-se boa aparência", dos anúncios de empregos, a gente pode traduzir por: "negra não serve". Secretária, recepcionista de grandes empresas, balconistas de butique elegante, comissária de bordo etc. e tal, são profissões que exigem contato com o tal público "exigente" (leia-se racista). Afinal de contas, para a cabeça desse "público", a trabalhadora negra tem que ficar no "seu lugar": ocultada, invisível, "na cozinha". Como considera que a negra é incapaz, inferior, não pode aceitar que ela exerça profissões "mais elevadas", "mais dignas" (ou seja: profissões para as quais só as mulheres brancas são capazes). E estamos falando de profissões consideradas "femininas" por esse mesmo "público" (o que também revela seu machismo). (GONZALEZ, 2018, p.129)

Passados sessenta anos da greve das cozinheiras de São Paulo contra as péssimas condições de trabalho, Sueli Carneiro, no livro *Racismo, sexismo e desigualdade no Brasil*, traz novos dados que exemplificam um velho drama. Segundo a autora, os dados divulgados pelo Ministério do Trabalho e pelo Ministério da Justiça no relatório de 2006 *Brasil, gênero e raça*, revelam a permanência do trabalho, "as mulheres negras ocupadas em atividades manuais

---

[74] No artigo *Mulher Negra*, escrito no início da década de 1980, Gonzalez traz novos dados acerca das condições desumanizantes das mulheres negras. Em 1980, elas correspondiam a 68,9% das pessoas que recebiam até um salário-mínimo. Entre os/as mais ricos/as, apenas 0,3%. Resumindo, a inserção das mulheres negras se dava em ofícios de baixos níveis de rendimentos e de escolaridade, já que o analfabetismo era uma realidade. "As trabalhadoras negras encontram-se alocadas em ocupações manuais rurais (agropecuária e da extrativa vegetal) e urbanas (prestação de serviços), tanto como assalariadas quanto como autônomas e não remuneradas" (GONZALEZ, 2018, p.270).

perfazem um total de 79,4%. Destas, 51% estão alocadas no emprego doméstico e 28,4% são lavadeiras, passadeiras, cozinheiras, serventes" (CARNEIRO, 2011, p. 128).

Por fim, no livro *Você pode substituir mulheres negras como objeto de estudo por mulheres negras contando a sua própria história*, Giovana Xavier retrata a exclusão das mulheres negras no ensino superior, "de acordo com dados coletados no Censo da Educação Superior (2016), 10 mil professoras doutoras atuando em programas de pós-graduação são brancas, enquanto 219 são mulheres negras (0,4% pretas) (XAVIER, 2018, p. 85). Diante do exposto, temos a dimensão da importância da Associação José do Patrocínio ao trazer para o centro da discussão a condição das mulheres negras brasileiras.

1.2.2 Associação do Negro Brasileiro

A Associação do Negro Brasileiro (ANB) foi fundada no dia 13 de maio[75] de 1945 com a finalidade de retomar os trabalhos da Frente Negra Brasileira, interrompidos em 1938 pelo Estado Novo. Com a queda do regime estadonovista, os movimentos sociais reiniciaram suas articulações, de modo a tencionar os debates políticos no contexto da redemocratização. Assim, antigos companheiros de luta se reuniram novamente para rearticular novas bases para o Movimento Negro.

A Associação do Negro Brasileiro (ANB) foi fundada após o lançamento de um manifesto assinado por diversos militantes, tais como Raul do Amaral, Mário da Silva Júnior, Francisco Lucrécio, Roque dos Santos, Fernando Góes, José Correia Leite, entre outros. Nos primeiros anos, a associação funcionou na sede da Associação José do Patrocínio, na cidade de São Paulo, situada na Rua Formosa, número 433, todos os dias, das 20 às 22 horas. Ao longo dos três anos de atuação (1945-1948), a ANB estruturou um programa que incluía assistência social, esporte, cultura, artes e uma ala dedicada às mulheres negras. (ALBERTO, 2017).

Após o lançamento do manifesto e da fundação da associação, instituiu-se um comitê organizador com a finalidade de arregimentar a formação do quadro social da ANB. Tal comitê tinha a seguinte formação: José Correia Leite

---

[75] *Alvorada*, São Paulo, janeiro de 1946, p. 4.

(presidente); Raul J. Amaral (secretário); Mário Silva Junior, Roque Antonio dos Santos e Abilio Justino Costa (tesoureiros); Fernando Gois (consultor); Edgard G. Ferreira, José A. Barbosa, Francisco Lucrécio e Manuel Antonio dos Santos (assistentes), além deles, formavam o comitê: João Francisco P. Araújo, José Miguel da Silva, Mario Godoi, Abel de Freitas, Abércio Pereira Barbosa, Emílio S. Araujo, Francisco Florêncio Silva, Irineu José das Neves, Alcino José Antonio, Benedito Glicério Andrade, Ismail do Amaral e José Ângelo Pinheiro.

A fundação da ANB foi bem recebida pelas demais organizações negras das cidades de São Paulo, de Santos e do Rio de Janeiro. Da capital federal, vieram felicitações de importantes instituições, como o Teatro Experimental do Negro[76], administrado por Aguinaldo de Oliveira Camargo.[77]

O programa inicial da associação previa a formação de um quadro de mil associados, pagando uma taxa mínima de vinte cruzeiros para o custeio da instalação da ANB. Em outubro de 1945, três meses após a sua fundação, já havia mais de 500 inscritos. No mês seguinte, o comitê organizador definiu as diretrizes gerais da implementação definitiva da associação:

1. Iniciar, a partir de primeiro de janeiro de 1946, a arrecadação da importância de cooperação de vinte cruzeiros, conforme consta de seu plano número um, entre os seus subscritores;
2. Essa importância será depositada em sua casa de crédito desta capital, e seu emprego será utilizado na realização do plano após a reunião da assembleia geral;
3. A computação do quadro social de mil subscritores só será considerada entre os que, a partir de primeiro de janeiro, tenham satisfeito a sua subscrição. Portanto, a campanha de arregimentação prosseguirá, mesmo depois de primeiro de janeiro.
4. A assembleia será convocada pelo comitê, em forma de um congresso da ANB, onde os seus inscritos quites discutirão as normas de seus trabalhos e as possibilidades de sua instalação

---

[76] O Teatro Experimental do Negro foi fundado em 13 de outubro de 1944. Segundo Sandra Almada, "a criação do Teatro Experimental do Negro foi fruto, portanto, da adesão voluntariosa de várias pessoas, entre elas, o advogado Aguinaldo de Oliveira Camargo, o então estudante de direito Ironides Rodrigues, o pintor Wilson Tibério, o funcionário público Teodorico dos Santos e o contador José Herbel. A estes, se uniram, logo depois, Sebastião Rodrigues Alves, Arlinda Serafim, Ilena Teixeira, Marina Gonçalves, Claudino Filho, Oscar Araújo, José da Silva, Antonio Barbosa, Natalino Dionísio e, mais tarde, Ruth de Souza, entre vários outros". Referência: ALMADA, Sandra. *Abdias Nascimento*. São Paulo: Selo Negro, 2009. p.67-68.
[77] *Alvorada*, São Paulo, novembro de 1945, n.3. p.3.

e outros assuntos como sejam a elaboração dos estatutos e constituição da diretoria etc.⁷⁸

Figura 4 - Ficha de filiação na Associação dos Negros Brasileiros.

ASSOCIAÇÃO DOS NEGROS BRASILEIROS
TITULO DE HONRA
Plano Social Nº 1
Inscrição Nº............ Contribuição Cr $ 20,00

Conferimos a
o presente título pela sua contribuição no plano de angariação de fundos para a instalação, na cidade de S.Paulo, da Associação dos Negros Brasileiros.
São Paulo,   de   de 1946
P/Comité Organizador

Secretario Geral   Presidente   Tesoureiro

Fonte: Alvorada, São Paulo, novembro de 1945, n.3, p.2.

Desde o início, a ANB colocava-se como sendo uma organização "apolítica" e, com isso, buscava distanciar-se dos partidos políticos. Em relação a essa questão, José Correia Leite, presidente da associação, adotava uma postura bastante firme:

> Eu, como negro, nunca misturei minhas ideias com política partidária, isso porque sempre achei que o negro isoladamente não tinha condições de fazer política, uma vez que no Brasil política é sinônimo de favor. O negro só pode e deve fazer política bem organizado. (LEITE, 1992, p. 162)

---
[78] Sem autor. Mensagem do "Comité Organizador". **Alvorada**, São Paulo, novembro de 1945, p.2.

A descrença de Correia Leite em relação à política partidária pode estar relacionada, entre outras coisas, à sua experiência frustrada com o Partido Comunista. Segundo ele, "o comunista sempre entendeu que não havia questão racial, não havia causa de negros. A questão era econômica, de classe" (LEITE, 1992, p.55). Além disso, esclarecia que todas as vezes que um/uma negro/a discutia a questão racial, ele/ela era acusado de ser "racista", ou seja, acusado de estar criando um problema inexistente e dividindo a classe trabalhadora.

Ainda que a ANB não quisesse se associar à partidos políticos, em 1945 seus membros participaram de uma passeata antifascista organizada pelo Partido Comunista. José Correia Leite conta, em suas memórias, que ele e seus companheiros só foram descobrir depois que a movimentação era de cunho político-partidário.

> Foi anunciado, no auge daquele entusiasmo de redemocratização em 1945, que ia haver uma grande passeata antifascista aqui em São Paulo. Numa reunião da ANB foi discutida e aprovada a participação da Associação na passeata. Nós nos associamos, pensando que a comissão promotora daquela passeata não tinha nenhuma ligação partidária. Depois da adesão nossa, ficamos sabendo que a promoção era dos comunistas. (LEITE, 1992, p.145)

Conforme Leite, "isso criou um caso, pelo fato de a ANB ter anunciado ser apolítica e eu ter estado presente numa manifestação organizada pelo Partido Comunista" (LEITE, 1992, p.145). Buscando se distanciar da política partidária, a ANB colocava-se, segundo Aristides Negreiros, a favor do negro, "da raça sofredora que, depois de cinquenta e oito anos de uma liberdade romântica e mentirosa, ainda continua vivendo uma vida abjeta".[79] Seus militantes, de acordo com ele, estariam dando continuidade às lutas de José do Patrocínio, Cruz e Souza, Luiz Gama e Henrique Dias[80]. Ainda, para Aristides Negreiros, o grande dilema de negros/as seria o analfabetismo, que assolava a grande maioria da comunidade.

---

[79] Alvorada, São Paulo, junho de 1946, p.3.
[80] A data de seu nascimento é desconhecida. Morreu em junho de 1682, em Recife (PE). Negro liberto, chefiou um batalhão de homens livres e escravos na guerra contra os holandeses no Nordeste, inclusive nas decisivas Batalhas de Guararapes. Foi ferido sete vezes. Condecorado pela Coroa portuguesa, pediu a liberdade para seus soldados. Disponível em: https://www.camara.leg.br/tv/170887-henrique-dias/?pagina=1

> O censo de 1950 foi o último a nos fornecer dados objetivos, indicadores básicos relativos à educação e aos setores da atividade da mulher negra. O que então se constatava era o seguinte: nível de educação muito baixo (a escolaridade atingindo, no máximo, o segundo ano primário ou o primeiro grau), sendo o analfabetismo o fator dominante. (GONZALEZ, 2018, p.43)

Dando continuidade à implementação da ANB, o comitê organizador se reuniu no dia 7 de dezembro de 1946. No dia 21 de abril de 1947 aconteceu uma assembleia preparatória no qual foram convocados todos os inscritos na associação para que pudessem discutir a respeito da instalação definitiva da ANB. Entre os dias 26 de abril e 3 de maio, o comitê se reuniu mais uma vez para finalizar seus trabalhos. Por fim, os estatutos da Associação do Negro Brasileiro foram aprovados no dia 10 de maio, no salão auditório da APISP.

> Houve uma festa de entrega de um certificado para todas aquelas pessoas que contribuíram para a criação da ANB. Não eram propriamente sócios. Eram pessoas que espontaneamente deram a sua colaboração, não financeira, mas moral. E a ideia era justamente aglutinar as pessoas para ver se a entidade se estabelecia definitivamente. No dia 13 de maio de 1947, no auditório do Conservatório Musical de São Paulo, a ANB organizou uma grande festa para entrega desse certificado, onde estiveram para mais de dois mil negros reunidos. (LEITE, 1993, p.149)

Após a aprovação dos estatutos, a ANB estava oficialmente inaugurada. Faltava agora a formação da sua diretoria. A votação aconteceu numa assembleia geral que se realizou no dia 11 de outubro de 1947. Com a formação da diretoria, excluiu-se o comitê organizador, órgão que até aquele momento exercia as funções da diretoria. Uma das primeiras pautas da nova direção foi o lançamento da campanha pró-sede própria. Vale lembrar que, até aquele momento a associação funcionou de forma provisória na sede da Associação José do Patrocínio. A diretoria era composta por vinte membros, entre eles, destacam-se: Raul J. Amaral (presidente); José Correia Leite (vice-presidente); Abeleio Barbosa (secretário-geral); Fernando Góes (primeiro secretário); Aristides de

Assis Negrão (segundo secretário); Roque A. Santos (tesoureiro geral); Grimaldi A. Siqueira (primeiro tesoureiro); Irineu José das Neves (segundo tesoureiro).[81]

Figura 5- Reunião para a entrega dos certificados aos/as inscritos/as na ANB.

Fonte: Alvorada, São Paulo, agosto de 1947, n.23, p.7.[82]

Como é possível observar, não havia nenhuma mulher negra na diretoria da ANB, o que leva a crer que ainda que houvesse uma ala de mulheres, conforme demonstrado por Alberto (2017), o nascente Movimento Negro tinha um caráter marcadamente sexista. Isso não quer dizer que as mulheres negras não estiveram na linha de frente da luta antirracista, pois elas estavam. A fundação da Associação José do Patrocínio por Maria do Rosário Alvarenga, a greve das cozinheiras em 1947 e a atuação de mulheres negras, como Sofia Campos na Imprensa Negra, dá uma dimensão da sua presença no Movimento Negro de São Paulo na Segunda República. Além disso, elas compunham um número expressivo das pessoas

---

[81] Alvorada, São Paulo, outubro de 1947, p.2.
[82] Dia 13 de maio de 1947, no auditório do Conservatório Musical de São Paulo, mais de dois mil presentes para a entrega dos certificados dos/as associados/as.

inscritas na ANB que financiavam as atividades desenvolvidas pela associação, ou seja, ainda que não estivessem ocupando cargos burocráticos na associação, eram elas que davam sustentação a ANB.

A formação da nova diretoria não se deu num contexto financeiro favorável. A ANB, assim como qualquer outra instituição negra, gozava de poucos recursos para realizar suas atividades. A maioria dos/as negros/as inscritos viviam em condições modestas. Diante disso, uma das estratégias da associação para levantar fundos era a realização de grandes bailes. Segundo o vice-presidente José Correia Leite:

> A ANB teve dificuldades financeiras. Então nós resolvemos promover a festa, um baile. [...] A festa teve grande repercussão. Foi mais ou menos em 1947. O resultado financeiro foi bom. No dia 14 de novembro daquele mesmo ano, a associação realizou um grande baile para arrecadar fundos "pró-sede própria". (LEITE, 1992, p.148)

Em novembro de 1947, a sede da instituição foi transferida para a rua José Bonifácio, número 39. O atendimento continuou acontecendo no período de segunda à sexta, das 20 às 22 horas e aos sábados das 16 às 20 horas[83]. Além da troca da sede, neste mesmo mês os dirigentes da ANB compraram um terreno para construir a sede própria. O terreno foi adquirido pela quantia de trinta e cinco mil cruzeiros e localizava-se no bairro Jaquabara, a uma distância de trinta minutos de ônibus do centro da cidade[84]. Para financiar a construção da nova sede, no mês de outubro, em assembleia realizada no dia 11, aprovou-se um plano constando que cada inscrito da associação se obrigaria a pagar a quantia de duzentos e vinte cruzeiros até o dia 5 de maio de 1948[85]. No final daquele ano, alguns membros da diretoria da ANB concorreram para as eleições municipais pelo Partido Socialista Brasileiro.

Após um ano de intensas movimentações, o início de 1948 foi um período de grandes dificuldades para a Associação. Já em fevereiro, a instituição dava sinais de desagregação: "ainda contamos com as esperanças de certos fatores

---

[83] Alvorada, São Paulo, novembro de 1947, p.3.
[84] Alvorada, São Paulo, dezembro de 1947, n.27, p.1.
[85] Alvorada, São Paulo, dezembro de 1947, n.27, p.2.

psicológicos que, no decorrer do tempo, surjam e possam modificar o rumo dessa situação de indiferentismo do negro brasileiro."[86] Segundo José Correia Leite, "a associação fechou mais ou menos em 48. [...] Quando a associação fechou, o jornal Alvorada também parou. [...] O terreno, ninguém soube mais. Ninguém soube mais nada do patrimônio." (LEITE, 1992, p.154).

Figura 6 - Organograma da Associação dos Negros Brasileiros.

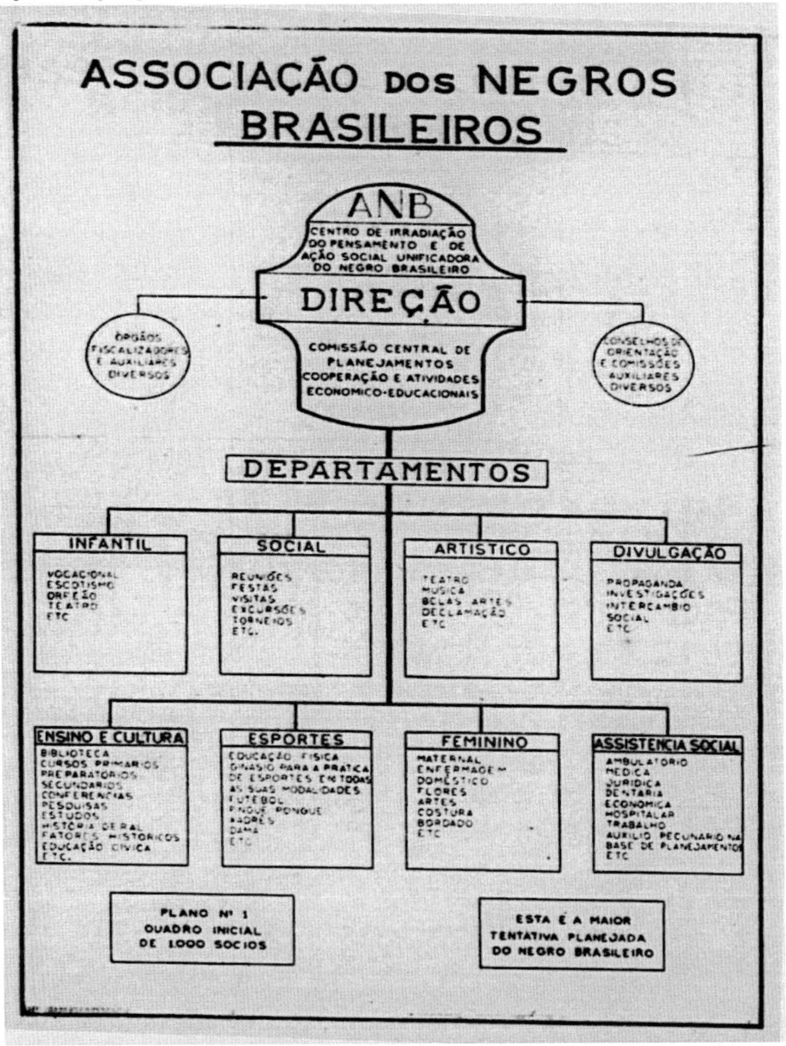

Fonte: Alvorada, São Paulo, novembro de 1945, n.3, p.3.

---

[86] Sem autor. Meridiano da ANB. **Alvorada**, São Paulo, fevereiro de 1948, p.4.

1.2.3 Associação Cultural do Negro

Segundo Mário Augusto Medeiros da Silva (2020), a Associação Cultural do Negro foi fundada em 28 de dezembro de 1954. Sua fundação parece ter marcado a retomada, após um período de recuo das lutas, do Movimento Negro na cidade de São Paulo.[87] Para Alberto (2017), a instituição foi a sucessora da Associação do Negro Brasileiro.

> É lastimável as condições e a situação em que se encontra a raça negra de São Paulo. A desorganização, o indiferentismo e a hipocrisia é que origina este tão deplorável ambiente. *O negro paulista, não possui atualmente uma sociedade organizada de molde que permite a reunião de famílias a promoção de reuniões recreativas decentes, e que possa dar assistência educacional e cultural aos seus associados.*[88]

A organização de uma nova associação negra foi uma resposta às comemorações pelos 400 anos da cidade de São Paulo, realizados em 1954 e que omitiram as contribuições do negro para o progresso de São Paulo.

> Em 1954, nas comemorações dos 400 anos da cidade de São Paulo, houve muitas festas, mas o negro não se fez presente, isto porque naquele ano não havia uma entidade organizada para tratar desse assunto. No entanto as colônias estrangeiras apareceram como responsáveis pelo desenvolvimento e progresso da cidade. O negro foi omitido. (LEITE, 1992, p.163)

Em sinal de protesto e indignação, Fernando Góes, um dos expoentes do Movimento Negro, escreveu um texto bastante inflamado acerca do assunto. Veja:

> Com a inauguração breve, do monumento à Mãe Preta, São Paulo resgatará uma parte – e só uma parte – da sua PESADA DÍVIDA para com os negros. Porque a outra, e não menos valiosa, teremos também que resgatá-la um dia – também simbolicamente – com o levantamento de um monumento ao escravo negro, a quem São

---

[87] A extinção da Associação dos Negros Brasileiros, uma das principais associações negras, contribuiu para o recuo das lutas na cidade de São Paulo. Além disso, é preciso considerar que momentos de desarticulação e desorganização são comuns na História do Movimento Negro. Na maioria dos casos, os jornais ou as associações encerravam suas atividades devido as dificuldades de ordem econômica.
[88] Sem autor. É chegado o momento. **Novo Horizonte**, São Paulo, julho-agosto de 1954, p.4, grifo do autor.

Paulo deve, se não tudo, pelo menos quase tudo daquilo que fez a sua grandeza econômica no passado, construindo, sobre as bases da riqueza da lavoura do café, o pedestal do seu desenvolvimento industrial de hoje. [...] Nem mesmo a justiça dos historiadores e estudiosos do passado de São Paulo, tem os negros merecido; pois sofrendo daquela prosápia e mania de branquitude de que o poeta Garção acusava os antigos paulistas, querem eles passar na história uma parcela de tinta branca. [...] É preciso, por isso mesmo, que em nome da verdade histórica o díptico da grandeza de São Paulo: o bandeirante, o imigrante italiano, se transforme num tríptico: o bandeirante, o negro e o imigrante, os autênticos "três grandes" de tudo que São Paulo foi, de tudo que São Paulo é.[89]

A partir daí, a militância negra começou a se aglutinar e, com isso, iniciou-se as discussões para formação de uma nova entidade negra. Segundo José Correia de Leite, a pessoa mais importante nesse processo foi Américo Orlando, descrito como um rapaz dinâmico, muito sério e comunista. A respeito da sua orientação ideológica, Leite foi bastante categórico, "a gente estava sabendo que ele era comunista praticante, mas pra nós não interessa, desde que ele deixasse as ideias dele na porta de entrada e pra dento viesse só como negro. Foi um dos que mais deu força" (LEITE, 1992, p.165).

Depois das discussões iniciais, passou-se a debater sobre os estatutos da futura associação negra e, finalmente, em dezembro de 1954 foi fundada a Associação Cultural do Negro. Inicialmente, sua sede foi instalada numa sala da Rua São Bento. À frente da associação estavam: Geraldo Campos de Oliveira (presidente), Américo Orlando da Costa e José Correia Leite (conselho superior). Além destes, outras pessoas compunham a gestão da associação, que possuía diversos departamentos, tais como de cultura, esporte, estudantil, feminino e recreação. Ainda que a associação tenha sido fundada em 1954, suas atividades só tiveram início em 1956, conforme atestou José Correia Leite.

A Associação, em 1956, deu início a sua primeira atividade: uma quinzena de 13 de maio. A sede era ali na rua Carlos Gomes. O

---

[89] GOÉS, Fernando. Os três grandes de São Paulo. **Novo Horizonte**, São Paulo, setembro de 1954, p.1.

> Geraldo Campos conseguiu que o Teatro Experimental do Negro, daqui de SP, ficasse agregado à Associação. Dessa quinzena 13 de maio surgiu a ideia de fazermos uma convenção, cujas teses deveriam estar voltadas para os assuntos interessados aos problemas negros. Foram organizadas as comissões para a quinzena. Do Rio de Janeiro veio o Rodrigues Alves e o Ironides Rodrigues para participarem das comissões. E a convenção foi realizada na sede do Sindicato dos Metalúrgicos de São Paulo, ali na rua do Carmo. E começamos a aceitar os trabalhos. (LEITE, 1992, p. 166)

Dentre as teses apresentadas, uma delas sugeria a comemoração do cinquentenário de morte de Nina Rodrigues.

> Essa moção foi discutida e aceita com ressalvas. [...] Mas aceitamos a moção, considerando o Nina Rodrigues como o primeiro – o único mérito que ele teve. Porque as opiniões que ele defendia com relação ao negro mais tarde foram contestadas como negativas. Era um médico que estudava o negro como um doente mental. Como hoje está em voga a palavra "racista", a gente pode por o Nina Rodrigues na galeria dos racistas. Nós aceitamos aquela moção pelo mérito de ter sido aquele estudioso o primeiro, como já disse. (LEITE, 1992, p.166)

A Semana Nina Rodrigues aconteceu e dentre as atividades realizadas estava a exposição de objetos folclóricos, principalmente da cultura religiosa negra e a realização de um almoço folclórico na casa de José Correia Leite. O encerramento aconteceu na nova sede da associação, num prédio da Rua Carlos Gomes, sob a responsabilidade de Ironides Rodrigues. Tempos depois, a associação se mudou para o novo local, pois no prédio havia regras que proibiam atividades após às 22:00. Depois, aconteceram outras atividades dedicadas a Manuel Quirino, José Patrocínio, Luiz Gama, Teodoro Sampaio, Cruz e Sousa e Castro Alves.[90]

O ano de 1958 marcou os 70 anos da abolição, assim, a Associação Cultural do Negro, em conjunto com o Teatro Experimental do Negro de São Paulo, o Teatro Popular Brasileiro do Rio de Janeiro, a Sociedade Recreativa José do

---

[90] O Mutirão, São Paulo, junho de 1958, n.2. p.4.

Patrocínio de São Manuel e Fidalgo Clube, formaram uma comissão organizadora que promoveu, ao longo de todo o ano, diversas atividades acadêmicas, artísticas, musicais e recreativas. Dentre as atividades acadêmicas destacam-se as seguintes conferências: Mary Apocalipse (escritora), sobre o tema "Castro Alves e o Abolicionismo"; Clóvis Garcia "O teatro como meio de integração"; Carlos Burlamaqui Kopke, "André Rebouças e o abolicionismo"; Abdias Nascimento, "O negro e o teatro dramático"; Sérgio Milliet, "Poesia Negra"; Artur Neves, "O negro na literatura brasileira"; Rossine Tavares de Lima, "O negro na folclórica música paulista"; Florestan Fernandes, "Integração do Negro na sociedade de classes"; Edson Carneiro "Os trabalhadores da escravidão"; Fernando Góes, "O abolicionismo em São Paulo".[91]

As atividades aconteceram ao longo de todo ano, mas nos dias 12 e 13 de maio, ocorreu uma programação especial para celebrar os 70 anos da abolição. No dia 12, o Dr. Almeida Magalhães, do Instituto Histórico e Geográfico de São Paulo, foi o orador da cerimônia. Neste mesmo dia aconteceram diversas conferências, a saber: Pedro Antonio de Oliveira Ribeiro Neto (acadêmico), "Luiz Gama"; Sebastião Pagano (professor), "A princesa Isabel"; Rene de Oliveira Barbosa (professor) "A abolição da escravatura no Brasil"; Honório de Sylos "José Bonifácio, o patriarca e a abolição"; Geraldo Campos "O ano 70 da abolição".[92]

Na terça-feira, dia 13 de maio às 18:00, foi celebrada uma missa na Irmandade de Nossa Senhora do Rosário dos Homens Pretos, na Igreja do Largo do Paissandú, em intenção das almas dos escravos e abolicionistas. Às 20:00, no Teatro Municipal, Fernando Góes, militante e jornalista, proferiu a uma palestra intitulada "O abolicionismo em São Paulo". Por fim, houve uma apresentação do coral paulistano da municipalidade, vinculado à secretaria de educação e cultura da prefeitura municipal.[93]

De um modo geral, percebe-se a ausência das ativistas negras nos eventos ocorridos nos dias 12 e 13 de maio. Como mencionado anteriormente, o

---

[91] O Mutirão, São Paulo, maio de 1958, n.1. p.4.
[92] O Mutirão, São Paulo, maio de 1958, n.1. p.4.
[93] O mutirão, São Paulo, maio de 1958, n.1. p.4.

Movimento Negro da Segunda República foi atravessado pelo sexismo. Havia importantes militantes negras, como Sofia Campos, Nair Araújo Jacira da Silva, diretora do departamento estudantil da Associação Cultural do Negro e Maria da Penha Paula, também vinculada à instituição[94] e que não foram convidadas para proferir palestras e conferências, além disso, estiveram ausentes dos debates discussões sobre a condição das mulheres negras.

Ainda em 1958, a Associação Cultural do Negro fez um protesto contra a discriminação racial na África do Sul e nos Estados Unidos. Além disso, o protesto tratou do "problema africano" e sugeriu a criação de um comitê em solidariedade aos povos africanos, envoltos nas suas lutas de independência. A partir dali, o Movimento Negro passou a estabelecer uma forte conexão com os países africanos, em especial, com Angola. Impressos sobre o Movimento Popular para Libertação da Angola passaram a ser enviados à Associação. Após um ano de intensas atividades, foram publicados os Cadernos da série da Cultura Negra:

> Quanto às publicações, depois que terminaram as comemorações do Ano 70 da Abolição, foi publicado o primeiro Caderno da série Cultura Negra, contendo uma espécie de anais dos trabalhos apresentados em 1958. Foi custeado por uma pessoa, que não fiquei sabendo quem, através do secretário Américo Orlando. Depois na outra gestão, quando o Henrique L. Alves apareceu para dar sua colaboração, ele insistiu na continuidade da publicação dos Cadernos de Cultura Negra. Assim, saiu o livro n.2, sobre Cruz e Sousa, com uma edição da Associação Cultural do Negro, mas financiado pelo autor. Mais tarde vieram os "15 poemas negros", um livro de versos do Oswaldo de Camargo, custeado por ele, a Nair Araújo e outras pessoas. Saiu também uma publicação sobre Nina Rodrigues, assinada também pelo Henrique L. Alves e uma outra sobre Cultura Negra, assinada pelo Nestor Gonçalves. Saíram ao todo 5 números. Não pôde continuar. Ficou em preparo para ser editado um trabalho meu que teria o título "O Alvorecer de uma ideologia"

---

[94] O mutirão, São Paulo, maio de 1958, n.1. p.2.

> e um do Ironides Rodrigues com o título "Réquiem a Cruz e Sousa" que também não foi publicado. O original do texto "O Alvorecer de uma ideologia" levaram e só me devolveram depois de muito tempo. (LEITE, 1992, p.175)

Em 1959, um dos diretores da Associação, Américo Orlando, conseguiu uma bolsa de estudos na Universidade Patrice Lumumba na União Soviética e acabou deixando a instituição. No ano de 1960 foi, segundo José Correia Leite, o ano africano, por conta das diversas lutas por independência. Em 1961, a instituição comemorou, ao longo de todo o ano, o centenário de nascimento de Cruz e Sousa celebrado no mês de novembro. Diferentemente do que acontece nas celebrações dos 70 anos da abolição, desta vez, uma ativista negra foi convidada, a professora Eunice de Paula Cunha.

De acordo com José Correia Leite, "a Associação Cultural do Negro foi a que teve vida mais longa entre as entidades que existiram com a finalidade de realizar uma obra de levantamento histórico e social do negro" (LEITE, p.1992, p.195). Conforme Silva, a Associação foi uma das mais importantes instituições do movimento negro depois da Frente Negra Brasileira.

> Longeva, porém esquecida. Tratou-se de um empreendimento coletivo surgido, simultaneamente, da adversidade e necessidade histórica (o IV Centenário e a necessidade do "elevamento" do negro, da crítica e o posicionamento contra sua marginalidade), capaz de engajar um curto intervalo um conjunto de homens e mulheres, suas ideias e energias, em torno de uma missão comum. Depois da Frente Negra Brasileira, é o empreendimento político cultural mais notável, sem fim religioso ou apenas recreativo, do negro em São Paulo, até meados da década de 1970, antecedendo a reorganização do Movimento Negro, a partir de 1978. (SILVA, 2020, p. 267)

Não resta dúvida da importância da Associação Cultural do Negro, pela longevidade e as lutas travadas, mas é preciso destacar o pioneiro da Associação José do Patrocínio e da Associação do Negro Brasileiro. Certamente, foram as três grandes instituições do associativismo negro de São Paulo no período da

Segunda República. Logo abaixo, destaca-se também, ainda que brevemente, as Associações Cruz & Sousa e Palmares.

1.2.4 Associação Cruz & Sousa

A associação foi fundada em 1946, na cidade de Santos, litoral do estado de São Paulo. Entre os membros da diretoria, estava o secretário geral Waldemar Monteiro. Em 1947, comemorou-se a passagem do primeiro aniversário da instituição. As festividades aconteceram no dia 13 de dezembro, na sede da associação.[95] A associação Cruz & Souza, ao que parece, era a única associação negra em funcionamento na cidade de Santos por volta de 1948. Antes dela, havia a Associação Instrutiva dos Brasileiros de Cor de Santos.[96]

1.2.5 Associação Palmares

Por meio das fontes consultadas não foi possível determinar a sua data de fundação nem os/as ativistas em torno da associação. O que se sabe é que a Associação Palmares atuou nos anos de 1947 e 1948. Pelas celebrações dos 60 anos da abolição em 1948, a instituição organizou grandes celebrações. No dia 02 de maio, uma caravana composta de diretores, associados e admiradores, se deslocou até os terrenos de sua propriedade na Vila Nova York. No dia 09 de maio, às 08:00, foi celebrada na Igreja Nossa Senhora do Rosário dos Homens Pretos, no Largo Paissandú, uma missa em intenção aos abolicionistas e todos aqueles que batalharam pela elevação social e cultural do negro.

Logo em seguida, um cortejo foi formado até o túmulo dos abolicionistas, em especial de Luiz Gama. Houve discursos das principais lideranças da associação. À tarde, realizou-se um festival desportivo no campo do E.C. Az de Ouro, localizado na Rua Afonso Celso, Vila Mariana, na cidade de São Paulo. Entres os times que competiram, havia uma equipe da associação. Por fim, no dia 12 de maio realizou-se à noite, num salão localizado na Rua da Liberdade

---

[95] Novo Horizonte, São Paulo, dezembro de 1947, n.17. p.1.
[96] Novo Horizonte, São Paulo, maio de 1948, n.20, p.5.

878, uma sessão solene que contou com a presença de autoridades públicas, associações culturais e a grande imprensa.[97]

As Associações Negras foram importantes ferramentas de luta, pois buscavam, antes de tudo, a organização do movimento negro no contexto da redemocratização em 1945. Segundo Luiz Lobato, 1945 foi um ano muito fértil para o movimento que conseguiu organizar congressos e convenções, "bem ou mal intencionados e orientados, os líderes negros de São Paulo movimentaram-se, fazendo reviver a luta que os nossos antepassados iniciaram com a campanha da Abolição."[98] Além das associações citadas, Associação José do Patrocínio, Associação do Negro Brasileiro, Associação Cultural do Negro, Associação Cruz & Souza e Associação Palmares, conseguiu-se localizar também a Associação Jundiaiense "28 de setembro", "veterana associação de pretos de Jundiaí, modelo de organização associativa"[99] e a Associação 13 de maio de Piracicaba.

1.2.6 Outras instituições do Movimento Negro

Além das associações, havia também outras instituições que compunham o Movimento Negro: Movimento Recreativo, Movimento Estudantil, Sociedade Beneficente, Teatro Experimental do Negro de São Paulo, Ébano Atlético Clube, Instituto Nacional do Negro, Escola Humberto de Campos, Escola Cruz & Souza e Museu do Negro.

1.2.6.1 Movimento Recreativo

Em São Paulo, foram localizadas as seguintes instituições que compunham o movimento recreativo: Palmares, Paulistano, Elite Clube, Elite 28 de setembro, Campos Elíseos e Vitória Paulista. Em Campinas a sociedade recreativa E.C. 11 irmãos patriotas.

---

[97] Novo Horizonte, São Paulo, março de 1948, n.19, p.2.
[98] Senzala, São Paulo, janeiro de 1946, n.1, p.14.
[99] Senzala, São Paulo, fevereiro de 1946, n.2, p.5.

1.2.6.2 Escolas, movimento estudantil e a luta contra o analfabetismo

Tendo como um dos focos principais a erradicação do analfabetismo e a elevação intelectual da comunidade negra, os/as ativistas negros/as fundaram instituições de ensino, como a Escola Humberto Campos, sob direção Ovídio P. Santos e a Escola Cruz e Souza administrada por Euzébio dos Santos. A Escola Cruz e Souza oferecia uma variedade de cursos: primários, admissão, datilografia, inglês, francês, comércio, madureza e musical (piano, violino), ambas localizadas na cidade de São Paulo. Também no campo da educação, havia o Movimento dos Estudantes Negros de São Paulo, "elemento de vanguarda neste surto de renovação social".[100] As reuniões aconteciam aos sábados na sede da Associação do Negro Brasileiro.

1.2.6.3 Sociedade Beneficente

Além do problema do analfabetismo, a fome e a miséria agravavam ainda mais a situação do/a negro/a no Brasil – como atestou a escritora Carolina Maria de Jesus na sua obra *Quarto de Despejo*. Diante disso, com a finalidade de minimizar os problemas de ordem social, formaram-se sociedades beneficentes com o objetivo imediato de oferecer alimentação e moradia. Veja abaixo, a carta aberta elaborada pela Sociedade Beneficente da Abolição de São Paulo:

> [Carta Aberta]
>
> São Paulo, cidade ordeira e cujo povo se impõe pelo dinamismo de sua fibra trabalhadora, cidade que foi também rigidamente escravocrata. [...] Este manifesto é ditado por uma das cláusulas do programa de ação social, talvez a mais importante como a mais imediata. Referimo-nos à creche para as crianças negras paulistanas que hoje, famintas, ao lado de seus pais, habitam os baixos dos modernissimos viadutos, os tapumes dos futuros arranha-céus e as escadarias por onde desce e sobe a sociedade culta e civilizada de São Paulo. Ali,

---
[100] Alvorada, São Paulo, janeiro de 1947, n.16, p.2.

> expostos ao rigor da intempérie, os pais tornam-se párias e os filhos assíduos frequentadores de escola de vícios, simbolizam criminosos e ladrões que a sociedade (a mesma que hoje os abandona), amanhã irá julgá-los e condená-los como cancros sociais, nocivos ao convívio social lapidados pela burguesia plurocrática. E é essa situação aflitiva que a Sociedade Beneficente Abolição pretende solucionar, com a finalidade verdadeiramente associativa e construtiva, integrando o seu povo no verdadeiro sentido de humanidade, condição extensiva a todos os povos e todas as raças. [...] Pede aquela sociedade a importância de dois cruzeiros afim de reunir fundos à construção da creche para amparar essa segunda geração de crianças negras, cujo berço é o asfalto e cujo teto é o céu, crianças que ainda não foram vistas pela miópica e burocrática assistência social, continuando como contristador cartão de visita desta cidadã dínamo, desta obra prima em cuja ereção Anchieta tanto se esmerou?![101]

A carta aberta elaborada pela Sociedade Beneficente da Abolição, endereçada às autoridades da cidade de São Paulo, explicita, de forma dramática, a condição das crianças negras e as suas respectivas famílias, marginalizadas e invisibilizadas por uma modernização marcadamente excludente.

1.2.6.4 Teatro Experimental do Negro de São Paulo

Segundo Sebastião Rodrigues Alves, o Teatro Experimental do Negro de São Paulo era uma seção da matriz, criada por Abdias Nascimento, no Rio de Janeiro. Entre os fundadores, estavam o poeta Lino Guedes, o ator Agnaldo Camargo e o jornalista Geraldo Campos de Oliveira. Assim como todas as demais organizações do Movimento Negro, o Teatro Experimental do Negro de São Paulo desenvolvia suas atividades com recursos bastante limitados.

> Lutando contra todas as dificuldades e embaraços dos mais variados, tal como o da localização de uma série adequada onde possa desenvolver seus ensaios e instalar os seus cursos de arte

---

[101] ALVES, Arlindo. Carta Aberta – A sociedade beneficente e recreativa da abolição promete acertar o alvo. **Novo Horizonte**, São Paulo, dezembro de 1947, p.4.

dramática, música, canto, bailado e alfabetização o TEN de SP, vem silenciosamente, sem alardes, desenvolvendo os seus trabalhos, dentro do que lhe é possível, contando unicamente com a boa vontade e abnegação dos seus componentes que não tem poupado sacrifícios no sentido de vê-lo elevado a um novo padrão de possibilidades econômicas, artísticas e educativas.[102]

Assim como o TEN do Rio, o TEN de São Paulo pretendia romper "com a tolice até então reinante no teatro brasileiro de se mascarar atores brancos para os papéis que pediam um negro."[103] O TEN SP fez a sua primeira apresentação por volta de 1949 e em setembro de 1960, o grupo foi dirigido por Dalmo Ferreira, um gaúcho de Porto Alegre que se mudou para São Paulo em 1953, após uma curta passagem pelo TEN do Rio de Janeiro.

1.2.6.5 Grupo Ferroviário Campineiro e União Cultural Artística e Social de Negros

Assim como o Teatro Experimental do Negro, o Grupo Ferroviário Campineiro e a União Cultural Artística e Social do Negro, em dezembro de 1945, em Campinas, organizaram o 1º Congresso Cultural e Artístico dos Negros de Campinas que debateu os problemas ligados à situação do negro e traçou metas de ação em prol da elevação cultural, econômica, social e política dos afro-brasileiros/as. Entre os/as convidados/as estavam: Luiz Lobato (professor), José Bento Angelo Abatayguara, Sofia de Campos Teixeira (professora), Celia Ambrosio, José de Assis Barbosa, Jerônimo Sebastião da Silva, José Alberto Ferreira (bacharel), João Luiz Leite (maestro), Aleindo de Camargo, Horário Aranha (professor) e Melania Leite Hortencia (professora), Hilda Soares Tomaz (professora) e Maria Aparecida Leite (professora).

Dentre as conferências realizadas, destacam-se: "A igualdade entre as raças", do economista Jerônimo Sebastião da Silva; "A cultura negra no Brasil" e "Questões de raça e o problema da luta de classes", do professor Luiz Lobato; "Novos rumos para a mulher", da professora Sofia de Campos Teixeira; "Pesquisas

---
[102] Sem autor. Teatro experimental do negro. **Senzala**, São Paulo, fevereiro de 1946, p.15.
[103] Niger, São Paulo, julho de 1960, n.1, p.1.

sobre o tipo racial do brasileiro", do médico José Bento Angelo Abatayguara. A última conferência buscou demonstrar "com argumentos, baseados na antropologia, sociologia, etnologia e biologia, que no Brasil não existe o negro como raça, mas sim uma fase de aperfeiçoamento de um novo tipo racial, a que deu o nome de brasiliano."[104]

1.2.6.6 Ébano Atlético Clube

Os times de futebol também foram importantes instrumentos na luta antirracista no contexto da Segunda República. Conforme Ratts & Rios (2010), o esporte foi introduzido oficialmente no país por brancos ingleses no final do século XIX e, até a década de 1930, os clubes tradicionais rejeitavam a presença de negros e mestiços.

Apesar da conjuntura estar um pouco mais favorável depois dos anos 1930, que inclusive possibilitou a alguns jogadores negros experimentarem uma ascensão profissional, como foi o caso de Jaime de Almeida (irmão de Lélia Gonzalez que atuou pelo Fluminense na década de 1940), a maioria deles continuavam excluídos.

Diante deste contexto marcadamente racista, em 29 de agosto de 1956, na cidade de Santos, foi fundado o Ébano Atlético Clube, com sede na Rua João Pessoa, número 350. Ele foi uma iniciativa de um grupo de rapazes, todos operários e moradores de Santos, que defendia a necessidade de mais um clube na cidade, além do Santos Futebol Clube, criado em 14 de abril de 1912. O Ébano pretendia colaborar com o "engrandecimento da raça negra em Santos e no Brasil.

> É um clube para a união e propriedade da raça negra
> Baseando sempre na boa vontade de seus sócios
> Anunciando e cooperando com este órgão
> Não se arrependerá de ver jamais
> O progresso da raça e o símbolo da união racial.[105]

---
[104] Senzala, São Paulo, janeiro de 1946, n.1, p.30.
[105] Sem autor. Sem título. Notícias de Ébano, Santos, outubro de 1957, n.1, p.7.

Figura 7- Ébano Atlético Clube – time de futebol da cidade de Santos.

Esporte
QUADROS DO ÉBANO ATLÉTICO CLUBE

1.º QUADRO — Daniel, Cacá, Newton, Velha; Baía, Alfredinho, Dirceu, Loirinho, Delegado, Maiones, Godoy, o dir. esportivo Filipin e o sr. Orlando Pacheco, dir. geral de esportes.

2.º QUADRO — Em pé: Emílio, Vandir, Domingues, Galdino, Chumaço e Mozart. Agachados: Dinho, Baía II, Quebragalho, Tatinha, Sanbuda e o massagista Gente Fina.

Fonte: Notícias de Ébano, Santos, outubro de 1957, n.1, p.7.

Em outubro de 1957, realizaram-se grandes festejos para comemorar o primeiro aniversário do time e dentre as atividades, destaca-se a conferência com o tema "José do Patrocínio", com a presença de Fernando Góes (professor), Luiz Lobato (professor), Raul Joviano Amaral, Geraldo Campos de Oliveira (professor), Esmeraldino Tarquino, Anibal de Oliveira Batista, Jorge Prado Teixeira, Julio de Brito, Arlindo Veiga dos Santos (professor), José Santana, João Bento de Oliveira (estudante de direito), Admir Ferreira Trindade, José Correia Leite, Pedro Ferreira Junior, Edson Campos Barbosa e Cedalia Helena Barbosa (professora).[106]

---

[106] Notícias de Ébano, Santos, outubro de 1957, n.1, p.8.

1.3 Imprensa negra de São Paulo (1945-1964)[107]

Neste tópico será tratado a respeito da Imprensa Negra da cidade de São Paulo no contexto democrático. Com a redemocratização em 1945, foram fundados novos periódicos, tais como *Alvorada, Senzala, Novo Horizonte, Mundo Novo, Notícias de Ébano, O Mutirão, Niger, Hífen e Correio d'Ébano*. Por meio dos jornais, os/as intelectuais negros/as insurgentes denunciaram a farsa da democracia racial e apontaram caminhos para a construção da verdadeira democracia. De início, terá um breve balanço acerca dos principais estudos sobre a História da Imprensa Negra e, em seguida, as trajetórias de cada um dos periódicos, destacando seus/suas fundadores/as, período de duração, entre outras coisas.

A História da Imprensa Negra passou a atrair a atenção dos/as pesquisadores/as já na década de 1940. A pesquisadora negra, Virgínia Leone Bicudo, foi uma das pioneiras nos estudos sobre a Imprensa Negra. Em sua obra *Atitudes raciais de pretos e mulatos em São Paulo*, de 1945, estudou o jornal *Os Descendentes de Palmares*, ligado à Associação de Negros Brasileiros e o jornal *A Voz da Raça*, órgão oficial da Frente Negra Brasileira. Logo depois, vieram os estudos de Roger Bastide (1951), Clóvis Moura (1981), Miriam Nicolau Ferrara (1986), Ana Flávia Magalhães Pinto (2010), dentre outros.

Em relação a sua conceituação, Clóvis Moura define a Imprensa Negra como um espaço construído por negros/as para negros/as que "reivindicavam a integração e a participação na sociedade abrangente" e representou "uma forma alternativa de autoafirmação étnica" (FERRARA, 1986). Além disso, denominava a Imprensa Negra como uma imprensa alternativa.

> Tratava-se, portanto, de uma imprensa alternativa. É um sintoma da especificidade dessa imprensa que mostra, concomitantemente, como ela era fruto e reflexo de uma posição de grupo específico que se auto-identificava como tal e por isto circunscrevia o seu discurso aos seus irmãos de cor. (FERRARA, 1986, p.19)

---

[107] Todos os jornais citados estão disponíveis no site da hemeroteca digital https://bndigital.bn.gov.br/hemeroteca-digital/

Sendo uma imprensa alternativa, produzida por sujeitos localizados numa posição social marcada pela experiência do racismo, "essa imprensa, por tudo isto, é um repositório precioso de dados para a compreensão não apenas do grupo negro, mas dos seus dramas existenciais" (FERRARA, 1986, p.19). Ao denunciarem o racismo e reivindicarem o direito pleno de serem cidadãos e cidadãs brasileiros/as, homens e mulheres negros/as colocaram a questão racial no centro da discussão política e, com isso, tencionavam as narrativas em torno da democracia racial, conforme foi dito por Moura:

> Essa extensão de atividades no tempo, bem como o papel social e ideológico que desempenhou na comunidade negra da época em que existiu, vem colocar em evidência e discussão a sua importância, e ao mesmo tempo, indagar por que em um país que se diz uma *democracia racial* há necessidade de uma imprensa alternativa capaz de refletir especificamente os anseios e reivindicações, mas acima de tudo, o *éthos* do universo dessa comunidade não apenas oprimida economicamente, mas discriminada pela sua *marca* de cor que os setores deliberantes da sociedade achavam ser estigma e elemento inferiorizador para quem a portasse. (MOURA, 2019, p.242)

A História da Imprensa Negra no Brasil, de acordo com Miriam Nicolau Ferrara, pode ser dividida em três momentos: de 1915 até 1923, quando os jornais se ocupavam apenas da divulgação de pequenas notas, falecimentos, casamentos, festas religiosas, quermesses, mexericos etc., sem apresentar uma conotação política. De 1924 até 1937, caracterizado pelo tom combativo da Imprensa Negra, principalmente no período de atuação da Frente Negra Brasileira (1931-1937). Por fim, de 1945 até 1963, compreendido como os anos de ressurgimento da Imprensa Negra e da retomada das experiências de luta da fase anterior. Estudos posteriores argumentam que um quarto momento teria sido iniciado com a fundação do Movimento Negro Unificado no final da década de 1970.

Para Bastide (1951) e Ferrara (1987), o primeiro jornal negro de São Paulo, *O Menelick*, foi fundado em 1915. Porém, os novos estudos sobre a Imprensa Negra, tais como o de Ana Flávia Magalhães Pinto, têm demonstrado a existência de uma Imprensa Negra atuante no período anterior a Primeira República.

> A atuação organizada de grupos e indivíduos contra a discriminação racial, de forma ampla, bem como o estabelecimento de veículos de imprensa negra, em particular, têm sido fenômenos comumente localizados no século XX. Uma rápida observação indica que considerável parcela dos estudos desenvolvidos no e sobre o Brasil tem realçado as iniciativas levadas a cabo a partir do século passado em detrimento de outras antecedentes. Assim, os efeitos da resistência negra livre da escravidão, independentemente de suas intenções, foram cada vez mais associadas às décadas posteriores ao fim do sistema escravista. (PINTO, 2010, p. 15)

O trabalho de Ana Flávia Magalhães Pinto (2010) é importante, pois ao deslocar os estudos acerca da Imprensa Negra, bem como da luta contra a discriminação racial para o século XIX, problematiza uma ideia ainda bastante comum que associa homens negros e mulheres negras do século XIX à condição de sujeitos escravizados/as. Além disso, ele possibilita de pensar sobre novos marcos para a História da Imprensa Negra ao demonstrar que jornais negros – *O Homem de Cor, Brasileiro Pardo, O Cabrito, O Lafuente, O Homem: Realidade Constitucional ou Dissolução Social, A Pátria – órgão dos homens de cor e O Progresso – órgão dos homens de cor, O Exemplo* – já circulavam nas cidades do Rio de Janeiro, São Paulo, Recife e Porto Alegre entre 1833 e 1899.

De um modo geral, os jornais negros compartilharam características em comum, como, por exemplo, o baixo número de tiragens, a escassez de recursos, a curta durabilidade e um público-alvo majoritariamente pobre. Moura relata que, "esse problema da manutenção dos jornais é derivado da situação de marginalização do negro de uma forma global na sociedade discriminadora" (MOURA, 2019, p. 255). Ainda sobre essa questão, o autor argumenta:

> Como manter jornais representativos de uma comunidade cuja maioria era constituída de marginais, subempregados, favelados, biscateiros e desocupados? Ora, como já vimos, esses jornais

eram destinados à comunidade negra composta de elementos desarticulados, desajustados ou marginalizados pela sociedade branca. As fontes de financiamento desses veículos, que não tinham praticamente publicidade, a não ser do próprio meio, eram, portanto, precárias e constituíam um problema permanente. Daí a irregularidade dessas publicações. (MOURA, 2019, p.254)

Ainda com todas as limitações impostas pelo racismo, a circulação de periódicos produzidos por negros/as no Brasil foi um dos capítulos mais importantes da luta coletiva de um povo que, por meio da palavra escrita, produziu saberes emancipatórios capazes de desestabilizar discursos hegemônicos. Ao denunciarem a discriminação racial, o mito da democracia racial e "o genocídio do/a negro/a brasileiro/a", contribuíram para o avanço do debate racial na sociedade brasileira e na construção de novos marcos civilizatórios.

1.3.1 *Alvorada*

Fundado na cidade de São Paulo, em setembro de 1945, o jornal *Alvorada* era um órgão vinculado à Associação do Negro Brasileiro (ANB), criada em maio daquele mesmo ano. Sob a direção de José Correia Leite, Fernando Góes e Raul J. Amaral, o periódico pretendia retomar o projeto do Clarim d' Alvorada (1924-1932). Segundo José Correia Leite, até o início do Estado Novo, em 1937, "havia muita liberdade, não só com relação aos jornais que funcionavam sem registro" (LEITE, 1992, p.144). Porém, após a criação das delegacias de costumes, tudo passou a ser registrado e fiscalizado. Assim, para que o Alvorada pudesse iniciar os trabalhos, foi necessário encaminhar ao Departamento de Informações do Estado Novo, o pedido de registro com a documentação necessária.

Figura 8 - Primeira edição do jornal Alvorada.

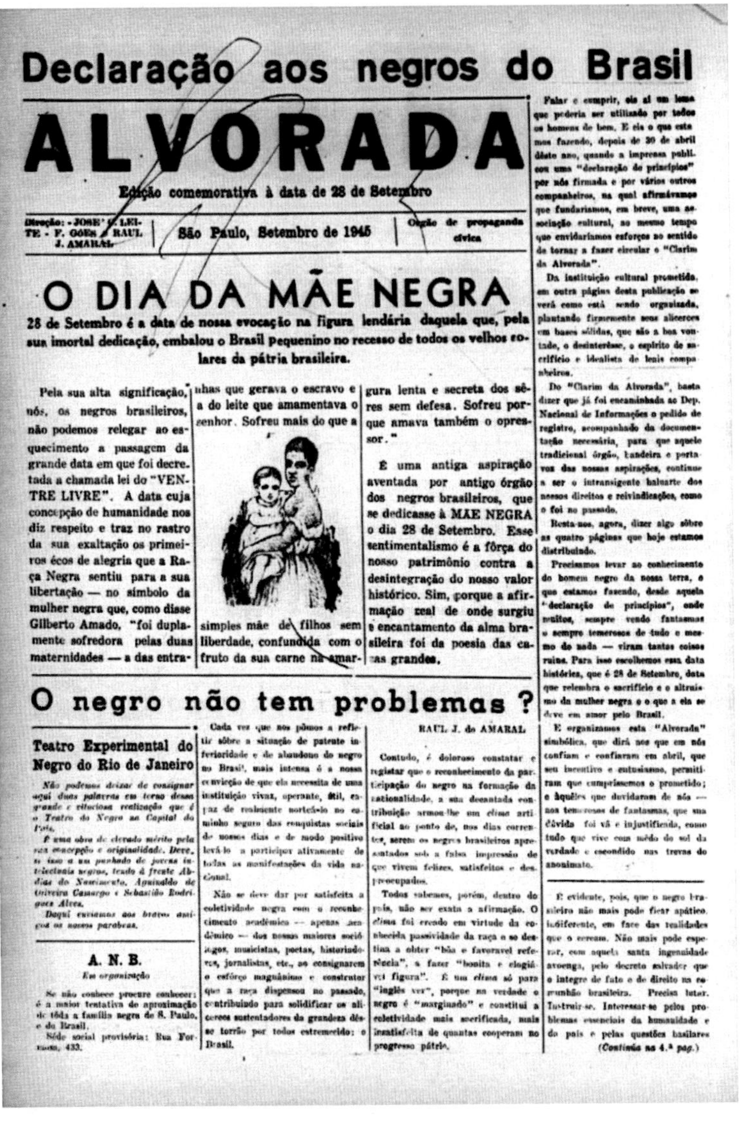

Declaração aos negros do Brasil

ALVORADA

Edição comemorativa à data de 28 de Setembro

Direção: - JOSE' M. LEITE - F. GOES - RAUL J. AMARAL | São Paulo, Setembro de 1945 | Orgão de propaganda cívica

O DIA DA MÃE NEGRA

28 de Setembro é a data de nossa evocação na figura lendária daquela que, pela sua imortal dedicação, embalou o Brasil pequenino no recesso de todos os velhos solares da pátria brasileira.

Pela sua alta significação, nós, os negros brasileiros, não podemos relegar ao esquecimento a passagem da grande data em que foi decretada a chamada lei do "VENTRE LIVRE". A data cuja concepção de humanidade nos diz respeito e traz no rastro da sua exaltação os primeiros écos de alegria que a Raça Negra sentiu para a sua libertação — no símbolo da mulher negra que, como disse Gilberto Amado, "foi duplamente sofredora pelas duas maternidades — a das entranhas que gerava o escravo e a do leite que amamentava o senhor. Sofreu mais do que a simples mãe de filhos sem liberdade, confundida com o fruto da sua carne na amargura lenta e secreta dos sêres sem defesa. Sofreu porque amava também o opressor."

É uma antiga aspiração aventada por antigo órgão dos negros brasileiros, que se dedicasse à MÃE NEGRA o dia 28 de Setembro. Esse sentimentalismo é a fôrça do nosso patrimônio contra a desintegração do nosso valor histórico. Sim, porque a afirmação real de onde surgiu o encantamento da alma brasileira foi da poesia das casas grandes.

Falar e cumprir, eis aí um lema que poderia ser utilizado por todos os homens de bem. E eis o que estamos fazendo, depois de 30 de abril dêste ano, quando a imprensa publicou uma "declaração de princípios" por nós firmada e por vários outros companheiros, na qual afirmávamos que fundaríamos, em breve, uma associação cultural, ao mesmo tempo que envidaríamos esforços no sentido de tornar a fazer circular o "Clarim da Alvorada".

Da instituição cultural prometida, em outra página desta publicação se verá como está sendo organizada, plantando firmemente seus alicerces em bases sólidas, que são a boa vontade, o desinterêsse, o espírito de sacrifício e idealista de leais companheiros.

Do "Clarim da Alvorada", basta dizer que já foi encaminhada ao Dep. Nacional de Informações o pedido de registro, acompanhado da documentação necessária, para que aquele tradicional órgão, bandeira e porta-voz das nossas aspirações, continue a ser o intransigente baluarte dos nossos direitos e reivindicações, como o foi no passado.

Resta-nos, agora, dizer algo sôbre as quatro páginas que hoje estamos distribuindo.

Precisamos levar ao conhecimento do homem negro da nossa terra, o que estamos fazendo, desde aquela "declaração de princípios", onde muitos, sempre vendo fantasmas e sempre temerosos de tudo e mesmo de nada — viram tantas coisas ruins. Para isso escolhemos essa data histórica, que é 28 de Setembro, data que relembra o sacrifício e o altruísmo da mulher negra e o que a ela se deve em amor pelo Brasil.

E organizamos esta "Alvorada" simbólica, que dirá aos que em nós confiam e confiaram em abril, que seu incentivo e entusiasmo, permitiram que cumpríssemos o prometido; e àquêles que duvidaram de nós — aos temerosos de fantasmas, que sua dúvida foi vã e injustificada, como tudo que vive com mêdo do sol da verdade e escondido nas trevas do anonimato.

O negro não tem problemas ?

Teatro Experimental do Negro do Rio de Janeiro

Não podemos deixar de consignar aqui duas palavras em tôrno dessa grande e vitoriosa realização que é o Teatro do Negro na Capital do País.

É uma obra de elevado mérito pela sua concepção e originalidade. Deve-se isso a um punhado de jovens intelectuais negros, tendo à frente Abdias do Nascimento, Aguinaldo de Oliveira Camargo e Sebastião Rodrigues Alves.

Daqui enviamos aos bravos amigos os nossos parabens.

A. N. B.

Em organização

Se não conhece procure conhecer: é a maior tentativa de aproximação de tôda a família negra de S. Paulo, e do Brasil.

Séde social provisória: Rua Formosa, 433.

RAUL J. do AMARAL

Cada vez que nos pômos a refletir sôbre a situação de patente inferioridade e de abandono do negro no Brasil, mais intensa é a nossa convicção de que ela necessita de uma instituição vivaz, operante, útil, capaz de realmente norteá-lo no caminho seguro das conquistas sociais de nossos dias e de modo positivo levá-lo a participar ativamente de tôdas as manifestações da vida nacional.

Não se deve dar por satisfeita a coletividade negra com o reconhecimento acadêmico — apenas acadêmico — dos nossos maiores sociólogos, musicistas, poetas, historiadores, jornalistas, etc., ao consignarem o esfôrço magnânimo e construtor que a raça dispensou no passado, contribuindo para solidificar os alicerces sustentadores da grandeza dêsse torrão por todos estremecido: o Brasil.

Contudo, é doloroso constatar e registar que o reconhecimento da participação do negro na formação da nacionalidade, a sua decantada contribuição armou-lhe um *clima* artificial ao ponto de, nos dias correntes, serem os negros brasileiros apresentados sob a falsa impressão de que vivem felizes, satisfeitos e despreocupados.

Todos sabemos, porém, dentro do país, não ser exata a afirmação. O *clima* foi creado em virtude da conhecida passividade da raça e se destina a obter "bôa e favoravel referência", a fazer "bonita e elogiável figura". É um *clima* só para "inglês ver", porque na verdade o negro é "*marginado*" e constitui a coletividade mais sacrificada, mais insatisfeita de quantas cooperam no progresso pátrio.

É evidente, pois, que o negro brasileiro não mais pode ficar apático, indiferente, em face das realidades que o cercam. Não mais pode esperar, com aquela santa ingenuidade avoenga, pelo decreto salvador que o integre de fato e de direito na comunhão brasileira. Precisa lutar. Instruir-se. Interessar-se pelos problemas essenciais da humanidade e do país e pelas questões basilares

(Continúa na 4.ª pag.)

Fonte: Alvorada, São Paulo, setembro de 1945, p.1.

A primeira edição saiu em setembro de 1945. No texto, *Declaração aos negros do Brasil,* o Alvorada esclareceu que, "escolhemos essa data histórica, que é 28 de setembro, data que relembra o sacrifício e o altruísmo da mulher negra e o que ela se deve em amor pelo Brasil".[108]

108 Sem autor. Declaração aos negros do Brasil. **Alvorada**, São Paulo, setembro de 1945, n.1, p.1.

> Pela sua alta significação, nós, os negros brasileiros, não podemos relegar ao esquecimento a passagem da grande data em que foi decretada a chamada lei do "Ventre Livre". A data cuja concepção de humanidade nos diz respeito e traz no rastro da sua exaltação os primeiros ecos de alegria que a raça negra sentiu para a sua libertação – símbolo da mulher negra que, como disse Gilberto Amado, "foi duplamente sofredora pelas duas maternidades – a das entranhas que gerava o escravo e a do leite que amamentava o senhor. [...] Sofreu por que amava também o opressor. É uma antiga aspiração aventada por antigo órgão dos negros brasileiros, que se dedicasse à Mãe Negra o dia 28 de setembro. Esse sentimentalismo é a força do nosso patrimônio contra a desintegração do nosso valor histórico.[109]

A respeito das origens da figura da Mãe Preta, Lélia Gonzalez explica:

> Foi em função de sua atuação como mucama, que a mulher negra deu origem à figura da "Mãe Preta", ou seja, aquela que efetivamente, ao menos em termos de primeira infância (fundamental na formação da estrutura psíquica de quem quer que seja) cuidou e educou os filhos de seus senhores, contando-lhes estórias sobre o quimbungo, a "mula sem cabeça" e outras figuras do imaginário popular (o Zumbi, por exemplo). Vale notar que tanto a "Mãe Preta" quanto o "Pai João" têm sido explorados pela ideologia oficial como exemplos de integração e harmonia raciais, supostamente existentes no Brasil. Representariam o negro acomodado, que passivamente aceitou a escravidão e a ela correspondeu segundo maneira cristã, oferecendo a outra face ao inimigo. (GONZALEZ, 2018 p.39)

Em análise semelhante à de Lélia Gonzalez, bell hooks compreende a figura da Mãe Preta desta forma:

> Essa imagem registra a presença feminina preta como significada pelo corpo, neste caso a construção de mulher como mãe, "peito", amamentando e sustentando a vida dos outros. Significativamente, a proverbial "mãe preta" cuida de todas as necessidades dos demais, em particular dos mais poderosos. (hooks, 2018, p.242)

---

[109] Sem autor. O dia da mãe negra. **Alvorada**, São Paulo, setembro de 1945, n.1, p.1.

Conforme Alberto (2017), em 1926, um grupo de homens brancos do Rio Janeiro lançou uma campanha para a construção de um monumento em homenagem à Mãe Preta, e nele, ela seria retratada como a mãe de todos os brasileiros e também seria um símbolo da fraternidade racial entre brancos e negros. Parte das lideranças negras do Rio de Janeiro e de São Paulo inicialmente apoiaram a iniciativa.

> A partir dos primeiros anos do século XX, os escritores da imprensa negra de São Paulo passaram a invocar as tradições de fraternidade racial do Brasil, na tentativa de formar uma consciência pública alternativa. Essa consciência iria se opor ao racismo científico, às ideologias de branqueamento, às políticas racistas de imigração e ao racismo dos próprios imigrantes. Os jornalistas negros paulistas usavam a fraternidade como baluarte contra as atitudes que ameaçavam transformar os brasileiros negros em estrangeiros na sua própria terra natal. (ALBERTO, 2017, p. 105)

No final da década de 1920, eclodiu uma campanha semelhante na cidade São Paulo com o objetivo de homenagear a Mãe Preta. No entanto, diferentemente do Rio de Janeiro, onde os homens brancos lideraram a campanha buscando enfatizar o discurso da fraternidade racial como símbolo da identidade nacional, em São Paulo, a campanha foi liderada por intelectuais da Imprensa Negra.

> A ênfase dada à figura da Mãe Preta mudou, passando a refletir a divisão cada vez mais marcante entre brancos e negros naquela cidade. Especialmente no final da década, a maioria dos escritores negros paulistas retratava a Mãe Preta como a mãe de uma raça negra orgulhosa e distinta. Assim, usavam sua imagem para destacar as realizações de homens e mulheres racialmente negros, mas culturalmente brasileiros – e definitivamente não africanos. (ALBERTO, 2017, p.107)

A campanha iniciada em 1926 no Rio de Janeiro não avançou e ficou paralisada até que, em 1928, Vicente Ferreira, no Centro Cívico Palmares, em seu discurso defendeu como alternativa criar o monumento e decretar o dia

28 de setembro, dia da Lei do Ventre Livre e da Mãe Preta, como feriado oficial (ALBERTO, 2017, p.132). Já no contexto dos anos 1940:

> Poucos escritores negros do Rio de Janeiro ou São Paulo ainda mencionavam a Mãe Preta. O Alvorada, de Leite, em particular, continuou a celebrar o seu feriado a cada 28 de setembro. No entanto, mesmo aqueles escritores tinham que atualizar o significado do símbolo para torná-lo mais compatível com o novo estado de espírito. (ALBERTO, 2017, p.256)

Se inicialmente, a figura da Mãe da Preta foi mobilizada pelos mais poderosos, com a finalidade de associar a identidade nacional brasileira à democracia racial, tal imagem, aos poucos, foi sendo ressignificada por intelectuais negros/as, bem como Sofia Campos. Nas comemorações do dia 28 de setembro de 1947, Campos escreveu um texto emblemático sobre o sentido da data para o Movimento Negro e para toda a sociedade brasileira. Ela foi uma pioneira na ressignificação da imagem da "Mãe Preta" que, gradualmente, foi deixando de ser um símbolo da passividade e da harmonia racial, e passando a simbolizar a "resistência passiva" conforme explicitou Lélia Gonzalez:

> Entretanto, não aceitamos tais estereótipo como reflexos "fiéis" de uma realidade vivida com tanta dor e humilhação. Não podemos deixar de levar em consideração que existem variações quanto às formas de resistência. E uma delas, é a chamada "resistência passiva". A nosso ver, a "Mãe Preta" e o "Pai João", com suas estórias, criaram uma espécie de "romance familiar" que teve uma importância fundamental na formação dos valores e crenças do povo. Conscientemente ou não, passaram para o brasileiro "branco" categorias das culturas africanas de que eram representantes. Mais precisamente, coube à "Mãe Preta", enquanto sujeito-suposto-saber, a africanização do português falado no Brasil e, consequentemente, a própria africanização da cultura brasileira. (GONZALEZ, p.40)

Uma vez inaugurado o jornal em comemoração à data de 28 de setembro, ele foi distribuído gratuitamente até janeiro de 1946. A partir daí, a direção instituiu uma assinatura de auxílio fixada em 15 cruzeiros anuais[110]. A distribuição era feita em lugares de aglomeração, como, por exemplo, os bailes.

O periódico possuía quatro páginas, porém nas edições comemorativas, variava entre seis e oito e, geralmente, elas aconteciam em maio (Abolição), setembro (Mãe Preta) e novembro (Proclamação da República). Sendo um órgão vinculado à Associação do Negro Brasileiro, o Alvorada dedicava, em todas as edições, a segunda página para divulgar assuntos relacionados à instituição, tais como o número de inscritos, chamadas para reuniões e eventos etc. Entre os colaboradores/as, destacam-se, além dos diretores, Raul J. do Amaral, Fernando Góes e José Correia Leite, Solano Trindade, Alvaro Campos, Socrates Marback de Oliveira, Irineu José das Neves, Jayme de Aguiar, Aristides Negreiros, Isaltino Veiga dos Santos, Luiz Lobato, Nelson R. de Freitas, Maria de Lourdes Rosario e Sofia Campos.

Figura 9 - Edição comemorativa do jornal Alvorada – 13 de maio.

Fonte: Alvorada, São Paulo, maio de 1946, p.1.

---

[110] Alvorada, São Paulo, janeiro de 1946, p.3

Em maio de 1946, o jornal comemorou o fato de ter superado a marca das sete edições. Como já mencionado acima, a maioria dos jornais negros tiveram uma vida curta. As dificuldades financeiras e o baixo poder aquisitivo de seus/suas leitores/as, entre outros fatores, impediam que a maioria deles passasse das três edições. Por conta disso, é que se comemorou a passagem da sétima edição.

> A existência dos pequenos periódicos brasileiros tem a sua história e também as suas lendas, oriundas da conjugação do esforço necessário para mantê-los. A maioria dos pequenos jornais, que surge com ou sem finalidades representativas, sempre foi de pequena duração. [...] Estamos transpondo o sétimo número. Se isto acontecer não haverá mais peso. [...] Alvorada, superou esse período de mau agouro, alcançando hoje, com galhardia, o seu oitavo número.[111]

Após comemorar a marca de setes edições, *Alvorada* celebrou, em setembro de 1946, o seu primeiro ano de existência. Para isso, foi preparada uma edição especial com oito páginas e diversos colaboradores/as publicaram ensaios sobre a condição da coletividade negra no Brasil dos anos 1940. A respeito do primeiro aniversário, escreveu um dos diretores, Fernando Góes:

> Um ano de vida na existência de um jornal é quase nada. Mas quando esse ano é o primeiro e o jornal pertence a um grupo de negros, dozes meses representam muito esforço, muita boa vontade, sacrifícios inumeráveis. [...] e principalmente a José Correia Leite, que durante todos esses meses foi quem realmente dirigiu e secretariou "Alvorada", ao mesmo tempo que foi o seu redator principal.[112]

O jornal seguiu até o ano de 1948, quando parou de circular. Com o fechamento da Associação do Negro Brasileiro, órgão que estava vinculado, o periódico encerrou uma história de três anos. *Alvorada* foi o primeiro jornal negro no contexto da redemocratização. E sob a direção de José Correia Leite, Raul J. Amaral e Fernando Góes circularam aproximadamente trinta edições. Vale destacar que, no universo dos colaboradores/as havia apenas duas mulheres: Sofia de Campos Teixeira e Maria de Lourdes Rosário.

---

[111] Sem autor. O azar não foi nosso. **Alvorada**, São Paulo, maio de 1946, p.2.
[112] GÓES, Fernando. Continuamos vigilantes. **Alvorada**, São Paulo, setembro de 1946, p.2.

1.3.2 *Senzala*

A revista mensal do negro e a serviço do negro brasileiro foi lançada em janeiro de 1946, na cidade de São Paulo. Com sede no edifício Martinelli, 23° andar, *Senzala* era dirigida por Geraldo Campos de Oliveira, diretor; Sebastião Batista Ramos, gerente; Armando de Castro, secretário. Colaboravam com a revista em São Paulo: Aristides Barbosa, Cícero Pereira dos Santos, Francisco Lucrécio, Francisco de C. Printes, Jaime Aguiar, José Antonio de Oliveira, José Correia Leite, Lino Guedes, Luiz Lobato, Nestor Borges, Pedro Paulo Barbosa, Raul do Amaral, Paulo Morais, Paulo Santos, Rubens Alves Pinheiro, Salatiel de Campos e Sofia Campos Teixeira – a única mulher. De Campinas: Jerônimo Sebastião da Silva, José Alberto Ferreira e Julio Mariano. Do Rio de Janeiro: Abdias Nascimento, Aguinaldo Camargo, Eronides Silva, Isaltino Veiga dos Santos, José Pompilho da Hora, Sebastião Rodrigues Alves. Veja abaixo o texto de apresentação da revista:

> No momento em que entregamos à apreciação do leitor brasileiro esta publicação, em realizando uma nossa velha inspiração, objetivando um sonho antigo acalentado através de todas as vicissitudes que marcam uma existência dedicada a trabalhar silenciosa e despretensiosamente pela reabilitação cultural do negro brasileiro, temos a certeza de estar preenchendo uma incomensurável falha presente na vida associativa, a falta de algo capaz de estabelecer uma ligação permanente entre os negros que vivem, sofrem e sonham em todos os quadrantes da pátria. A falta de união entre os elementos afro-brasileiros é uma das principais causas do desprestígio geral do próprio elemento no seio da coletividade nacional. A mentalidade egoística criada pelos valores negros do passado e do presente, de fazer obra pessoal sem ter ligação direta ínfima que seja, com os outros elementos da sua raça originária, tem acarretado a enorme soma de prejuízos morais e intelectuais para a coletividade negra, contribuindo criminosamente para o seu cada vez acentuado desnivelamento social. Essa mentalidade "do cada um por si e Deus por todos" é um colaboracionismo atuante para que não se tenha conseguido um desbastamento das arestas do preconceito que limita as nossas possibilidades no cenário literário, artístico e científico como um todo, como uma coletividade que

quer a grandeza cada vez maior desse Brasil que regou com o seu suor e fecundou com seu sangue. Julgamos imprescindível para qualquer conquista social, a união imediata de todo o elemento negro brasileiro, a união no seu sentido psicológico. Julgamos necessário que aqueles que tenham conseguido alguma regalia social, em virtude do seu sobre-humano esforço pessoal, não se afastem dos seus irmãos negros, não se alheiem dos sofrimentos desse povo que luta e subsiste vigorosamente contra todas as adversidades, não se sintam estranhos as misérias de uma infância que curte toda a sorte de privações, não se abstenham de conhecer as humilhações e vilipêndios que cercam a mulher negra, não se recuse a perceber os anseios de uma juventude a que deseja um destino melhor, mais humano. Senzala os conclama à luta pelo soerguimento de um povo cuja expressão de vida coletiva tem sido até hoje a ignorância, o pauperismo e a miséria dos porões e a prisão às garras inapelavelmente destruidoras da tuberculose em prejuízo das necessidades vitais e da própria nação. Senzala os conclama a quem lutem intimamente contra os recalques de serem negros, que desçam até as massas, procurando sentir as suas angústias, perceber as suas necessidades, que se incorporem a campanha de orientação que está sendo deflagrada sem o que não poderão ser dignos das glórias de nossos antepassados maiores: Henrique Dias, Luiz Gama e José do Patrocínio, Teodoro Sampaio, Rebouças, Juliano Moreira e outros mais. Senzala se apresenta, pois, como um órgão inteiramente a serviço do negro nacional. O seu objetivo é o caminho da união na campanha pela nossa valorização social. O seu destino é trabalhar pela permanente ligação entre todas as camadas sociais afro-brasileiras, veiculando ideias e princípios, consignando fatos, noticiando acontecimentos sociais. E assim Senzala se incorporará despretensiosamente no movimento que batalha pela reabilitação e prestígio do negro brasileiro no seio da coletividade nacional, cumprindo uma missão sagrada, desdenhando de toda recompensa que não seja a compreensão, o estímulo e o apoio daqueles aos quais ela é destinada: os negros do Brasil.[113]

---

[113] Sem autor. Apresentação. **Senzala**, São Paulo, janeiro de 1946, p.3 (grifos nossos).

O texto de apresentação é bastante emblemático ao conclamar a unidade do Movimento Negro. De acordo com a revista, só seria possível combater o profundo quadro de vulnerabilidade social imposta à comunidade negra, mediante uma luta coletiva. Além disso, convocava aqueles/as que conseguiram atingir alguma posição de destaque por meio de "esforços sobre-humanos", que se solidarizem com os seus irmãos negros pobres. Por fim, o texto chama atenção para as condições das mulheres negras, o que faz crer que havia, no interior do Movimento Negro, algum espaço para se discutir a condição das mulheres negras. Tal debate era feito, principalmente, pelas poucas mulheres negras que publicavam na imprensa como Sofia Campos.

Figura 10 - Revista Senzala.

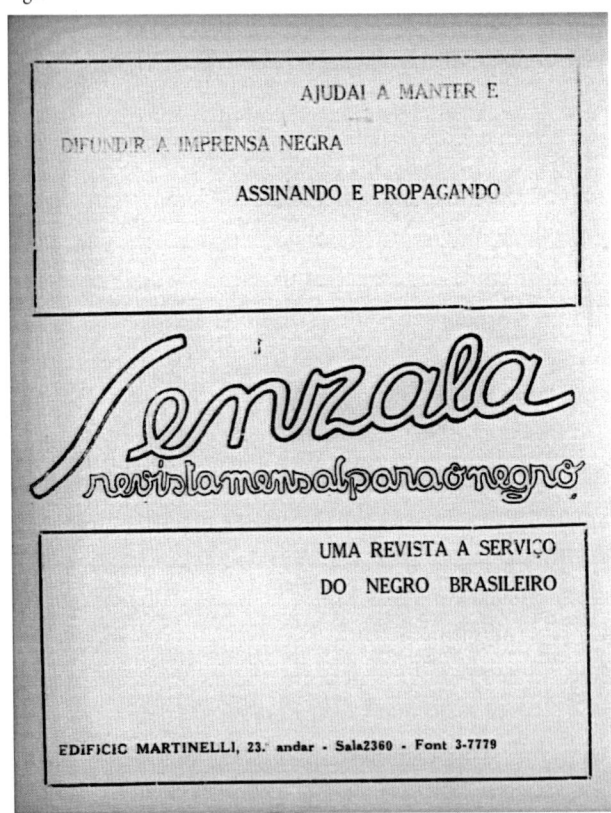

Fonte: Senzala, janeiro de 1946, n.1.p.1.

Ao que parece, a revista teve dois números e circulou apenas nos meses de janeiro e fevereiro de 1946. Neste período, circulou pelas cidades de Salvador, Belo Horizonte, Rio de Janeiro, Uberlândia, Uberaba, Ribeirão Preto, Bauru, Sorocaba, Santos, Campinas e Jundiaí. *Senzala* tinha trinta páginas dedicadas à diversos assuntos de natureza política, social e cultural da coletividade negra.

Figura 11- Texto de apresentação da revista Senzala aos/as leitores/as.

Fonte: Senzala, janeiro de 1946, n.1.p.1.

1.3.3 *Novo Horizonte*

Intitulado como o órgão de propaganda unificadora, o *Novo Horizonte* circulou pela primeira vez em maio de 1946. Os responsáveis pela fundação foram Arnaldo de Camargo, Aristides Barbosa, Eugenio Fontana e Ovídio P dos Santos. A sede ficava localizada na Rua Pedro Taques, 83, na cidade de São Paulo. No primeiro número, Aristides Barbosa e Ovídio P. Santos publicaram editoriais para esclarecer à comunidade negra os propósitos do novo jornal negro:

> Iniciamos agora abertamente, uma luta que há muito alimentamos em nossos corações o desejo de unificarmos e de nos salvarmos dessa terrível ecatombe da qual vimos sendo vítimas. Urge que nos unifiquemos em torno de um só desejo, e, de um só ideal não para nos separarmos dos outros, que também são brasileiros, mas para repararmos os nossos problemas, inclusive reclamarmos os direitos que a lei nos facultam, mas que talvez devido à nossa epiderme negra, sermos quase sempre esquecidos. "E não há preconceito de raças no Brasil?" Para incentivar mais e mais, especialmente a mocidade, que serão os homens de amanhã, resolvemos, embora sendo moços também, e, talvez até carecedores de incentivos e orientação, fundar este modesto jornal que bem exprime a nossa boa intenção. É nosso grande desejo os nossos irmãos de raça zelar pela nossa parte moral, intelectual e econômica, porque estes fatores constituem a base sólida da vida de um povo. Precisamos ainda, saber dirigir os nossos corações sempre dentro de um princípio de um verdadeiro altruísmo, para que tenhamos uma rota certa a seguir na vida. Estes, repito, foram os grandes motivos que nos levaram a pôr lume este jornal, dirigido por jovens bem intencionados, cônscios de seus deveres. Lançamo-lo. Mas a sua vida dependera agora, do esforço comum da gente negra. Precisamos da colaboração de todos, mormente da massa estudantina negra, uma vez que essa colaboração se faça sentir no sentido de melhoria radical à raça. Não pretendemos outra questão política a não ser esta: erguer o negro do fundo da miserável situação em que se acha. Assim, esperamos que este jornal vá encontrar perfeito acolhimento no seio da raça negra, porque não pretendemos que ele seja uma propriedade nossa, mas do negro em geral.[114]

Como foi explanado por Ovídio P. Santos, o jornal foi uma iniciativa de jovens estudantes negros que buscavam, segundo Arnaldo de Camargo, promover a "união completa dos núcleos já existentes." Ao reafirmar a necessidade

---

[114] SANTOS, Ovídio. Eis aqui uma concretização. **Novo Horizonte**, São Paulo, maio de 1946, p.1.

da unificação da luta de negros/as, enfatizou-se que "o passado nos legou ótimas ideias e boas lições, mas tudo fora construído sobre areia. Hoje, conhecemos o terreno em que pisamos, e, já não nos sobra tempo para errar."[115] Porém, o aparecimento do jornal causou certa polêmica no meio negro. Abercio Pereira Barbosa, por exemplo, questionava se haveria necessidade de mais um periódico negro, uma vez que a revista *Senzala* e o jornal *Alvorada* já estavam em circulação. Para Barbosa, o *Novo Horizonte*, ao invés de promover a união da raça, como pretendia, estaria causando a dispersão da luta.

> Já existiam antes um bom jornal negro "Alvorada" e uma revista, "Senzala", também negro. Boas publicações. Mas, tudo isso conseguido com grande sacrifício pelo grupo que lidera a Associação do Negro Brasileiro e por Geraldo Campos. E os nossos heróis do Novo Horizonte, ao invés de engrossar as fileiras das que lutam duramente para manter de pé e mesmo desenvolver aquelas conquistas do negro nos últimos tempos, fundam um novo jornal, que vem usando a linguagem nobre de união, porém, cujo aparecimento significa dispersão.[116]

Diante das críticas feitas por Abercio Pereira Barbosa, o diretor Arnaldo Camargo publicou uma resposta defendendo a necessidade de pluralizar o debate e que "não se pode limitar a comunidade negra a um ou dois jornais e revistas"[117].

> Que surjam jornais, revistas e folhetins em penca! Deus o permita! Cada jornal que aparecer significará um punhado para a hegemonia da raça. Serão várias forças, possivelmente por vários caminhos, mas com um só ponto de referência. A meta de chegada é uma só![118]

A polêmica seguiu e Abelcio Barbosa retrucou os diretores do *Novo Horizonte*, enfatizando a necessidade de a comunidade negra apoiar as iniciativas já existentes, além disso, seria preciso deixar de lado individualismos e vaidades.

> Em suma, precisamos de um grande jornal, o que só é possível com a reunião de todos os valores. [...] Já é hora de um empreendimento

---

[115] CAMARGO, A. Explanação de motivos. **Novo Horizonte**, São Paulo, maio de 1946, p.2.
[116] BARBOSA, Abercio Pereira. Uma estrela brilhou. **Novo Horizonte**, São Paulo, junho de 1946, p.3.
[117] CAMARGO, Arnaldo. Dever-se-ia comentar? **Novo Horizonte**, São Paulo, julho de 1946, p.3.
[118] CAMARGO, Arnaldo. Dever-se-ia comentar? **Novo Horizonte**, São Paulo, julho de 1946, p.3.

> ousado, de vulto e repercussão. Se todos não puderem ser diretores ao mesmo tempo, paciência. Deixaremos para depois o luxo de um grupinho aqui; outro ali, outro acolá. "A união faz a força". Mas, união "no duro", pra gente não ter que lembrar daquela palavrinha chamada individualismo. Essa, a minha opinião.[119]

Desta vez quem respondeu as indagações foi Aristides Barbosa, que se defendeu dizendo que o Novo Horizonte foi bem recebido pela comunidade negra, e que isso comprovaria que a fundação de um novo jornal não foi um erro, como alguns pregavam, mas antes, uma decisão acertada.

> Queríamos apenas fundar mais um jornal. Talvez tenhamos praticado um erro. Mas fizemo-lo inconscientes. Ou talvez não, foi erro, porque a acolhida que o "Novo Horizonte" vem recebendo ultrapassou as nossas melhores expectativas. Temos recebido cartas de várias cidades do interior e mesmo de outros estados, todas trazendo as mais estimulantes congratulações pelo arautozinho para o negro. Quem teria mandado o nosso pequeno jornal a Minas Gerais, Santa Catarina, Pelotas, etc? Não o sabemos, mas acreditamos que isso tenha sido obra de sinceros idealistas anônimos que vem ajudando eficazmente na difusão deste "caçula" da família da imprensa negra de São Paulo.[120]

Após as polêmicas iniciais, o *Novo Horizonte* foi se consolidando como um dos principais jornais negros. Em maio de 1947, seus diretores – Osvaldo Paraná, Ovídio P. dos Santos, Benedito Daniel, Manoel Barbosa, Geraldo de Oliveira, Lafayette M. de Castro, Waldermar Silva e Arnaldo Camargo – comemoravam o sucesso do periódico que já registrava boa circulação na capital São Paulo, Santos, cidades do interior – Mococa, Piracicaba, Guaratinguetá, Jaú, Jardinópolis –, e nos estados de Minas Gerais e Rio de Janeiro.

Em relação aos/as leitores/as do *Novo Horizonte*, é possível imaginar que as mulheres compunham uma parcela expressiva do público. Numa relação de novos/as assinantes e que foi publicada em setembro de 1947, observou-se que dos/as 30 novos/as assinantes, 14 eram mulheres, ou seja, quase a metade. Como

---

[119] BARBOSA, Abelcio. Minha opinião. **Novo Horizonte**, São Paulo, novembro de 1946, p.4.
[120] BARBOSA, Aristides. Pingos nos iii. **Novo Horizonte**, São Paulo, dezembro de 1946, p.1.

dito anteriormente, ainda que as mulheres não estivessem à frente das diretorias e tenham tido pouquíssimo espaço na Imprensa Negra como escritoras, elas exerceram um papel fundamental como financiadoras. Com o pagamento das assinaturas mensais ou anuais, colaboraram diretamente na manutenção dos jornais negros e, com isso, do próprio Movimento Negro.

Figura 12 - Primeira edição do jornal O Novo Horizonte.

Fonte: Novo Horizonte, maio de 1946, n.1.p.1.

O *Novo Horizonte* possuía um número padrão de quatro páginas e em algumas ocasiões, como era comum na Imprensa Negra, publicava-se edições com seis ou oito páginas, especialmente, nas datas comemorativas, bem como no mês de maio. Assim como os demais, também tinha dificuldades financeiras, o que fazia com que em alguns meses não houvesse circulação, como aconteceu entre o final de 1947 e o início de 1948: "Confessamos que, um mês ou outro, deixamos de vir a público. Não circulava a nossa folha."[121]

---

[121] Novo Horizonte, São Paulo, maio de 1949, p.1.

No dia 29 de maio de 1949, comemorou-se o terceiro aniversário do *Novo Horizonte*, que naquele momento era um dos poucos – senão o único em São Paulo – jornais negros em circulação. *O Alvorada*, vinculado à Associação do Negro Brasileiro, havia encerrado suas atividades no ano anterior, 1948. Para celebrar uma data tão especial, a direção organizou uma conferência, um chá e uma pequena reunião dançante. A conferência teve início às 15h45, com uma fala inicial do diretor Arnaldo Camargo, a mesa debatedora foi presidida por Geraldo Campos, que recebeu como convidado Genésio Pereira Filho, Armando Bastos e Ovidio P. dos Santos. Às 17:00 teve início ao chá e às 22:00 o baile. No ano seguinte, também houve grandes festejos para comemorar mais um ano de vida do jornal.

Ao que parece, de 1946 até 1954, ainda que com alguns percalços, o *Novo Horizonte* circulou periodicamente, porém uma interrupção teria acontecido entre 1954 e 1958. A retomada só aconteceu em abril de 1958 e o periódico seguiu até 1961, quando encerrou suas atividades. Dentre os/as diversos/as colaboradores/as que publicaram, destacam figuras bastante conhecidas do Movimento Negro, como: José Correia Leite, Raul Amaral, Fernando Góes. Apenas três mulheres colaboraram ao longo de 1946 e 1961, Ruth Guimarães, Ione Amaral e Sofia Campos. O *Novo Horizonte* foi, dentre os jornais negros, aquele que teve vida mais longa no período da Segunda República.

1.3.4 Mundo Novo

Fundado na cidade de São Paulo, em 1950, o jornal o *Mundo Novo*, ao que parece, teve uma vida breve e, provavelmente, circulou apenas naquele ano. Conforme José Correia Leite, no início da década de 1950, não havia um Movimento Negro de projeção na cidade de São Paulo, o que teria colaborado para a curta duração do periódico. Ainda, de acordo com o histórico militante, foi um ano em que algumas lideranças, como Sofia Campos, Luiz Lobato e Geraldo Campos se projetaram no campo das disputas políticas.

Segundo Paulina Alberto (2017), o *Mundo Novo*, dirigido por Armando de Castro, foi fundado para endossar à candidatura de Geraldo Campos de Oliveira na assembleia do estado de São Paulo pelo Partido Socialista Brasileiro em 1950.

Primeira é cooperar com uma candidatura socialista, dentro da

> solução democrática do Partido Socialista Brasileiro, o único partido que oferece aos democratas conscientes do país uma perspectiva de emancipação econômica do homem do jugo capitalista sem atirá-lo as garras do totalitarismo estadual. [...] A segunda causa de nossa adesão a Geraldo Campos de Oliveira, é uma decorrência da primeira, no sentido e que a solução do problema do negro depende da solução do problema social. Homem negro, a solução do teu problema racial depende da solução do teu problema como assalariado do capitalismo. A luta de classe é maior que a luta da cor. Quando venceres a tua luta de classe, terás vencido a luta de cor.[122]

O *Mundo Novo* reavivou o debate em torno da questão da luta de classes, reafirmando que uma vez solucionado o problema social, se solucionaria também o problema racial. Sobre essa questão, Virgínia Bicudo, em seu estudo de 1945, *Atitudes Raciais de Pretos e Mulatos em São Paulo*, defendeu que "a ascensão social do preto dar-se-ia através da ascensão ocupacional, sem, entretanto, eliminar de todo a distância social na linha de cor" (BICUDO, 2010, p.161) e que "a ascensão ocupacional não confere ao preto o mesmo status social do branco" (BICUDO, 2010, p.160).

Além de apoiar Geraldo Campos de Oliveira, o jornal também apoiou a candidatura de Sofia Campos Teixeira, a única mulher negra a disputar as eleições em 1950. Assim, o *Mundo Novo* a descrevia:

> Militante fundadora desse partido (Partido Socialista Brasileiro), a professora Sofia Campos Teixeira, que há muitos anos vem, nas atividades social e política desenvolvendo uma luta em prol dos direitos de sua raça tão menosprezada. Apesar de sua contribuição decisiva para o progresso do Brasil, Sofia Campos Teixeira tem participado de todos os movimentos de emancipação não só dos negros como dos trabalhadores em geral, fazendo parte de várias entidades negras e jamais deixou de evidenciar a situação da mulher trabalhadora, concitando a luta em defesa dos seus mais sagrados direitos. Por isso, prestigiamos Sofia Campos Teixeira, que será na Câmara Federal legítima porta-voz não só dos negros, mas ainda da

---

[122] Sem autor. Socialismo e liberdade. **Mundo Novo**, São Paulo, setembro de 1950, n.5, p.3.

mulher que trabalha, defendendo os seus direitos e preparando o caminho da sua emancipação.¹²³

Com o apoio das duas candidaturas, Mundo Novo defendia a tese de que "não basta ser negro para oferecer uma garantia de que essa luta possa ser desenvolvida nas casas legislativas. Necessário se faz que seja um negro que como nós sinta o problema".¹²⁴ Assim, o jornal discutia de forma direta os limites da representatividade, sinalizando a necessidade de que os/as representantes/as, para além de ser negro/a, tenham de clareza da situação da comunidade, bem como de toda a classe trabalhadora. No conjunto da Imprensa Negra, o jornal se destacou pela proximidade com as disputas políticas partidárias, vistas pela maioria dos/as intelectuais negros/as como um espaço mais de dispersão do que propriamente de luta. Terminada a campanha eleitoral de 1950, nenhum negro/a foi eleito/a aos cargos que concorriam (FERRARA, 1987).

Figura 13 - Primeira edição do jornal Mundo Novo.

Fonte: Mundo Novo, setembro de 1950, n.5.p.1.

---

¹²³ Sem autor. Ao povo de São Paulo aos negros de São Paulo à mulher negra. **Mundo Novo**, São Paulo, setembro de 1950, n.5, p.5.
¹²⁴ Mundo Novo, São Paulo, setembro de 1950, n.5, p.8.

1.3.5 *Notícias de Ébano*

Fundado em outubro de 1957 na cidade de Santos, *Notícias de Ébano*, dirigido por Luiz Lobato, era o "órgão noticioso do Ébano Atlético Clube". Segundo Paulina Alberto (2017), o jornal foi um dos primeiros a cobrir os temas africanos, como, por exemplo, notícias sobre a democracia na Etiópia. O periódico se apresentou dessa maneira ao público leitor:

> Notícias de Ébano é uma das muitas tentativas que se tem feito e que estamos agora empreendendo no sentido de levar aos homens e mulheres do Brasil e se possível do mundo, a palavra escrita sobre as questões específicas, do elemento nacional e, particularmente do negro. Não somos um periódico racista. Todavia, ninguém em sã consciência, poderá negar certas peculiaridades intrínsecas ao negro e que somente nós, os negros, podemos entender. Desde a religião até aos costumes morais e sistema financeiro possuímos com maior ou menor acentuação normas e rumos diferentemente daqueles que nos foram ditados e outorgados pela Europa. [...] É pois, necessário contar nossa história. Nossos percalços, nossas preterições e nossas lutas para vencer. Contá-la, sentindo-a, vivendo-a com os sofrimentos que ainda trazemos marcadas em nossa carne e correndo em nosso sangue devido à condição de sermos descendentes de escravos. Uns tem a marca mais acentuada, outros menos. Uns porque tiveram a felicidade de quebrar as barreiras, inclusive as intelectuais e financeiras; outro porque a custo de muita fome, miséria e suor puderam atingir a um pseudo lugar ao sol. Essa é a realidade. Acreditamos, porém, que contando a nossa história estaremos contando a história da sociedade brasileira. A finalidade de Notícias de Ébano é trazer uma contribuição para a história do Brasil. A todos, portanto, negros e brancos, estarão franqueados as colunas deste periódico. Esperamos, dessa forma, com a ajuda dos estudiosos e daqueles que amam a esta pátria, poder trazer alguma contribuição para a divulgação da verdadeira história do Brasil. É uma audácia, porém, esperamos que levaremos ao fim. Avante, pois, leitores de Notícias de Ébano e associados do Ébano Atlético Clube, instituição que nos proporcionou esta publicação.[125]

---

[125] Sem autor. Sem título. **Notícias de Ébano**, São Paulo, outubro de 1957, p.1.

José Correia Leite lembra que a palavra racismo se tornou bastante usual após a Segunda Guerra Mundial e todas as vezes que o/a negro/a falava sobre os seus problemas, era chamado de racista. A lógica de inverter as relações de poder e acusar aqueles/as que são oprimidos/as pelo racismo foi – e ainda continua sendo – uma das estratégias da branquitude para se manter hegemônica. Em *O genocídio do negro brasileiro*, Abdias Nascimento destaca que "qualquer esforço por parte do afro-brasileiro esbarra nesse obstáculo. A ele não se permite esclarecer-se e compreender a própria situação no contexto do país. Isso significa, para as forças do poder, ameaça à segurança nacional" (NASCIMENTO, 2016, p.94).

Notícias de Ébano tocava numa questão fundamental: a necessidade da comunidade negra de contar a sua história. Como bem advertiu Lélia Gonzalez, algumas décadas depois, o racismo os colocou numa posição daqueles/as que foram falados e infantilizados, dessa forma, feridos na própria humanidade. Parte da violência racista foi a negação do direito de negros/as se autodefinirem, e com isso, serem obrigados/as a se construírem a partir da imagem projetada pela branquitude.

Figura 14 - Primeira edição do jornal Notícias de Ébano

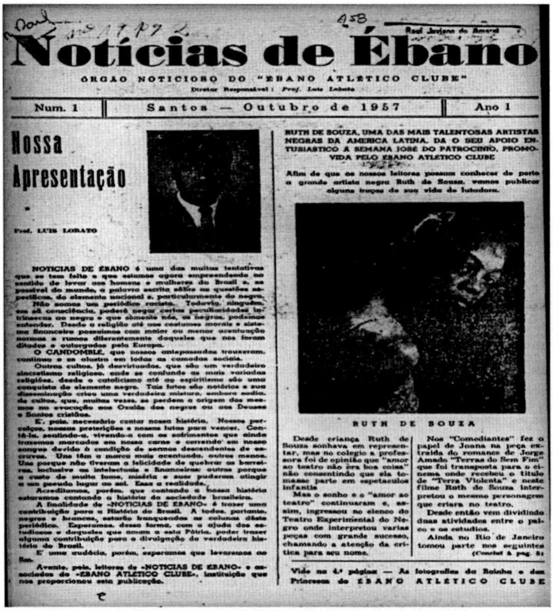

Fonte: Notícias de Ébano, outubro de 1957, n.1.p.1.

Ao reivindicarem o direito de narrar suas histórias, os/as intelectuais vinculados/as ao jornal estariam promovendo aquilo que Grada Kilomba (2019) tem denominado como estado de descolonização, que nada mais é do que a capacidade de se tornar o "eu" que descreve, o "eu" que narra, o "eu" que possui a autoridade da sua própria realidade. Tal processo levaria negros/as a romperem com a lógica colonial ser o outro/a, para se tornar sujeito.

1.3.6 *O Mutirão*

Fundado na cidade de São Paulo, em maio de 1958, *O Mutirão* foi um periódico vinculado a Associação Cultural do Negro, instituição criada em 1954. A iniciativa surgiu após a instalação do Departamento Estudantil da Associação, que se mobilizou para fazer circular um novo jornal negro. Com sede na Rua São Bento, 405, *O Mutirão* foi o único periódico a ser dirigido por uma mulher, Jacira da Silva. Além dela, estiveram à frente do projeto: Gerson Firmino de Brito (subdiretor) e Maria da Penha Paula (secretária). O nome foi uma sugestão do presidente do conselho superior da Associação Cultural do Negro, José Correia Leite, ele pretendia sinalizar que o jornal era uma realização coletiva. Apesar do entusiasmo do grupo de estudantes com a iniciativa, o projeto não durou muito tempo.

> O Mutirão teve 4 ou 5 edições. Não saiu mais por causa de mal-entendidos. Muita gente não estava entendendo que um jornal como o nosso vivia com sacrifício e não dava resultado financeiro nenhum. Então começou a desinteressar. Eu fui um dos que deu força. Mandei fazer umas flâmulas e dei para que eles vendessem e o resultado fosse em benefício do jornal. Mas não deu certo. Quando chegou no quinto número não deu pra sair mais. O jornal tinha quatro páginas, num formato grande. Mas, acontece que também havia a dificuldade da inexperiência dos rapazes. Não sabiam focalizar dentro do jornal os temas correlatos à problemática do negro. O jornal tinha de ter pelo menos uma seção de editoriais com mensagem ao negro. E nisso estava a dificuldade dos rapazes se entenderem. (LEITE, 1992, p.171)

Figura 15 - Primeira edição do jornal O Mutirão

Fonte: O Mutirão, maio de 1958, n.1, p.1.

Assim como os demais jornais da imprensa negra, o Mutirão acabou encerrando precocemente as suas atividades. A escassez de recursos era um dos grandes entraves da imprensa negra, no entanto, isso não diminui a importância do periódico, um dos poucos da imprensa negra, a ser administrado por uma mulher negra.

1.3.7 *Niger*

Fundada em 1960, a revista foi uma iniciativa de José Assis Barbosa, que apresentou a ideia de um novo periódico no sindicato dos trabalhadores da construção civil, mesmo local onde funcionava o Teatro Experimental do Negro de São Paulo. Logo em seguida, Barbosa procurou José Correia Leite, já com sessenta anos, para auxiliar no novo projeto. Leite, como um entusiasta da

Imprensa Negra, aceitou e colaborou com a revista. A escolha do nome causou acalorados debates, José Correia havia sugerido "Negritude", mas não foi aceito, porque muitos associavam-no ao termo *"negrice"*, era muito pejorativo. Por fim, Barbosa deu a sugestão de *Niger*, que significa negro em latim, e também era o nome de um rio e de um Estado africano. Segundo Paulina Alberto (2017), *Niger* foi uma revista que possibilitou aos/as intelectuais negros/as renovar o seu interesse pela política africana. Veja abaixo o texto de apresentação da revista:

> Este é o primeiro número de Níger. Penso que o próprio nome Niger explica a finalidade dessa revista, que tratará do negro em tudo o que mereça nosso comentário, nossa aprovação ou, quem sabe, nossa desaprovação. Ela não pretende abranger toda a cultura negra ou aquilo que se chama cultura negra. [...] Há de preocupar-se com o problema do negro, tentará unir o negro sobretudo através da arte, através do pensamento voltado aos melhores destinos para o negro. Uma das melhores armas para esclarecer, iluminar, retificar é a imprensa, mas para os problemas negros nada como uma revista ou um jornal negro. Sabemos que muitos de nossa sociedade negra tentaram o soerguimento de nossa gente por esse meio. Que eles nos sirvam de experiência. A tentativa deles tem o valor de nos mostrar como devemos fazer ou como devemos não fazer. [...] Uns lutam por meio da arte, outros através de conferências, nós lutamos com Niger. Niger, suas duas sílabas, há de ser tentativa séria de sorguimento. Há de ser começo de caminho por onde esperamos que muitos passem.[126]

A "publicação a serviço da coletividade negra" com sede na Rua Conde de Sarzedas, número 304, tinha como membros da diretoria José Assis Barbosa (diretor), Oswaldo de Camargo (redator-chefe), Benedito de Souza (secretário), José das Dores Brochado (gerência), José Correia Leite, José Pellegrini, Dalmo Ferreira, José Xavier dos Santos, Dirceu Domingues e Jayme Nelson Rio.[127] A revista custava dez cruzeiros e possuía entre dez e dezoito páginas. Ao que parece, circularam cinco números e depois, o projeto acabou sendo abandonado.

---

[126] Sem autor. Apresentação. **Niger**, São Paulo, julho de 1960, n.1, p.1.
[127] Niger, São Paulo, julho de 1960, n.1, p.8.

Quando já estava no quinto número, surgiu aqui em SP um cidadão chegado dos EUA e começou a espalhar que ia publicar um jornal negro com características de um grande jornal. A notícia correu logo e todo mundo ficou esperando. O sujeito convenceu o Borba que a Revista Niger era feita com muito sacrifício e que ele, Borba, devia dar o esforço dele para o jornal que tinha capital... [...] Saiu o primeiro número. Não decepcionou. Foi bem feito. O nome do jornal era Ébano. Mas, acontece que para o segundo número começaram as primeiras intrigas e as dificuldades do sujeito se entender com o tal capitalista. [...] Então, para o segundo número parece que o sujeito não conseguiu o patrocinador. E com isso a Revista Niger é que foi prejudicada, porque o Borba também desistiu, embora a revista já estivesse com nome e com perspectiva de se afirmar. E o Borba nem foi trabalhar no jornal Ébano. Ficou na expectativa. [...] A ideia do Borba foi fazer uma revista voltada para a vida social do negro, como acontece com as outras grandes revistas cheias de ilustrações dos acontecimentos mundanos. E isso, apesar da modéstia, foi conseguido. Mas, a revista também tinha seções de assuntos relacionados com as lutas sociais. (LEITE, p.183)

Figura 16 - Texto de apresentação da revista Niger

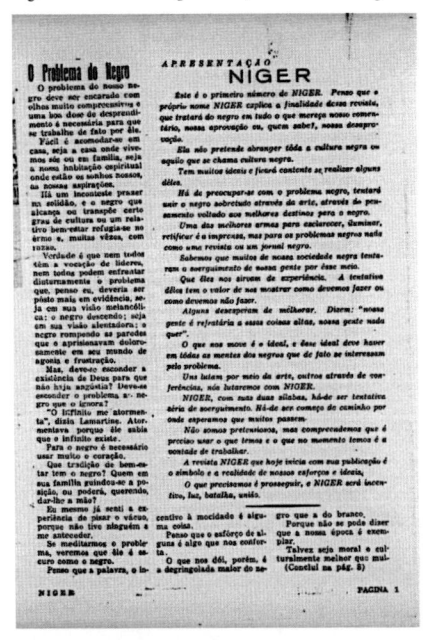

Fonte: Niger, julho de 1960, n.1, p.1.

A revista *Niger* é um dos documentos históricos mais importantes na História do Movimento Negro, pois nela repercutiu dois grandes eventos do ano de 1960: o aniversário de sessenta anos de José Correia Leite, que rendeu ao histórico militante várias homenagens, e a cobertura do sucesso editorial de *Quarto de Despejo*, da escritora Carolina Maria de Jesus.

1.3.8 *Hífen*

Fundado em 1960, na cidade paulista, em Campinas, o jornal que se denominava como: O traço de união da elite, tinha sua sede na Rua Bandeirantes, número 142. Na direção do periódico estava Benedito Baltazar (diretor), Luis C. S. Palva (secretário-geral) e Lucilia Ferreira (redação). Dos jornais negros, *Hífen* talvez tenha sido o que mais repercutiu os acontecimentos que vinham ocorrendo na África, como, por exemplo, as lutas pela independência no Congo, "a rapidez com que o Congo se está tornando independente não tem merecido a devida atenção do mundo"[128]. Segundo o *Hífen*, "o ano de 1960 [...] está no calendário dos pretos africanos como o ano de ouro na luta contra o jugo estrangeiro."[129] Assim como o jornal da capital de São Paulo, *Niger* também deu ampla cobertura ao sucesso da escritora Carolina Maria de Jesus, noticiando, inclusive, a tradução da obra para mais de nove países.

O jornal circulou durante dois anos e encerrou suas atividades em 1962. Uma das possíveis causas para a paralisação do periódico tinha sido a grave crise econômica que se assolava no país. Em 1962, a assinatura do jornal teve que sofrer um reajuste de 100%, desse modo, a assinatura anual saltou de 120 cruzeiros para 250. A título de comparação, a assinatura de Alvorada em 1945, custava apenas 15 cruzeiros. A forte recessão econômica no governo João Goulart foi um duro golpe para a Imprensa Negra que, desde 1945, vinha sobrevivendo com grandes dificuldades.

---

[128] Hífen, São Paulo, junho de 1960, n.8, p.1.
[129] Hífen, São Paulo, dezembro de 1960, n.8, p.3.

Figura 17 - Primeira edição do jornal Hífen.

Fonte: Hífen, julho de 1960, n.1.p.1.

1.3.9 *Correio d'Ébano*

Fundado em junho de 1963, na cidade de Campinas, *Correio d'Ébano* foi uma continuação de *Hífen*, que havia parado de circular em 1962. O novo jornal tinha sede na Rua José Paulino, número 1459, e na sua direção, eram: Azael

Mendonça, Silvio Balthazar Jr, Benedito F. Balthazar, Waldemar Balthazar, Lucila Ferreira, Mario de Oliveira, Haroldo Passos, Edith Ribeiro, Osvaldo Barbosa, Luizito Góes, José Roberto Ribeiro, Lucia Helena Ferreira e José Carlos Araújo. A assinatura anual tinha passado a custar 600 cruzeiros, lembrando que, após o aumento em 1962, o *Hífen* passou a custar 250 cruzeiros por ano, o que demonstra como a inflação e a crise econômica de 1963 tornaram a produção do jornal muito cara. Assim como o *Hífen*, o *Correio d'Ébano* cobriu os desdobramentos do "Despertar da África", além disso, repercutiu a tensão racial nos Estados Unidos.

Figura 18 - Primeira edição do jornal Corrieo D' Ebano.

Fonte: Correio D' Ébano, Campinas, junho de 1963, p.1.

Havia, também, espaço para descontração, bem como a coluna sobre televisão, teatro e rádio e outra dedicada aos assuntos "femininos" com Lucila Ferrara, que além de dicas de domésticas e de beleza, discutia também o papel da mulher na sociedade atual, enfatizando que, aos poucos, as mulheres estariam conquistando a sua autonomia e se interessando cada vez mais pelos assuntos da política. O *Correio d Ébano* foi o último jornal negro a circular no período de 1945 a 1964. Com o golpe civil-militar de 1964, houve, conforme Lélia Gonzalez, uma desarticulação das elites intelectuais negras, que só viriam a retomar uma experiência de luta coletiva em 1978 com a organização do Movimento Negro Unificado.

1.4 Considerações finais

Ao longo deste capítulo, buscou-se recuperar as trajetórias de importantes associações e demais instituições do Movimento Negro de São Paulo no contexto da Segunda República (1945-1964). Em alguns casos, foi possível documentar melhor algumas histórias, como da Associação José do Patrocínio, Associação do Negro Brasileiro e da Associação Cultural do Negro. Em relação às demais, foi limitado, houve apenas uma breve introdução, devido à escassez de registros. Mesmo assim, procurou-se listar os nomes dos/as envolvidos/as em cada instituição. De um modo geral, a ideia do capítulo foi demonstrar a vivacidade e a pluralidade do Movimento Negro de São Paulo, indo desde as associações dedicadas a oferecer cursos profissionalizantes, assistência social até aos clubes de futebol.

Além das associações, também foi destacado a história da Imprensa Negra de São Paulo, que cumpriu um papel fundamental no contexto das lutas antirracistas no contexto democrático. Por meio dos jornais, intelectuais negros/as insurgentes, divulgaram suas associações, denunciaram a existência do racismo e, consequentemente, a farsa do mito da democracia racial, (re) escreveram a história do pós-abolição, dando protagonismo a Luiz Gama, José do Patrocínio e Cruz e Souza – rejeitando a figura da Princesa Isabel – e criando laços de solidariedade com o Movimento de Negro dos Estados

Unidos. Como será visto nos próximos capítulos, foi por meio das associações e da imprensa que o Movimento Negro de São Paulo desenvolveu sua luta ao longo da Segunda República.

Para concluir, é importante ressaltar que o trabalho buscou preencher algumas lacunas a respeito do período democrático (1945-1964). Como demonstrado no início do capítulo, a historiografia do movimento negro ainda se debruçou sobre este período. A ênfase na década de 1930 e 1970 acabou ofuscando um período importante na história do Movimento Negro do século XX. Não é possível falar em lutas antirracistas, sem levar em consideração uma conjuntura marcada pela forte atuação das associações, imprensa e intelectuais negros/as insurgentes, conforme será demosntrado nos próximos capítulos.

Capítulo 2. Ação Política e Antirracismo

> Cada vez que nos pomos a refletir sobre a situação de patente inferioridade e de abandono do negro no Brasil, mais intensa é a nossa convicção de que ela necessita de uma instituição vivaz, operante, útil, capaz de realmente norteá-lo no caminho seguro das conquistas sociais de nossos dias e de modo positivo leva-lo a participar ativamente de todas as manifestações da vida nacional. (Raul J. do Amaral)[130]

---

[130] AMARAL, Raul J. O negro não tem problemas? **Alvorada**, São Paulo, setembro de 1945, p.1.

Neste capítulo a intenção é apresentar como se desenvolveu a luta antirracista – estratégias, polêmicas e laços de solidariedade – no contexto da Segunda República. Tendo como foco a atuação do ativismo negro de São Paulo, o capítulo se divide em três momentos. O primeiro se dedica a contextualizar as estratégias de luta que foram sendo elaboradas no contexto imediato da redemocratização, seja no associativismo ou na inserção pela via político partidária. No segundo momento, será demonstrado como a questão racial nos Estados Unidos repercutiu na Imprensa Negra de São Paulo e os laços de solidariedade que foram criados entre Brasil e EUA. No último, uma discussão de como o Movimento Negro de São Paulo atuou para desarticular o mito da democracia racial e denunciar a existência do racismo no Brasil.

2.1 Associativismo ou política partidária?

O texto *Hino a nova Alvorada*, escrito por João de Oliveira e publicado pelo jornal *Novo Horizonte*, em junho de 1946, revela que a "Nova Democracia" foi recebida com certo entusiasmo pelo Movimento Negro de São Paulo, "a resplandecências dos promícios clarões que iluminam uma Nova Democracia no Brasil, é que eu elevo a minha voz ao honrado presidente General Dutra que acaba de ser eleito pelo pleito do voto livre."[131] Para Edilza Correia Sotero, após o fim do Estado Novo, "das várias organizações de cunho reivindicativo que surgiram em diversas regiões do país, formou-se uma articulação de lideranças, o que imprimiu ao movimento um ritmo de constante agitação intelectual e política, especialmente entre os anos de 1945 e 1948."[132]

Dentre as várias organizações que surgiram nos anos iniciais da Nova República, estava, como já mencionado, a Associação dos Negros Brasileiros, que sob a liderança de José Correia Leite, Fernando Góes e Raul J. Amaral, celebrava a realização das eleições de dezembro de 1945 e saudava o retorno à democracia. Porém, ainda que a associação mostrasse um certo entusiasmo com o retorno

---

[131] OLIVEIRA, João de. Hino a nova Alvorada. **Novo Horizonte**, São Paulo, junho de 1946, p.2.
[132] SOTERO, Edilza Correia. Representação política negra no Brasil pós-estado. (Tese de Doutorado). Universidade de São Paulo, 2015, p.66.

das eleições, havia um entendimento de que o "levantamento da raça" só seria possível mediante a organização de uma política associativa independente.

> E nós os negros do Brasil, se temos uma causa para advogar não devemos apenas reclamar e ficar na expectativa; não, a nossa ação de fortalecimento, está na organização e na evolução do nosso espírito de associação. Segundo esse espírito de orientação, poderemos alcançar em suas normas condicionais, os fins objetivos que tanto almejamos[133].

De acordo com Sotero, o discurso adotado pela Associação dos Negros Brasileiros foi um dos que reverberaram nos anos iniciais da Nova República. Além da proposta centrada no associativismo negro, havia outro que "não descartava o associativismo negro, mas via na política partidária um espaço fundamental para introduzir reivindicações em um ambiente capital para sua resolução, o Estado" (SOTERO, 2015, p.66). A despeito disso, uma das primeiras mobilizações políticas foi a realização da Convenção do Negro Brasileiro, na cidade de São Paulo, em novembro de 1945. Abaixo, a transcrição do artigo de Aguinaldo de Oliveira Camargo, *Diretrizes da Convenção do Negro Brasileiro*.

> Sabido é que desde a nossa formação histórica o povo brasileiro se constitui de três raças fundamentais: a branca, a negra e a indígena. Pela miscigenação desses grupos, somos considerados um povo mestiço e por essa razão, não é justo, que em pleno século vinte, com a vitória dos princípios democráticos, ainda perdurem as restrições que elementos reacionários e com mentalidade nazifascista querem impingir ao nosso povo. [...] Se o afro-brasileiro ainda não atingiu o grau cultural da média do grupo branco, muitas causas influíram nesse estado de coisa. A primeira, a mais velha, porém ainda da Abolição de 1888. Deram liberdade em massa para o povo negro de maneira contraindicada. Concederam o direito de cidadão ao escravo que ainda não se havia aculturado e estava ainda num estado de servidão econômica. Isso se generalizou até nossos dias. O negro, assim semianalfabeto, vive jogado por aí, sem estímulo para nada. E os que

---

[133] Sem autor. Os negros e a democracia. **Alvorada**, São Paulo, janeiro de 1946, p.1.

conseguem alcançar posições, o fazem à custa de muitos sacrifícios. O negro, para vencer socialmente, faz um esforço equivalente ao de cem brancos. E quando consegue certas regalias sócias, afasta-se dos seus irmãos negros. Luta sozinho e nada quer com a sua raça. Essa falta de união do elemento afro-brasileiro é a principal causa atualmente, do desprestígio geral do negro no seio da coletividade. Depois do 13 de maio, inaugurou-se entre os pardos, mulatos e mestiços, entre os afro-brasileiros, a mentalidade do "cada um pra si". Foi o mal. O elemento negro do Brasil de hoje, deve unir-se, imediatamente, no sentido psicológico, para acabar com os complexos e recalques para atacar de frente o preconceito de cor e de raça que ainda perdura em nossa pátria. Essa união, entretanto, em nada vem ferir a unidade nacional. Ao fazer-se tal união, não está fazendo racismo político, que já foi repudiado do consenso da nacionalidade em vários manifestos das sociedades culturais de nossa pátria. E depois, seria verdadeira utopia pensar que com a União do afro-brasileiro se criará no Brasil o vírus do separatismo radical. Os negros precisam se unir para reivindicar de fato os direitos que desde há muitos já nos são outorgados por lei. Pois é sabido que até hoje os negros são barrados na Escola Militar, na Escola Naval, na Aeronáutica, na carreira diplomática, em certos colégios, até de religiosos, o que é de lastimar, dado o espírito anticristão de tais atitudes. E o problema não é só de ordem cultural e econômica. É também de caráter social, pois se é vedado na sociedade, o acesso de grande parte do elemento negro, nós temos que enfrentar essa sociedade reacionária e anticristã, apontando-lhe a sua lamentável falha democrática. A Convenção Nacional do Negro Brasileiro que se realizou em dias de novembro último. Nesta capital, foi apenas a reunião de intelectuais negros, mulatos, mestiços e brancos, do povo em geral, para traçar rumos sociais e políticos a todos aqueles que pretendem acabar com a hipocrisia social reinante e que procuram lutar para valorizar o negro brasileiro.[134]

A realização da Convenção coroou um ano que, segundo Luiz Lobato, foi marcado pela agitação política e intelectual, "o ano de 1945 foi muito fértil

---

[134] CAMARGO, Aguinaldo de Oliveira. Diretrizes da Convenção do negro brasileiro. **Senzala**, São Paulo, janeiro de 1946, p.11.

na realização de Congressos e Convenções de Partidos. Mas, também, houve reuniões, congressos e convenções de elementos da raça negra."[135] Ainda, segundo Lobato, se o objetivo era retomar a tradição anterior ao Estado Novo, tal meta havia sido cumprida, "os líderes negros de São Paulo movimentaram-se, fazendo reviver a luta que os nossos antepassados iniciaram com a campanha da Abolição."[136] Porém, alertava para o perigo dos falsos líderes negros que usavam da luta coletiva para obter ganhos meramente pessoais. Além disso, Lobato defendia que, "ao lado de nossas reivindicações peculiares, temos de empunhar a bandeira de luta pela classe explorada."[137] Conforme Sotero, Luiz Lobato tornou-se uma das mais destacadas lideranças negras após o fim do Estado Novo.

Falando em liderança negra, José Correia Leite, um dos porta-vozes da militância negra paulista, não se animou com a Convenção de Novembro de 1945. Para Sotero, a indiferença de Leite se deve a sua postura de não envolvimento entre o associativismo negro e partidos políticos (SOTERO, 2015 p.71). A posição de Leite em relação aos partidos políticos foi fruto da frustação com o Partido Comunista na juventude.

> Mais tarde me relacionei com membros do Partido Comunista. [...] Fiquei simpatizante, por muito tempo, do comunismo porque achava que de fato havia uma desigualdade muito grande entre ricos e pobres. [...] O comunista sempre entendeu que não havia questão racial, não havia causa de negros. A questão era econômica, de classe. (LEITE, 1992, p.55)

Na contramão de Leite, Francisco Lucrécio, antigo militante da Frente Negra, defendia a fundação de um partido negro. Para Lucrécio, as associações negras não atuavam num sentido estritamente político. Além disso, o eleitorado negro despontava como uma nova força política capaz de influenciar os rumos da política nacional. Diante disso, Lucrécio defendia a fundação de um partido político negro.

---

[135] LOBATO, Luiz. Advertência. **Senzala**, São Paulo, janeiro de 1946, p.14.
[136] Idem.
[137] Idem.

> Por que os negros não podem reunir e fundar um partido político para harmonizar as lutas táticas em proveito da coletividade? Se assim procedessem, por ventura estariam criando racismos? [...] Com a fundação de um partido político dirigido por um grupo de negros evitar-se-ia a exploração de indivíduos e grupinhos que surgem nestas ocasiões, teimando em representar o pensamento e a força eleitoral dos negros, junto a outros partidos, em benefício próprio. [138]

Naturalmente que o José Correia Leite se posicionou contrário à ideia de fundar um partido político negro. Aliás, a Associação dos Negros Brasileiros enfatizou veementemente ao longo dos seus três anos de existência, que a sua posição era de indiferentismo em relação à política partidária. Em outubro de 1947, a Associação reafirmou sua postura: "nos combates das urnas, nos pleitos eleitorais de 02/12 e 19/01 a ANB manteve-se equidistante dos partidos e candidatos. [...] A ANB afirma, que está distanciando oficial e oficiosamente de partidos."[139] Segundo Sotero, ainda que a Associação tenha buscado se distanciar dos partidos políticos, na medida em que os pleitos eleitorais iam acontecendo, aumentava a pressão para o grupo se posicionar. Entretanto, o grupo se manteve convicto pelo menos até 1948. Vale ressaltar que, a indiferença à política partidária não significou em absoluto desprezo pela democracia.

> Para o grupo liderado por Correia Leite, a mobilização negra deveria ser dissociada de qualquer envolvimento com a política partidária. A defesa do associativismo como principal curso de ação aparece em diversas publicações de Alvorada. Essa postura não era, contudo, uma negação à política como um todo, mas a crença de que a democracia que se estabelecia trazia consigo espaços para discussão e resolução de problemas de grupos específicos, dentre eles a população negra no Brasil. Nesse sentido, a posição apartidária em Alvorada era associada à defesa pelo fortalecimento da democracia, como modelo de Estado mais desejável. (SOTERO, 2015, p.74)

Se de um lado havia o grupo de Leite defendendo o associativismo como

---
[138] LUCRECIO, Francisco. Um ponto de vista. **Senzala**, São Paulo, fevereiro de 1946, p.14.
[139] Sem autor. A ANB e a vereança. **Alvorada**, São Paulo, outubro de 1947, p.4.

principal meio de atuação política, do outro, tinham aqueles/as que, como ressaltou Sotero, sem negar a importância das associações, buscaram na estrutura político-partidária um mecanismo de ação e engajamento. Dentre as lideranças do Movimento Negro de São Paulo, que se lançaram na disputa partidária, destacam-se Geraldo Campos de Oliveira e Sofia Campos, ambos membros do Partido Socialista Brasileiro. Falando, primeiramente, sobre Geraldo Campos de Oliveira, a notícia da sua candidatura foi recebida, de acordo com o jornal *Novo Horizonte*, com entusiasmo em São Paulo. Em setembro de 1947, o periódico publicou um relato sobre a sua trajetória de militância:

> De há muito que o professor Geraldo Campos de Oliveira, vem lutando em todos os setores e de todos os modos possíveis pelo reerguimento do elemento afro em nossa terra. Tendo-se iniciado muito jovem na luta que empreendemos contra os preconceitos de cor e contra o racismo, militou nas organizações culturais do negro em Franca, Ribeirão Preto, Campinas, Rio de Janeiro e em nossa capital. Tomou a iniciativa de editar a revista negra mais aprimorada que editou no Brasil, "Senzala", cuja circulação não obstante todos os seus esforços se encontra paralisada. Exerce ainda a profissão de jornalista nos Diários Associados. Exerce há 12 anos o magistério secundário, que é um longo caminho de dedicação ao ensino da mocidade do Rio e São Paulo. Atualmente, faz parte do corpo de professores do Liceu Siqueira Campos, onde é largamente estimado. Temos ainda o prazer de incluir o nome do professor entre os nossos colaboradores. Ao fazermos circular essa informação queremos crer que o professor será efetivamente um candidato à altura de representar os trabalhadores de SP, fazendo-lhes votos de muito êxito, desejando que possa merecer os votos do eleitorado negro de SP.[140]

Na edição de outubro de 1947, o *Novo Horizonte* publicou uma entrevista com Geraldo Campos de Oliveira, em que ele ressaltava as dificuldades econômicas de sua campanha: "é preciso compreender as dificuldades com que luta um candidato que não tenha recursos, principalmente quando ele é negro."[141]

---

[140] Sem Autor. Será candidato a vereador o prof. Geraldo Campos. **Novo Horizonte**, São Paulo, setembro de 1947, p.1.
[141] Sem autor. Contra a exploração na hora do voto. A luta do negro é a minha luta. O negro não pode ficar indiferente aos problemas gerais. **Novo Horizonte**, São Paulo, outubro de 1947, p.1.

Na entrevista foi indagado se ele vinha recebendo apoio dos/as dos/as negros/as e, principalmente, das associações, e o candidato a vereador respondeu:

> Em verdade tenho recebido apoio de muitos amigos, principalmente de negros, que vem me trazer estímulo a fim de que eu me empenhe na campanha. Quanto às associações na sua quase totalidade se mantêm fechadas nos limites dos seus estatutos. Não tomam atitude política partidária o que não considero seja um mal, antes reputo um bem.[142]

Figura 19 - Geraldo Campos

Fonte: Novo Horizonte, setembro de 1947, p.1.

O que mais chama a atenção na resposta dada por Geraldo Campos é o fato dele considerar como legítima a postura adotada pelas associações, fazendo crer que não havia um clima de hostilidade entre os dois grupos. Um dado importante é que a candidatura de Oliveira buscava atrair os votos não apenas dos/as negros/as, mas de toda a classe trabalhadora, como aparece no slogan de campanha: "Geraldo Campos de Oliveira combaterá intransigentemente

---

[142] Idem.

a exploração do homem pelo homem. Lutará contra a intolerância racial e o preconceito de cor."[143] Analisando o slogan de campanha divulgado na Imprensa Negra, nota-se que a principal bandeira era combater a opressão de classe, como diz a frase "a exploração do homem pelo homem".

Para Sotero, o Partido Socialista Brasileiro, assim com o Partido Trabalhista Brasileiro, compreendia o racismo como um "fenômeno em caráter contextual e individualizado, o que não seria estrutural, mas localizado em certas manifestações que precisam ser combatidas para a realização da fraternidade ou solidariedade que estavam na vocação do Brasil enquanto sociedade multirracial" (SOTERO, 2015, p.99). Talvez, Oliveira tenha feito essa leitura do partido e, por isso, afirmou, conforme destacado acima, que compreendia e considerava legítima a posição das associações em relação aos partidos. Provavelmente, o professor e militante do Movimento Negro estava ciente dos limites de se atuar no campo político-partidário. A respeito da atuação de Oliveira, Sotero explica:

> A atuação de Geraldo Campos no "meio negro" em São Paulo era feita de forma articulada ao grupo mobilizado no Rio de Janeiro, encabeçado por Abdias Nascimento. A proposta naquele momento não era propriamente de unificação de agenda nas duas cidades, mas de construção paralela das agendas e mobilizações. (SOTERO, 2015, p.101)

O resultado das urnas não foi satisfatório, mas é preciso ressaltar que Geraldo Campos foi o sétimo mais votado dos 44 candidatos do PSB, tendo recebido 189 votos. Em 1950, ele voltou a se candidatar, desta vez, como deputado estadual. Recebeu apoio de diversos segmentos, em especial, de Armando de Castro, diretor do jornal Mundo Novo. Em setembro, daquele ano, Castro reafirmava a importância dos/as negros/as disputarem cargos públicos: "temos necessidade de legítimos representantes da raça em todas as câmaras. [...] Necessitamos, nas assembleias legislativas, de negros conscientes do seu papel e da sua representação."[144] Para tentar alavancar sua candidatura foi formado

---

[143] Sem autor. Eleito vereador. **Novo Horizonte**, São Paulo, outubro de 1947, p.2.
[144] CASTRO, Armando de. Um representante do negro no legislativo bandeirante. **Mundo Novo**, São Paulo, setembro de 1950, p.2.

o comitê universitário de pró-candidatura de Geraldo Campos de Oliveira. Ao declarar apoio a Campos, o comitê alinhava-se à orientação ideológica do Partido Socialista que compreendia ser a opressão de classe o grande problema contemporâneo brasileiro.

> A segunda causa de nossa adesão a Geraldo Campos de Oliveira, é uma decorrência da primeira, no sentido em que a solução do problema do negro depende da solução do problema social. [...] homem negro, a solução do teu problema racial depende da solução do teu problema como assalariado do capitalismo. A luta de classe é maior que a luta de cor. Quando venceres a tua luta de classe, terás vencido a tua luta de cor.[145]

É preciso esclarecer que a posição de Armando de Castro e do próprio Geraldo Campos não é de negação em relação à problemática racial. Se o Partido Socialista Brasileiro, conforme argumentou Sotero, não compreendia o racismo numa dimensão estrutural, o mesmo não se pode dizer dos militantes do Movimento Negro. Para eles, a questão central era desenvolver um campo de luta mais ampliado, de modo a contemplar outros grupos subalternizados no contexto social brasileiro. Para marcar sua posição em relação ao debate e declarar enfaticamente o seu apoio a Geraldo Campos, o jornal Mundo Novo publicou um manifesto aos seus/suas leitores/as.

> Acreditamos que o problema do negro não se dissocia dos problemas gerais da coletividade, considerando a contribuição histórica do negro na formação econômica, política e social do Brasil. Não desconhecemos que mesmos entre as classes trabalhadoras o negro é assoberbado por uma maior soma de prejuízos de toda ordem. A nossa estrutura econômica-social, estabelecendo o regime de desigualdade e das injustiças, é o meio propício ao desenvolvimento e manutenção dos preconceitos que atingem o negro e outras minorias. Impõe-se, pois, uma luta mais ampla, mais objetiva em todos os setores da atividade humana no sentido de solucionar o problema. Entretanto, não basta ser negro para oferecer uma garantia de que essa luta possa

---

[145] Sem autor. Socialismo e liberdade. **Mundo Novo**, São Paulo, setembro de 1950, p.3.

> ser desenvolvida nas casas legislativas. Necessário se faz que seja um negro que como nós sinta o problema, que conosco tenha vivido e participado das nossas angústias, que tenha capacidade cultural, que tenha idoneidade moral e que acima de tudo seja portador de um passado de lutas, dedicada e desinteressadamente, provando assim a robustez das suas convicções e a justeza do seu caráter. Geraldo Campos, fundador de Senzala, a primeira revista negra que circulou no Brasil, idealizador do semanário Mundo Novo; dirige o Teatro Experimental do Negro de São Paulo.[146]

Além de Geraldo Campos, outra liderança do Movimento Negro que também se lançou na disputa partidária pelo Partido Socialista Brasileiro foi Sofia Campos Teixeira. De imediato, vale destacar que, Sofia Campos era a única mulher negra que disputava um cargo público nas eleições de 1947.

> Sofia foi apresentada, na coluna assinada pelo Imperador Jones, no dia 27 de dezembro de 1946, ainda não como uma candidata oficial do Partido, mas na condição de nome indicado pelo diretório da capital para deliberação do diretório estadual. Lobato defendeu a indicação e declarou que se tratava de uma "socialista consciente", e "a única mulher negra que acompanhava todo o desenvolvimento da esquerda democrática." (SOTERO, 2015, p.86)

Assim como Geraldo Campos e os demais candidatos negros, Sofia Campos não conseguiu os votos necessários para vencer as eleições de 1947. Em 1950, ela voltou a lançar a sua candidatura, agora, como candidata a deputada federal e, mais uma vez, era a única mulher negra a disputar as eleições. Segundo o texto publicado pelo jornal Mundo Novo, em setembro de 1950, Sofia Campos foi uma das fundadoras do Partido Socialista Brasileira e, além da militância política, atuava também como professora. Abaixo a carta de apoio de Armando de Castro: *Ao povo de São Paulo, aos negros de São Paulo, à mulher negra.*

> [...] Nós, trabalhadores negros, que representamos grande parte da coletividade brasileira, nesta hora em que toda a nação marcha para

---

[146] Sem autor. Manifesto. **Mundo Novo**, São Paulo, setembro de 1950, p.8.

o pleito de 3 de outubro, sentimo-nos na contingência de participar ativamente desta luta. Sofia Campos Teixeira é candidata que apoiamos, para deputado federal. A única mulher negra que disputa as eleições, sob a legenda de um partido democrático. Militante fundadora desse partido, a professora Sofia Campos Teixeira, que há muitos anos vem, nas atividades social e política, desenvolvendo uma luta em prol dos direitos de sua raça tão menosprezada. Apesar de sua contribuição decisiva para o progresso do Brasil, Sofia Campos Teixeira tem participado de todos os movimentos de emancipação não só dos negros como dos trabalhadores em geral, fazendo parte de várias entidades negras e jamais deixou de evidenciar a situação da mulher negra e jamais deixou de evidenciar a situação da mulher trabalhadora, concitando a luta em defesa dos seus mais sagrados direitos. Por isso, prestigiamos Sofia Campos Teixeira, que será na Câmara Federal legítima porta-voz não só dos negros, mais ainda da mulher que trabalha, defendendo os seus direitos e preparando o caminho da sua emancipação.[147]

A candidatura de Sofia Campos é bastante emblemática, não só pelo fato de ser a única mulher a disputar as eleições, mas também pelo seu programa político ser o mais o radical, por colocar em discussão os direitos trabalhistas dos/as negros/as, em especial das mulheres negras trabalhadoras. Conforme Sotero, Sofia Campos havia colaborado na criação da Associação das Empregadas Domésticas, o que demonstra a sua preocupação com a condição de suas irmãs negras trabalhadoras. Mesmo tendo uma história de militância, mais uma vez, Sofia Campos não conseguiu ser eleita. O único candidato do "meio negro" que conseguiu ter algum destaque nas eleições de 3 de outubro de 1950 foi Raul Joviano Amaral (SOTERO, 2015, p.112).

Além de Sofia Campos e Geraldo Campos, outros militantes negros ingressaram no campo das disputas político-partidárias, sendo eles: Francisco Lucrécio, Sebastião Francisco, Eurides de Oliveira, Luiz Lobato e Raul Joviano Amaral. Em relação aos dois últimos, Sotero destaca que mesmo Lobato sendo uma das principais lideranças do Movimento Negro, sabe-se muito pouco sobre

---

[147] Sem autor. Ao povo de São Paulo aos negros de São Paulo à mulher negra. **Mundo Novo**, São Paulo, setembro de 1950, p.5.

a sua trajetória, diferente de Amaral que teve a sua mais bem documentada, era diplomado em Direito pela Faculdade de Direito da Universidade do Brasil em 1937, além disso tinha cursos em diversas áreas, tais como economia e estatística. Ao longo dos anos 1930, tinha trabalhado como jornalista e na década de 1940 ingressou para o funcionalismo público (SOTERO, 2015, p.110).

Em relação a aposta feita no campo das disputas político-eleitoral, pode se dizer que ela acabou não dando grande resultado, sobretudo, quando se percebe o fraco resultado eleitoral dos candidatos negros/as. Para Sotero, as dificuldades de inserção dos/as candidatos/as negros/as no campo político foram grandes: a) muitos/as deles/as tinham que manter suas atividades profissionais de origem e, portanto, não puderam se dedicar exclusivamente às campanhas, além disso, estavam coligados a partidos de pouca expressividade, como era o caso do Partido Socialista Brasileiro e, por fim, a pouca disponibilidade de recursos financeiros.

Assim, como a estratégia de inserção no campo da político-partidária, a atuação com base no associativismo foi marcada pelas adversidades. Vale lembrar que, a Associação dos Negros Brasileiros encerrou suas atividades em 1948. Se os primeiros anos da Segunda República foram marcados pela agitação política e intelectual, especialmente em São Paulo, os anos subsequentes foram marcados por certo recuo das lutas antirracistas. A reflexão de Ovídio P. dos Santos em junho de 1950 é sintomática:

> Pouco ou quase nada evolui-se o regime democrático no Brasil, desde a arrancada de 45 a esta parte. [...] o negro afigura-se muito pequeno, insignificantemente mesmo, no cenário político nacional. Todo o esforço feito até aqui em pró da elevação social, cultural e econômica de nossa gente tem sido inútil.[148]

Passados quatro anos, o cenário permanecia semelhante ao dos anos 1950. O Movimento Negro de São Paulo permanecia num processo de atrofia, que de longe não espelhava o que havia sido os anos iniciais da Segunda República. Em 1954, o *Novo Horizonte* trazia uma reflexão a respeito da conjuntura:

---

[148] SANTOS, Ovídio P. A campanha deve ser iniciada. **Novo Horizonte**, São Paulo, junho de 1950, p.2.

> É lastimável as condições e a situação em que se encontra a raça negra de São Paulo. A desorganização, o indiferentismo e a hipocrisia é que origina este tão deplorável ambiente. O negro paulista, não possui atualmente uma sociedade organizada de molde que permita a reunião de famílias a promoção de reuniões recreativas decentes, e que possa dar assistência educacional e cultural aos seus associados. Das sociedades existentes, poucas são as que tem um programa de cunho social e cultural, pois a maioria dessas sociedades surgem geralmente em épocas de eleições com um fim exclusivo de estorquir dinheiro dos encantados usando para tanto o nome da raça. [...] O que falta realmente entre os negros é apenas união e força de vontade. [...] não existe um só negro representando a raça nas câmaras paulistas (comodismo, antipolítico, medo do racismo).[149]

Com o objetivo de reviver os anos de agitação política e intelectual da redemocratização, o Movimento Afro-brasileiro de Educação e Cultura lançou as candidaturas de Jorge Prado Teixeira para deputado federal, Aurinos dos Santos e Raul Joviano Amaral para deputado estadual. Às vésperas das eleições, desabafou José A. Barbosa:

> Estamos nos últimos dias da campanha eleitoral e mais uma vez, como negro, temos a lamentar, não possuirmos uma organização coesa e forte, para negociar decentemente o nosso voto. [...] Reclamar existir preconceitos, perseguições, mas não se unem, não se organizam para enfrentar esses problemas. Já era tempo de coligados, com consciência das nossas reivindicações das nossas capacidades e dos nossos direitos de cidadãos brasileiros, sermos donos de organizações poderosas, dirigidas por idealistas despidos de vaidades e interesses pessoais e com o propósito de oferecer o nosso voto, o nosso apoio, a nossa "mercadoria" a troco do respeito e consideração. E quanto aos nossos problemas, deixe-nos resolver, por que nós somos os criadores.[150]

Diante deste cenário, uma pergunta que se coloca: como explicar o recuo do Movimento Negro de São Paulo nos anos de 1950? Para além dos problemas

---

[149] Sem autor. É chegado o momento. **Novo Horizonte**, São Paulo, julho-agosto de 1954, p.4.
[150] BARBOSA, José A. Nossos problemas. **Novo Horizonte**, São Paulo, setembro de 1954, p.6.

internos do próprio movimento, com o passar dos anos, ficou cada vez mais evidente para as lideranças negras que a ideia da democracia racial, tão propagada no contexto da redemocratização, era somente um discurso vazio, "é certo que essa democracia racial fora da sua concepção mais literária, que específica, deixa muito a desejar. Principalmente, no que diz respeito ao negro brasileiro."[151]

Todo o alvoroço causado pela presença dos pesquisadores da Unesco passou a ser visto como algo que, do ponto de vista prático, não havia causado impactos substanciais, "no prisma social e político em que se enquadra a nossa democracia racial, o negro é o elemento complacente e até passível de certos estudos e pesquisas, que ao nosso ver não tem nenhum objetivo prático."[152] Paralelamente a isso, soma-se a crise política e econômica que atravessou o país durante o Governo de Getúlio Vargas e, principalmente, após o seu suicídio.

2.2 Nossos irmãos de cor: diálogos entre Brasil e Estados Unidos

Em 1954, Hilton Hanna esteve no Brasil e, acompanhado da caravana da União dos Homens de Cor do Rio de Janeiro, presidida pelo Sr. Joviano S. de Mello e pelo confrade José Bernardo da Silva, visitou o estado de São Paulo. Segundo o jornal *Novo Horizonte*, "Hilton Hanna é um líder negro que trabalha em função de assuntos trabalhistas na América do Norte de onde é natural."[153] A passagem de Hilton Hanna pelo Brasil, noticiada na seção *Mundo Negro* – coluna dedicada a divulgar informações sobre a temática racial pelo mundo –, nos leva a compreender como a luta contra o racismo foi um fenômeno amplo interligando os Movimentos Negros de distintas localidades. Longe de ser um movimento isolado, o Movimento Negro Brasileiro fazia parte de uma luta transnacional contra o racismo.

> Acredito que o cientista político Michael Hanchard tem razão quando fala da importância de se pensar os movimentos negros como reflexos da política negra transnacional e não como entidades restritas aos seus respectivos Estados-nação. Para ele a circulação de referências

---

[151] Sem autor. Desvios da democracia racial. **Novo Horizonte**, São Paulo, outubro de 1954, p.1.
[152] Idem.
[153] Sem autor. O mundo negro: um líder negro. **Novo Horizonte**, São Paulo, dezembro de 1954, p.4.

> pelo mundo é fundamental para que possamos compreender as configurações das lutas contra o racismo em diferentes lugares e momento da história. (PEREIRA, 2010, p.125)

Conforme Amilcar Araujo Pereira, "a partir dos anos de 1920 e 1930, a circulação de informações na diáspora negra se ampliou muito" (PEREIRA, 2010, p.111), principalmente por meio do intercâmbio entre os jornais negros do Brasil e dos Estados Unidos. Ainda, de acordo com Pereira, embora haja registros de jornais negros desde 1827, foi durante as décadas de 1930 e 1940 que a Imprensa Negra Norte-Americana viveu o "seu auge de poder e influência" (PEREIRA, 2010, p.112). Dentre as publicações, destacavam-se dois jornais, *The Baltimore Afro-American*, fundado em 1896 na cidade de Baltimore, e o *Chicago Defender*, fundado em 1905 na cidade de Chicago. No caso do Brasil, também foi encontrado jornais negros desde o século XIX. Na primeira metade do século XX havia uma pluralidade considerável de periódicos, ainda que cada um deles sobrevivesse com enormes dificuldades. O intercâmbio entre a Imprensa Negra Brasileira e a Norte-Americana foi oficialmente inaugurado na década de 1920.

> Ainda no início do século XX é possível encontrar um intercâmbio entre dois jornais criados por negros, no Brasil e nos Estado Unidos: foi o estabelecido entre os jornais O Clarim d' Alvorada e Chicago Defender. Alguns anos depois de uma viagem de três meses realizada em 1923 por Robert Abbot, fundador e editor do Chicago Defender, pela América do Sul, e especialmente pelo Brasil, Abbot passou a receber O Clarim d'Alvorada e a enviar o Chicago Defender para José Correia Leite, fundador e editor d' O Clarim. (PEREIRA, 2010, p.113)

Os estudos de Pereira dão uma dimensão da circulação de informações na Diáspora Negra a partir das décadas de 1920 e 1930. Para ele, nos arquivos do *Chicago Defender* havia 114 matérias relacionadas à questão racial no Brasil no período de 1914 a 1978. No período de 1914 até 1936 foram publicadas 61 matérias e mais da metade delas apresentava o Brasil numa democracia racial. No The Baltimore Afro-American havia um padrão semelhante, entre 1916 e 1939 foram publicadas 36 matérias que também consideravam o Brasil como um paraíso racial. A explicação para tal imagem seria a ausência da segregação oficial.

> O fato de não observarem no Brasil o mesmo tipo de segregação oficial e violência racial – exemplificado na ausência dos linchamentos de negros – encontradas nos Estados Unidos, e de, segundo os dados estatísticos, o Brasil apresentar no início do século XX indicadores de desigualdades raciais menores do que os norte-americanos, tudo isso somado ao fato de haver um número razoável de negros ocupando cargos com algum prestígio social em cidades como Rio de Janeiro e São Paulo, por exemplo, teria contribuído para as interpretações feitas por negros norte-americanos no início do século XX sobre as relações raciais no Brasil. (PEREIRA, 2010, p.123)

Além disso, é possível considerar que a forma como o Brasil foi visto pela Imprensa Negra Norte-Americana era um reflexo do mito da democracia racial construído pelas elites brasileiras. Vale ressaltar que, desde o final do século XIX vários intelectuais brasileiros, como Joaquim Nabuco, vinham insistindo numa comparação entre Brasil e Estados Unidos, de modo a contrastar a violência racial da América do Norte com a calmaria dos trópicos. É bem provável que a Imprensa Negra Norte-Americana tenha assimilado tal narrativa nas décadas de 1920 e 1930.

No entanto, tal imagem passou a ser questionada a partir da década de 1940. Pereira argumenta que, entre 1940 e 1942, 14 reportagens publicadas no *The Baltimore Afro-American* passaram a discutir "se o Brasil seria ou não um paraíso racial", como fora dito nas décadas anteriores. A maioria dos textos contestando a democracia racial brasileira foram publicados pelo jornalista Oliie Stewart, correspondente do *The Baltimore Afro-American* no Rio de Janeiro, que vivenciou na pele o racismo à brasileira. Da década de 1940 em diante, a imagem de paraíso racial passou a ser cada vez mais questionada, conforme os casos de racismo vinham ganhando notoriedade.

> O historiador David J. Hellwig fez pesquisas durante mais de uma década em diversos arquivos de jornais da imprensa negra norte-americana e também trabalhou com livros e artigos de intelectuais afro-americanos para organizar a coleção de artigos publicados em seu livro, African American Reflections on Brazil's Racial Paradise (1992). Durante suas pesquisas ele percebeu que a forma como os

afro-americanos observavam as relações raciais no Brasil mudou muito longo do século XX, e dividiu seu livro em três: The Myth of the Racial Paradise Affirmed (1900-1940); The Myth Debated (1940-1965) e The Myth Rejected (1965-). (PEREIRA, 2010, p.115)

Conforme demonstrado, a partir da década de 1940 a imagem do Brasil como uma democracia racial passou a ser fortemente contestada. Além dos casos de racismo ocorridos contra os/as negros/as norte-americanos(as), como o caso de Irene Diggs, é possível imaginar que as denúncias feitas cotidianamente pelos/as intelectuais brasileiros/as por intermédio da Imprensa Negra Brasileira tenham contribuído para a deterioração do mito. É fundamental compreender que o Movimento Negro Brasileiro, segundo Pereira, "nunca foi apenas receptor, mas que também contribui para essa circulação com estratégias, informações, ideias e até mesmo servindo como referencial para outros negros em suas lutas na diáspora" (PEREIRA, 2010, p.124), como foi o caso da *Puerto Ricans Organize Black Militant Front*, inspirada na Frente Negra Brasileira.

Amilcar Araujo Pereira compreende que as circulações de informações na diáspora negra precisam ser bem mais investigadas. Nesse sentido, novos estudos comparativos e transnacionais são fundamentais para que se possa ter uma perspectiva mais ampliada a respeito das lutas contra o racismo, bem como das redes de apoio e solidariedade que se formaram ao longo do século XX. Já se sabe que a Imprensa Negra Norte-Americana e a Imprensa Negra Brasileira passaram a estabelecer contato a partir da década de 1920 e que o Movimento Negro Brasileiro influenciou outros movimentos, causando admiração no meio norte-americano. Além disso, se sabe também que a partir dos anos 1940, a imagem do Brasil, como exemplo de harmonia racial, foi questionada, como é possível observar no texto de George S. Schuyler, publicado no jornal *O Quilombo* do Rio de Janeiro.

> Talvez vocês julguem que os negros do Brasil não têm "causa", no sentido do problema do negro dos Estados Unidos, mas se vocês pensam assim estão totalmente errados. Alguns dos problemas inerentes aos negros deste país também o são aos negros do Brasil. O problema da cor não é tão severo e óbvio como nos EUA, mas

existe definitivamente lá, embora os brancos brasileiros o neguem. [...] Naturalmente os problemas do negro do Brasil não são os mesmos do negro americano. Não há no Brasil as chamadas leis "Jim Crow" e o povo de cor lá pode votar livremente. [...] Vocês podem resumir a diferença entre as duas grandes democracias afirmando que os EUA têm um problema racial enquanto o Brasil tem um problema de cor. Aqui uma moça completamente branca, mas com uma remota descendência negra pode sofrer por causa daquela chamada gota de sangue "negro". No Brasil essa mesma moça seria aceita como branca e usaria o preconceito de cor sobre alguma outra moça mais escura e com um pouco mais de sangue negro do que ela.[154]

Mas a pergunta é: como a Imprensa Negra Brasileira viu a questão racial nos Estados Unidos? Será que a Imprensa Negra Brasileira caiu na armadilha de alimentar a dicotomia entre Brasil e Estados Unidos? Havia solidariedade em relação as/aos irmãs/irmãos norte-americanos? A partir da análise das fontes busca-se responder tais indagações.

Em julho de 1946, o jornal *Novo Horizonte* publicou o artigo *O elemento negro na Terra do Tio Sam*. O texto é resultado do intercâmbio de informações entre a Imprensa Negra Norte-Americana e Brasileira: "fui ferrenhamente picado pela curiosidade de saber como vivem no presente, aqueles meus irmãos de raça que se localizam na parte setentrional do novo continente. Decidi então me corresponder com eles e o resultado tem sido mais satisfatório do que se esperava."[155] Por meio da troca de informações, a Imprensa Negra Brasileira buscava compreender a complexa situação racial dos Estados Unidos, "não é de hoje que ouvimos falar sobre o negro dos Estados Unidos, ora sobre o seu progresso, ora sobre a sua situação de verdadeiro mártir de um pesadíssimo preconceito racial."[156] A partir das informações obtidas, o texto contextualizava da seguinte maneira a questão racial na América do Norte:

> O preconceito racial – segundo duas próprias declarações – não perdeu ainda a sua ação hostilizadora, não obstante as renitentes

---

[154] SCHUYLER, George S. Quilombo nos Estados Unidos. **Quilombo**, Rio de Janeiro, janeiro de 1950, p.4.
[155] Sem autor. O elemento negro na Terra do Tio Sam. **Novo Horizonte**, São Paulo, julho de 1946, p.1.
[156] Idem.

> preconizações democráticas que se verificam em todos os quadrantes do universo, em que se crê que a democracia seja uma espécie de "Vênus" a espalhar por toda a parte o bálsamo da redenção. É comum citarem barramentos de negros desde as forças armadas até as escolas e estabelecimentos públicos.[157]

O artigo também trata da condição das mulheres negras norte-americanas, que conforme relatado, vinha conseguindo ascender socialmente. Ainda que a situação tenha melhorado, principalmente no contexto da Segunda Guerra Mundial, Angela Davis adverte que, ainda sim, muitas mulheres negras permaneciam presas aos serviços domésticos, "no auge da guerra, o número de mulheres negras na indústria havia mais que dobrado. Mesmo assim – e essa ressalva é inevitável –, ainda nos anos 1960, pelo menos um terço das trabalhadoras negras permaneciam presas aos mesmos trabalhados domésticos do passado" (DAVIS, 2017, p.106).

> Em outros locais se pode ver o elemento feminino exercendo altas profissões tais como de escritoras, pianistas, cantoras líricas, médicas, modistas e muitíssimas outras que elas aparecem ao lado dos elementos masculinos nos laboratórios, escritórios ETC. Essa posição da mulher de "cor" lá [...] chega a provocar-me um desejo ardente de ver as nossas irmãs aqui – que geralmente descem da humilde posição de domésticas aos fundos da decadência – gozando com uma situação melhor.[158]

De fato, no caso do Brasil, as mulheres negras ocupavam basicamente as funções de trabalhadoras domésticas. Vale ressaltar que, se a economia norte-americana experimentou uma forte expansão do complexo industrial no contexto da Segunda Guerra Mundial, a economia brasileira ainda era basicamente agroexportadora. No Brasil, a industrialização veio a se consolidar a partir da década de 1950, mas, ainda assim, uma parcela significativa da população negra permaneceu excluída deste novo mercado.

O artigo publicado pelo *Novo Horizonte* termina estabelecendo um

---

[157] Idem.
[158] Sem autor. O elemento negro na Terra do Tio Sam. **Novo Horizonte**, São Paulo, julho de 1946, p.1.

paralelo entre os dois contextos, ressaltando as peculiaridades de cada de país, porém sinalizando para o fato de que seja no Brasil ou nos Estados Unidos, os/as negros/as precisariam continuar lutando pela emancipação.

> Felizmente não temos aqui os Jim Crow, os Ku-Klux-Klans e outras organizações preconceituosas que tanto os martirizam. Mas por outro lado, enquanto o elemento negro que vive lá na Terra do Tio Sam tem conquistado as mais brilhantes vitórias no terreno cultural e econômico, frente a frente com as terríveis metralhas e canhões do preconceito, nós, os negros brasileiros temos nos baqueado apenas ante o ruído dessas armas, e, nessas circunstâncias ficamos a soltar desalentados. Temos, portanto, que agir com mais coragem... Vamos fazê-lo?[159]

O elemento negro na Terra do Tio Sam ajuda a compreender a forma como a Imprensa Negra Brasileira via a questão racial nos Estados Unidos. Por vezes, a Imprensa Negra Brasileira, em especial a paulista, buscava repercutir os grandes feitos de homens negros e mulheres negras, que conseguiram alcançar posições de destaque na sociedade norte-americana. Um dos casos mais emblemáticos foi a repercussão do casamento da filha de uma mulher negra que ficou milionária após inventar alisadores de *pichain*. O casamento grandioso reuniu nada mais que nove mil convidados e causou desconfortos nos meios mais conservadores.

> A crônica social norte-americana não pode deixar passar por alto, embora a contragosto, um casamento entre gente de cor, que alcançou um brilho excepcional e inolvidável. A mãe da noiva, uma negra decidida, fez fortuna nos EUA com um Instituto de Beleza. Ela pensou: já que as pessoas da raça branca querem ter o cabelo frisado, por que não lançar a moda, entre a gente de cor, de cabelos lisos? E assim ela inventou os alisadores de pichain. Engenho, arte e astúcia fizeram dela a feliz possuidora de 15 milhões de dólares! Ao casamento, compareceram mais de 9 mil convidados! Eram 50 as damas de honra, todas as trajando riquíssimas toilettes em lilás de diferentes tonalidades, o que dava ao cortejo nupcial uma belíssima

[159] Idem.

aparência. E assim, essas bodas negras, foram as mais comentadas, no ano passado nos EUA.[160]

A história de Emma Clarissa Clement, eleita de forma unânime a mãe americana de 1946, também foi destaque na Imprensa Negra Paulistana. Ainda que o prêmio tenha um caráter sexista, ao descrevê-la como sendo "virtuosa esposa e mãe", para a Imprensa Negra, era no mínimo relevante que uma mulher negra de 71 anos tenha sido preterida num concurso marcadamente racista.[161] Ralph Bunche também teve a sua história divulgada. Neto de um escravizado, ele se tornou o primeiro cidadão negro a receber o Prêmio Nobel da Paz.[162] Duas outras histórias que repercutiram foram de estudantes negros que conseguiram se matricular em universidades norte-americanas. A primeira história é do Sr. G.W. McLaurin, o primeiro estudante negro admitido na Universidade de Oklahoma.

> Obrigado por uma decisão judicial de tribunal, a Universidade de Oklahoma relutantemente admitiu seu primeiro estudante negro de nome G.W.McLaurin de 54 anos de idade – mas, com a condição única, que sua carteira seria colocada fora da sala, no corredor. Capacitado de ouvir e ver o professor, McLaurin, provavelmente obterá de seu lugar "igual" educação; como o tribunal quer. Contudo terá também, a "separação", de seus colegas brancos, que a Lei Jim Crow, do Estado de Oklahoma exige.[163]

Assim como o Sr. McLaurin, o jovem Gregory Swanson também conseguiu um feito notável, tornou-se o primeiro negro a se matricular na Universidade da Virgínia.

> Quando o jovem Gregory Swanson, de Martinsville, no Estado de Virgínia [...] negou-lhe matrícula. Os dirigentes explicaram que a constituição de Virgínia proibia a aceitação de elementos negros, ignorando a decisão da Corte Suprema dos EUA, ordenando que os negros devem ser admitidos nos colégios de brancos quando não houver facilidade para os jovens. O jovem Gregory Swanson apelou

---

[160] Sem autor. Bodas de negros burgueses. **Senzala**, São Paulo, fevereiro de 1946, p.7.
[161] Sem autor. Uma negra, mãe americana 1946. **Alvorada**, São Paulo, agosto de 1946, p.3.
[162] Sem autor. Concedido pela primeira vez na história a um cidadão negro o prêmio nobel da paz. **Mundo Novo**, São Paulo, setembro de 1950, p.1.
[163] Sem autor. Igual, porém separado. **Novo Horizonte**, São Paulo, junho-julho de 1949, p.1.

> para a justiça. Em Charlotteville, numa das últimas reuniões, a corte federal decidiu que desde que Swanson não poderia fazer o curso de lei no Colégio Estadual para negros, a Universidade de Virgínia devia admiti-lo, sem apelação. O jovem Gregory Swanson é o primeiro negro a matricular-se na Universidade de Virgínia desde que ela foi fundada por Thomas Jefferson a 125 anos passado.[164]

Por fim, será apresentado um texto publicado pelo jornal *Alvorada*, em abril de 1946, que noticiava a morte do homem mais velho dos Estados Unidos. Publicado originalmente pela Revista *Life*, o texto foi traduzido por Cid Affonso Rodrigues. Nascido em 15 de maio de 1825, numa fazenda do sudoeste da Geórgia, o homem veio a falecer em 22 de dezembro de 1945. A história do homem mais velho dos Estados Unidos foi publicada quatro anos antes, quando ele solicitou uma pensão por velhice. Segundo o texto, o homem "pesava 68 quilos e meio, tinha de altura um metro e setenta e cinco centímetros, lia muito bem e falava sem usar os idiomas negros."[165]

Porém, ainda que a Imprensa Negra Brasileira buscasse contar histórias dos/as irmãos/irmãs que conseguiram superar as barreiras do racismo e atingir posições sociais de destaque na sociedade norte-americana, a grande maioria dos casos repercutidos versava sobre a violência racista, em especial, sobre os linchamentos. Em 1946, o *Alvorada* noticiava o reaparecimento da Ku-Klux-Klan,

> Depois de tantos anos de silêncio, eis que os jornais, há pouco noticiaram o reaparecimento da tenebrosa seita secreta dos encapuçados membros da Ku-Klux-Klan. Negros, judeus e católicos tiveram seus dias de terror, nos EUA diante dos cruéis antecessores dos nazifascistas daqueles tempos de linchamentos.[166]

Para Angela Davis, "durante o período da escravidão, o linchamento de pessoas negras não ocorria de forma ampla – pela simples razão de que os proprietários de escravos relutavam em destruir sua valiosa propriedade" (DAVIS, 2017, p.187). Ainda que os/as escravizados/as tivessem sido submetidos a uma

---

[164] Mundo Novo, São Paulo, setembro de 1950, p.1.
[165] Sem autor. Morre o mais velho homem dos Estados Unidos. **Alvorada**, São Paulo, abril de 1946, p.4.
[166] Sem autor. Klu-Klux-Klan. **Alvorada**, São Paulo, maio de 1946, p.4

violência descomunal, especialmente as escravizadas, que além dos castigos físicos eram estupradas, o linchamento até o início da Guerra Civil tinha como alvo principal os abolicionistas brancos. "De acordo com o jornal de William Lloyd Garrison, o Liberator, mais de trezentas pessoas brancas foram linchadas ao longo de duas décadas, a partir de 1836" (DAVIS, 2017, p.187).

Com a abolição da escravidão, as práticas de linchamentos foram direcionadas para aqueles/as que libertados/as do cativeiro, perderam valor de mercado, mas tamanha brutalidade precisava ser justificada, deveria haver alguma uma razão para naturalizar a desumanização dos corpos negros. Segundo Angela Davis:

> Imediatamente após a Guerra Civil, o espectro ameaçador do estuprador negro ainda não havia aparecido no cenário histórico. Mas os linchamentos reservados durante a escravidão aos abolicionistas brancos, provavam ser uma arma política valiosa. Antes que os linchamentos pudessem ser consolidados como uma instituição popularmente aceita, entretanto, a barbaridade e o horror que representavam precisavam ser justificados de maneira convincente. (DAVIS, 2017, p.188)

Num primeiro momento, logo após a Guerra Civil, os linchamentos foram justificados como "medidas preventivas para impedir que as massas negras se levantassem em revolta" (DAVIS, 2017, p.189). Além disso, por intermédio da violência buscava-se garantir que "o povo negro não conseguiria alcançar seus objetivos de cidadania e igualdade econômica" (DAVIS, 2017, p.189). A partir de 1872, com a ascensão de grupos, como a Ku-Klux-Klan, uma nova justificativa foi formulada. Desta vez, "os linchamentos apresentados como medida necessária para impedir a supremacia negra a população branca – em outras palavras, para reafirmar a supremacia branca" (DAVIS, 2017, p.189). Num terceiro momento, os linchamentos passaram a ser justificados como "um método para vingar as agressões de homens negros contra a feminilidade branca do Sul" (DAVIS, 2017, p.190). Nesse período, emergiu o mito do homem negro estuprador e as imagens que associavam mulheres negras à promiscuidade.

> A imagem fictícia do homem negro como estuprador sempre fortaleceu sua companheira inseparável: a imagem da mulher negra

> como cronicamente promíscua. Uma vez aceita a noção de que os homens negros trazem em si compulsões sexuais irresistíveis e animalescas, toda a raça é investida de bestialidade. Se os homens negros voltam os olhos para as mulheres brancas como objetos sexuais, então as mulheres negras devem por certo aceitar as atenções sexuais dos homens brancos. Se elas são vistas como "mulheres fáceis" e prostitutas, suas queixas de estupro necessariamente carecem de legitimidade. (DAVIS, 2017, p.186)

Diante de tanta violência, foram surgindo movimentos contra as práticas de linchamentos. O primeiro panfleto a contestar tal prática foi publicado em 1895. Segundo o documento, 10 mil linchamentos ocorreram entre 1865 e 1895. Para Davis, a luta contra o terror racista foi protagonizada pelas mulheres negras como Ida B. Wells-Barnett, "a força motriz por trás da cruzada contra os linchamentos" (DAVIS, 2017, p.194) e Mary Church Terrel, "a primeira presidenta da Associação Nacional das Mulheres de Cor" (DAVIS, 2017, p.194), considerada como uma "excepcional líder negra que se dedicou à luta contra os linchamentos" (DAVIS, 2017, p.194).

Mais tarde, Mary Talbert se destacou a frente da organização: "Cruzadas contra os linchamentos, fundada em 1922 com o objetivo de criar um movimento de mulheres contra os linchamentos" (DAVIS, 2017, p.196). É preciso ressaltar o impacto destas práticas nas crianças brancas do Sul e o quanto a presença delas nos atos de linchamentos corroboraram na manutenção do racismo. Como explicou Toni Morrison, "ninguém nasce racista, e tampouco existe qualquer predisposição fetal para o sexismo, aprende-se a outremização não por meio do discurso ou da instrução, mas pelo exemplo" (MORRISON, 2019, p.27).

> O estudo de Walter White sobre linchamentos, publicado um ano antes do encontro dessas mulheres, argumentava que uma das piores consequências dos assassinatos praticados por essas gangues era o desvirtuamento da mente das crianças brancas sulistas. Quando White viajou à Flórida para investigar um linchamento, uma menina de nove ou dez anos contou a ele sobre "como nos divertimos queimando os pretos. (DAVIS, 2017, p.197)

Ainda que movimentos contrários aos linchamentos tenham sido fundados ao longo primeira metade do século XX, a violência racista não recuou. Em 1946, quatro homens negros foram linchados no Estado da Geórgia. Diante de mais um crime bárbaro, noticiou o jornal *Alvorada*: "o Congresso do Homem de Cor iniciou um movimento de protesto contra o linchamento dos quatro negros, ocorrido na semana passada no Estado de Geórgia."[167] Em 1947, o *Alvorada* repercutiu mais um caso, "ainda há pouco noticiavam os jornais, o primeiro linchamento de um negro, ocorrido este ano. Trata-se do negro Willie Earle que cumpria pena por homicídio, em Pickens, Estado da Califórnia."[168] O caso de Willie Earle também foi noticiado pelo jornal *Novo Horizonte*.

> O corpo de Willie Earle, linchado nesta cidade, foi encontrado completamente mutilado a golpe de faca e crivado à bala de revólver. Earle fora retirado da prisão em que se achava por um grupo de desconhecidos armados, até agora as autoridades não identificaram nenhum dos assaltantes.[169]

A maioria das publicações na Imprensa Negra Brasileira a respeito da violência racial nos Estados Unidos se resumia a pequenas notas, com breves informações, porém, em alguns casos, os jornais publicavam a notícia na íntegra, como fez o *Novo Horizonte* em 1946.

> Transcrevo, na íntegra, a tradução de um noticiário do Jornal Negro norte-americana "Birmingham World", da cidade de Alabama, publicado em data de 21 de junho de 1946.
>
> Jackson, Mississipi (D.S.N) – Etoy Fletcher, um veterano negro, que honrosamente deixou as fileiras do exército norte-americano em data de 23 de abril de 1946, foi brutalmente espancado por uma gentalha de brancos nas proximidades de Rankim County, quarta-feira, 12 de junho, após ter ido ao fórum daquela cidade, em Brandom, a fim de se registrar e obter um certificado especial, de acordo com a lei legislativa estadual, que dá aos veteranos da guerra, o direito de votar

---

[167] Sem autor. Civilização ou barbárie. **Alvorada**, São Paulo, agosto de 1946, p.4.
[168] Sem autor. Direitos Humanos. **Alvorada**, São Paulo, março de 1947, p.3.
[169] SANTOS, Ovídio P. dos. Amanhã será outro dia. **Novo Horizonte**, São Paulo, maio de 1947, p.1.

sem ser preciso pagar a taxa de voto para as eleições primárias de 12 de julho. Fletcher que está frequentando o Colégio Jackson, nesta cidade, sob as custas da GI, é residente em uma pequena cidade no Estado de Rankim County. Em suas declarações, diz Fletcher que ao fórum de Rankim County, a fim de se registrar sendo enviado por um funcionário daquela repartição, ao segundo andar, onde encontraria uma pessoa que cuidava dos assuntos que se referisse aos veteranos de guerra. Quando se dirigiu este no segundo andar, recebeu estas informações: "não é permitido a negros votar em Rankim County; e se você não quiser se meter em várias complicações, vá-se embora daqui, e não pense mais em querer votar". Diz ainda Fletcher que, após deixar o edifício do fórum, faltava mais ou menos uma hora para a chegada do ônibus que o levava de volta a Jackson, enquanto isso, resolveu dar umas voltas, quando percebeu que dele se aproximava um automóvel, tendo uma das portas aberta, ocupado por quatro indivíduos de cor branca. Ordenaram-lhe que entrassem no automóvel e, tendo recusado foi arrastado para dentro dele sem poder resistir. Após percorrer uns quatro ou cinco quilômetros, o carro embrenhou-se numa floresta onde em seguida, foi obrigado a tirar as vestes após o que, foi brutalmente espancado com um cabo de arame. Um a um surrou-o até o sangue lhe banhar todo o corpo. Afirma ele ainda que após a dolorosa surra, ameaçaram-no de morte caso voltasse a Bandom para votar. [...] Como vêm caros leitores, ainda podemos presenciar as selvagerias e crimes nojentos praticados por alguns brancos norte-americanos, geralmente pertencentes às organizações criminosas de Jim Crow e Ku-Klux-Klan, contra os negros, seus irmãos de nacionalidade.[170]

Em 1948, o jornal *Novo Horizonte* noticiava mais um caso de violência racial no Alabama: "um norte-americano, que se dirigiu a um branco, chamando-o de irmão e convidando-o para ir à sua residência discutir o problema dos direitos civis, proposto pelo presidente Truman, foi surrado até morrer."[171] Em 1950, o mesmo *Novo Horizonte* noticiou mais um crime da Klu-Klux-Klan: "um homem

---

[170] Sem autor. O elemento negro na Terra do Tio Sam. **Novo Horizonte**, São Paulo, julho de 1946, p.3.
[171] Sem autor. Preto, não. **Novo Horizonte**, São Paulo, março de 1948, p.1.

e uma mulher de Houston foram desnudados por doze homens mascarados, e depois untados com alcatrão."[172] Na mesma edição, o jornal publicou uma matéria com o título: *As dez piores cidades americanas para o negro*. Na lista estavam as respectivas cidades: Columbia, Greenville, Alexandria, Atlanta, Jackson, Annapolis, Birminghan, Miami, Houston, Washington.[173] Em sua autobiografia, Angela Davis relata como foi a sua infância em Birminghan, uma das cidades citadas pelo jornal.

> Aos quatro anos de idade, eu tinha consciência de que as pessoas do outro lado da rua eram diferentes – sem ser capaz ainda de associar essa natureza estranha à cor de sua pele. O que as distinguia de nossos vizinhos e vizinhas do conjunto habitacional eram a expressão de censura em seu rosto, o modo como ficavam a trinta metros de distância, nos observando com ódio, sua recusa em responder quando dizíamos "boa tarde". Um casal idoso do outro lado da rua, os Montes, passava o tempo todo sentado na varanda, com os olhos cheios de agressividade. (DAVIS, 2019, p. 89)

Davis também conta que "a maioria das crianças negras do Sul da minha geração aprendeu a ler as palavras 'de cor' e 'brancos' muitos antes de aprender o abecedário" (DAVIS, 2019, p.95). Tal afirmação dá uma dimensão da tensão racial existente nos Estados do Sul. A partir da década de 1950, tiveram início as lutas pelos direitos civis no Estado do Alabama. Naquela época, Davis havia acabado de entrar no ensino médio.

> Na época em que entrei no ensino médio, o movimento pelos direitos civis estava começando a despertar parte da população negra do Alabama de seu sono profundo, mas aflito. No entanto, a julgar pela inatividade generalizada na Parker High School, nunca saberíamos que Rosa Parks tinha se recusado a mudar para os fundos do ônibus em Montgomery, em primeiro de dezembro de 1955, ou que Martin Luther King estava liderando um boicote total aos ônibus a apenas 160 quilômetros de distância, ou que, de fato, estava sendo germinado

---

[172] Sem autor. Klu-Klux-Klan em ação. **Novo Horizonte**, São Paulo, junho de 1950, p.1.
[173] Sem autor. As dez piores cidades americanas para o negro. **Novo Horizonte**, São Paulo, junho de 1950, p.2.

um movimento de boicote aos ônibus de Birmingham. (DAVIS, 2019, p.110)

A última matéria publicada na Imprensa Negra Brasileira a respeito da violência racial nos Estados Unidos foi noticiada pelo jornal *Hífen* de Campinas em 1960. O texto relatava um conflito entre brancos e negros na cidade de Jacksonville na Flórida. O conflito terminou com cinquenta pessoas feridas e 41 prisões, sendo 32 de pessoas negras. Além disso, as ruas que levavam ao bairro negro foram fechadas pelas autoridades.[174]

Vale ressaltar que, a atuação do Movimento Negro Brasileiro não se restringiu apenas à divulgação dos casos de violência ocorridos nos Estados Unidos. Pelo contrário, o Movimento Negro se articulou politicamente para protestar contra o genocídio que acometia as/os irmãs/irmãos norte-americanos. Essa atuação política fica evidente em março de 1948, quando diversas entidades assinaram um protesto contra a execução da Sra. Ingran e de seus dois filhos, Samie, de 13 anos e Wallaker, de 15 anos, condenados à morte na cadeira elétrica, pelo júri de Schley, no Estado da Geórgia. Abaixo a transcrição do documento na íntegra:

> Rio de Janeiro, 6 de março de 1948.
> Ex. Sr. Presidente Hary Truman, Casa Branca, Washington, Estados Unidos,
> Excelência: Os negros brasileiros e suas associações culturais e artísticas vem significar perante o mais alto magistrado do povo americano o seu veemente protesto contra a espécie de "linchamento legal" de que estão ameaçados a viúva Sra. Ingran e seus dois filhos menores, Samie, de 13 anos, e Wallaker, de 15 anos, condenados à morte na cadeira elétrica, no dia 22 de janeiro último, pelo grande júri do município de Schley, Estado da Georgia.
> V.ex. naturalmente, há de interferir junto ao governador da Geórgia, a fim de que não seja consumado esse crime contra três inocentes que agiram em legítima defesa contra a agressão do fazendeiro. E. Stralford, crime sobretudo contra a democracia que garante o respeito

---

[174] Sem autor. 50 feridos em choque entre brancos e negros. *Hifen*, Campinas, fevereiro de 1960, p.6.

> à vida e à liberdade de todos os homens, sem distinção de cor ou de origem racial.
>
> A consciência democrática do negro brasileiro faz um apelo ao governo dos EUA no sentido de lutar as injustiças que se praticam frequentemente contra seus irmãos negros da grande República. A discriminação racial é uma aberração no mundo de após-guerra e uma mancha no prestígio internacional da Casa Branca, tão bem dignificada por Washington, Lincoln, Roosevelt, e v.exa, saudações democráticas.
>
> Abdias Nascimento, diretor do TEM, Abgail Moura, regente da orquestra afro-brasileira; Solano Trindade, presidente do Centro de Cultura afro-brasileira; Agnaldo Camargo, presidente da Convenção Nacional do Negro Brasileiro; Sebastião Rodrigues Alves, presidente da Cruzada Afro-brasileira pela Alfabetização; Ruth de Souza, atriz, Raimundo Sousa Dantas, romancista; Isaltino Veiga dos Santos, escritor, José Pompilio da Hora, advogado e professor.[175]

O protesto enviado pelas entidades negras brasileiras ao presidente norte-americano reafirma a ideia de Amilcar Araujo Pereira sobre a necessidade de pensar a atuação dos Movimentos Negros de forma interligada. O Movimento Negro Brasileiro entendia que a luta contra o racismo deveria ser global, de modo a desestabilizar aquilo que Raul J. Amaral considerou como "um dos mais graves problemas econômicos-sociais de nossos tempos: o surradíssimo preconceito de cor e de raça."[176]

A situação racial nos Estados Unidos ganhou notoriedade ao redor do mundo, em dezembro de 1950, o jornal *Mundo Novo* publicou uma matéria do jornalista Henri Pierre que escreveu no *Le Monde*:

> É nitidamente perceptível que o negro se encontra nos Estados Unidos no mais baixo ponto da escala econômica, quer na usina do norte, quer nos campos de algodão do sul. E sobretudo, é inegável que o negro se encontra fechado atrás de um muro e que suas oportunidades de ascensão social são limitadas de saída.[177]

---

[175] Sem autor. Protestam diretores de diversas entidades brasileiras. **Novo Horizonte**, São Paulo, maio de 1948, p.1.
[176] AMARAL, Raul J. Vacilantes primeiros passos. **Alvorada**, São Paulo, junho de 1946, p.1.
[177] Sem autor. Os negros nos EUA. **Mundo Novo**, São Paulo, setembro de 1950, p.2.

Com o objetivo de sensibilizar a opinião pública a respeito da questão racial nos Estados Unidos, foi apresentado em 1947 um apelo às Nações Unidas para proteção dos direitos dos/as negros/as. O documento contendo 155 páginas documentava a violação dos Direitos Humanos no país considerado como berço da democracia.[178] No Brasil, o Movimento Negro vinha fazendo algo semelhante. Por meio da imprensa, buscava-se desconstruir a narrativa da democracia racial, tão insistentemente reproduzida pelo Estado brasileiro. Em agosto de 1947, o Presidente Eurico Gaspar Dutra afirmou, numa conferência realizada na cidade de Petrópolis com a presença do presidente americano Harry Truman, que o Brasil "é uma terra hospitaleira."[179]

Para concluir, será retomada as questões que foram levantadas no início do texto. A respeito da forma como a Imprensa Negra via a questão racial nos Estados Unidos, é possível afirmar que acompanharam com bastante apreensão o avanço da violência por meio dos linchamentos e da sistemática violação dos Direitos Humanos. Pode-se afirmar também que o Movimento Negro não caiu na armadilha de alimentar a dicotomia entre as experiências brasileira e a norte-americana, um dos pilares do discurso da democracia racial. Pelo contrário, buscava-se compreender os pontos em comuns que poderiam reforçar ainda mais os laços de irmandades entre a comunidade negra brasileira e norte-americana. O texto *Amanhã será outro dia* de Ovídio P. dos Santos é um exemplo disso: "aqui porém, entre nós ainda não houve casos de linchamento de negro. Linchamento do corpo, porque moralmente já estamos fulminados quase ao nosso todo."[180]

Por fim, houve uma relação de solidariedade com os/as irmãos/irmãs negros/as dos Estados Unidos. A carta de protesto assinada por diversas entidades e enviada ao Presidente Trumam em 1948 é um exemplo claro de como o Movimento Negro Brasileiro se envolveu politicamente na luta contra o racismo nos Estados Unidos. Para Ovídio P. dos Santos, todo o contexto de violência racial na América do Norte deveria servir de alerta para os/as negros/as brasileiros, "que elas nos sirvam de um estimulante, para alertar os espíritos de alguns negros que, ainda pensam em vencer as lutas sem pegar nas espadas."[181]

---

[178] Sem autor. Os direitos dos negros. **Novo Horizonte**, São Paulo, outubro de 1947, p.1.
[179] Sem autor. O Brasil é de fato uma terra hospitaleira. **Novo Horizonte**, São Paulo, agosto de 1947, p.1.
[180] SANTOS, Ovídio. P dos. Amanhã será outro dia. **Novo Horizonte**, São Paulo, maio de 1947, p.1.
[181] Idem.

2.3 A farsa da democracia racial

No dia 13 de maio de 1947, José Correia Leite encerrou seu artigo *Nosso ideal de liberdade* publicado no jornal *Alvorada*, dizendo que a data "é um símbolo de uma aleluia incompleta". Ao longo das décadas de 1940 e 1950, quando a data deixou de ser um feriado nacional, o Movimento Negro fez do 13 de maio o dia de "botar o dedo na ferida", como dizia Lélia Gonzalez. Ainda que a militância não tenha cunhado conceitos como de racismo estrutural, havia o entendimento de que as causas da exclusão e da marginalidade dos/as negros/as eram devido às circunstâncias econômico-sociais.

> Os donos do país – a classe dominante – sabem muito bem que os maiores culpados de aparecerem os negros em atividades negativas não são eles os negros pobres párias, mas um conjunto de circunstâncias econômico-sociais desfavoráveis que poucos cuidam de atenuar.[182]

Nesse sentido, é possível considerar que, diferente do que foi dito, o Movimento Negro da Segunda República lutou incansavelmente para denunciar que o racismo era um dos eixos estruturantes da sociedade brasileira e, portanto, responsável pelas mazelas sociais que acometiam os/as negros/as. Em síntese, é possível afirmar que havia dois objetivos bem definidos pela militância: 1) a organização política dos/as negros/as por intermédio das associações; 2) denunciar o mito da democracia racial. A respeito do segundo ponto, exclamou Ovídio P. Santos:

> Tudo que dizem a nosso respeito hoje, não passam de um ardil sabiamente traçado por alguém sem escrúpulo a fim de nos esmorecer em nossas ideias, dificultando assim, que lutemos para demolir as muralhas que nos cercam e que nos impedem de progredirmos para sermos condignamente úteis à nação. Não cansam de dizer que os negros do Brasil são livres e gozam de igualdade perante os seus concidadãos. Não concordamos mais com esta igualdade hipotética.[183]

---

[182] Sem autor. Linha de frente. **Alvorada**, São Paulo, abril de 1947, p.4.
[183] SANTOS, Ovídio P. Precisamos de ação. **Novo Horizonte**, São Paulo, julho de 1946, p.3.

As reflexões de Ovídio P. Santos nos levam a compreender que um dos instrumentos de luta foi nomear e tornar visível uma realidade social que o discurso da democracia racial almejava silenciar. O discurso oficial responsabilizava o/a indivíduo/a negro/a pela sua miséria e pobreza, pois vivendo num contexto de igualdade, supostamente teria as mesmas condições dos/as brancos/as. É preciso enfatizar que a negação do racismo acontecia de forma consciente. Não é possível afirmar que a negação era resultado da ignorância e da falta de conhecimento da realidade social. Pelo contrário, quando se fala a respeito do discurso da democracia racial, refere-se a um projeto elaborado pelas elites para conservar os privilégios raciais advindos do período da escravidão.

O discurso da democracia racial não só negava qualquer possibilidade da existência de barreiras de cor ou de preconceito racial, como também colocava aqueles/as que o criticavam na posição de agitadores, subversivos e separatistas, conforme denunciou o jornal *Novo Horizonte*, em julho de 1947, que "pobre negro, quando se agremia para tratar-se do seu interesse é tido como separatista."[184] Uma das maiores polêmicas a respeito do assunto aconteceu após o teólogo Paulo Duarte publicar uma série de textos nos jornais *O Estado de São Paulo e Jornal das Notícias*, onde disse, entre outras coisas, que são os/as negros/as que alimentavam um clima de hostilidade com os/as brancos/as. Naturalmente, o Movimento Negro criticou enfaticamente os textos publicados e endossados pela imprensa embranquecida.

> No mesmo instante em que o "Jornal de Notícias" profligava, entusiasticamente, as considerações absurdas de um certo teólogo paranoico que inculca os negros como "fruto da depravação do homem" eis que somos surpreendidos pelo jornal "O Estado de São Paulo" que estampou dois longos artigos assinados pelo Sr. Paulo Duarte. [...] Ora, os artigos do Estado de São Paulo dos dias 16 e 17 do mês findo, não se fundam no juiz da nossa realidade. São capciosos e longos demais para tantas injustiças contra uma raça que tantas provas de afetividades tem dado aos brancos do Brasil. Não é justo e sobretudo não é verdade que o Sr. Duarte afirma: primeiro que

---

[184] MACHADO, Waldemar. Desapareceu o vermelho da folhinha. **Novo Horizonte**, São Paulo, julho de 1947, p.1.

> existe uma hostilidade dos negros para com os brancos; segundo, os negros é que não querem se aproximar dos brancos. Façam os brancos do Brasil, embora tardiamente, um movimento sadio de salvação e valorização do negro – sem qualquer exploração de manobras eleitorais – e verão como a consciência do negro é muito outra do que esgar de ódio e de menosprezo do Sr. Duarte.[185]

O Movimento Negro estava sendo acusado daquilo que hoje é denominado como racismo reverso.[186] Luiz Lobato, indignado com as posições do teólogo Paulo Duarte, também tratou de responder categoricamente:

> Ao contrário do que diz o Sr. Paulo Duarte, os negros não estão no campo agressivo. Estão se defendendo consciente ou inconscientemente. Desta ou daquela forma os negros precisam e tem o direito a sobreviver. E é justo. Todos as raças, todos os povos assim procederam. [...] E assim sendo, o que os negros fazem, organizando-se pacificamente, nada mais é que uma própria realidade histórica, incontestável.[187]

Em março de 1961, José Correia Leite também rebateu as críticas de que o Movimento Negro estaria criando um problema inexistente: "não aceitaremos a ideia de que a união em torno de um lema racial crie preconceitos. E se criar?"[188] O tal racismo reverso, um dos tentáculos do discurso da democracia racial, foi um dos instrumentos mobilizados para silenciar o debate racial ao longo do século XX, e por mais absurdo que pareça, ainda hoje é comum presenciar, principalmente nas redes sociais, militantes negros/as sendo acusados/as de racismo reverso.

Paralelamente ao discurso da democracia racial, alimentado principalmente pelas elites, havia o discurso de uma parcela dos setores progressistas, que também insistiam em negar a existência do racismo. Assim como o Sr. Paulo Duarte, que acreditava serem os/as negros/as responsáveis pela hostilidade racial no país,

---

[185] Sem autor. O Esgar do Sr. Paulo Duarte. **Alvorada**, São Paulo, maio de 1947, p.4.
[186] Ainda é muito comum que pessoas negras, ao botarem o dedo na ferida, para usar uma expressão de Lélia Gonzalez, sejam acusadas de praticar racismo reverso. A maioria delas – pessoas brancas – que acusam os/as negros/as de racismo reverso, não conseguem compreender ou apenas recusavam a aceitar, a existência do racismo como um dos eixos estruturantes da sociedade brasileira. É preciso entender que está se referindo à um sistema de dominação e poder, que historicamente tem privilegiado a branquitude, a despeito da opressão de pessoas negras.
[187] LOBATO, Luiz. Os negros devem organizar-se. **Alvorada**, agosto de 1947, p.8.
[188] LEITE, José Correia. Pontos de vista. **Novo Horizonte**, março de 1961, p.2.

esses grupos acreditavam que ao pautar a questão racial, o Movimento Negro estaria estimulando a separação da classe trabalhadora. Portanto, a negação do racismo estrutural vinha de ambos os lados, dos conservadores e dos progressistas. Porém, não é possível generalizar, pois havia setores das esquerdas brasileiras que reconheciam a existência do racismo estrutural. Um exemplo disso é o caso do historiador Nelson Werneck Sodré:

> O rótulo da cor começa a funcionar, com os seus poderosos e generalizados efeitos. Nesse sentido, devemos considerar bem como, muito tempo depois de ficar libertado da escravidão, o negro permaneceu submetido à violência dos preconceitos, rotulado que estava. E ainda é indispensável considerar, nessa apreciação, um aspecto que tem sido propositadamente omitido: o negro continua a fornecer, puro ou mestiçado, o grosso da massa de trabalho, em nosso país. Se isolarmos uma consideração da outra, correremos o risco de cuidar erradamente do problema: relações de raça jamais podem isolar-se de relações de classe. (SODRÉ, 1967, p.147)

Diante disso, o Movimento Negro buscou combater ambos os discursos. Um dos artigos mais emblemáticos a respeito do assunto foi escrito por Raul Amaral e publicado no jornal Alvorada. Veja:

> Qualquer brasileiro negro pode refutar, com fator as dezenas, a tese profundamente errônea de que não existe propriamente o preconceito de cor no Brasil. [...] Da metade do Brasil para o sul, o que há, e tenhamos coragem de afirmar, é racismo puro e simples, é discriminação fascista, é preconceito de raça. O analista consciencioso que tiver suficiente [...] verificará que nossa democracia, que a democracia racial brasileira é um fracasso tremendo, é uma "carta para inglês ver" por culpa exclusiva de maus brasileiros, enfatuados escravocratas descendentes dos ex-donos de "peças de guiné". [...] Fugimos um pouco à finalidade deste artigo. Propositadamente. Mas nas terras do sul o preconceito é de cor e raça e não de classe. A observação diária em São Paulo, Paraná, Rio Grande do Sul, Santa Catarina, provam-no exaustivamente.[189]

---

[189] AMARAL, Raul J. Tese errada. **Alvorada**, São Paulo, agosto de 1947, p.8.

Como mencionado, a realidade social da maioria dos/as negros/as atestava para a existência das barreiras de cor e do preconceito racial. Passadas mais de seis décadas da abolição, o número de negros/as que tiveram condições de ascender socialmente em São Paulo ainda era muito baixo. A grande maioria permanecia excluída do mercado de trabalho e sem acesso à educação. Segundo o jornal *Novo Horizonte*, no Rio de Janeiro, e principalmente na região nordeste, era possível ver com certa frequência negros/as a frente dos comércios, na condição de proprietários, mas em São Paulo a situação era bem diferente.

> Muito embora, o fato é que já podemos contar, entre os negros, os proprietários de empório, quitandas, os tintureiros, os eletro soldadores, os mecânicos-torneiros, e também os trabalhadores intelectuais, professores, tradutores, escriturários, e nos demais setores da atividade humana. Convém notar, entretanto, que o número é ainda pequeno.[190]

A respeito da exclusão no mercado de trabalho, em maio de 1949 o jornal *Novo Horizonte* publicou um artigo do jornal carioca *Diário Popular* denunciando o abandono completo do/a trabalhador/a nacional negro/a.

> Curioso país o Brasil, extremoso para os estrangeiros e, não obstante padrasto brutal para os seus próprios filhos. Veja-se, como exemplo, o que ocorre presentemente no terreno da imigração. Ao passo que os imigrantes estrangeiros estão sendo recebidos com desvelo e amparados, os imigrantes brasileiros se deslocam, de um ponto para o outro do território nacional, sem o menor apoio oficial. [...] Pois se há vagas para os estrangeiros, por que não as haverá para os brasileiros?[191]

Vale ressaltar que, o Decreto-lei №7.967 de 18 de setembro de 1945 buscou impedir a entrada de imigrantes não-europeus no país, sob o argumento de que seria necessário preservar "as características mais convenientes da nossa ascendência europeia". Indignado com o Decreto-lei, Geraldo Campos escreveu: "um pretenso cuidado de zelar pela paridade eugênica da raça futura

---

[190] Sem autor. Panorama. **Novo Horizonte**, São Paulo, novembro de 1946, p.4.
[191] Sem autor. Abandono completo do trabalho nacional e amparo exclusivo ao imigrante estrangeiro uma disparidade de tratamento que indica falta de visão e atinge as raias da desumanidade. **Novo Horizonte**, São Paulo, maio de 1949, n.36, p.6.

o Brasil reconheceu-se portador de um resíduo racista lamentável decretando o fechamento de suas portas a uma possível massa emigratória de origem negra."[192] A exclusão do mercado de trabalho acontecia nos setores convencionais e também no campo artístico. Waldemar Monteiro relatou seu incômodo depois de assistir uma sessão cinematográfica e perceber que os/as poucos/as negros/as presentes no filme representavam papéis secundários e de pouco prestígio.

> Não me conformo com o papel desempenhado pelos artistas negros no écram nacional. Julgam-os incapaz de produzir trabalho valorizador daí a desigualdade de tratamento artístico que aparecer nos filmes como incompetentes desmerecendo assim o respeito da plateia que gargalhadamente delira por ser exclusivamente negro o ator ou atriz. Não querem os poderosos das indústrias cinematográficas autorizar uma filmagem que bem revele o valor do artista negro.[193]

Como disse o grande José Correia Leite, "não podemos fugir do passado."[194] Ainda que as elites brasileiras, por intermédio do discurso da democracia racial, tenham que se recusar a reconhecer as consequências nefastas da escravidão, criando uma imagem de igualdade e fraternidade racial, mesmo que os setores das esquerdas brasileiras tenham que se recusar a reconhecer o racismo como uma opressão estrutural, a realidade social se mostrava contrária a tudo isso. Sabiamente, Leite dizia que "temos em nossa frente plena consciência de um mal de raiz e a raiz desse mal vem de longe."[195] Para o Movimento Negro, o 13 de maio foi a primeira etapa da liberdade. Significou o início, não o fim nem um ponto final da discussão racial. A partir do dia 14 de maio, o que se viu foi o florescimento da luta em prol da liberdade e do direito à humanidade. Citando mais uma vez José Correia Leite, "o lema é lutar. A nossa luta é um imperativo histórico."[196]

2.4 Considerações finais

Ao longo da Segunda República, os/as ativistas negros/as de São Paulo

---

[192] CAMPOS, Geraldo. Que virá depois? **Novo Horizonte**, São Paulo, junho de 1946, p.1.
[193] MONTEIRO, Waldemar. Significação histórica. **Novo Horizonte**, São Paulo, julho de 1947, p. 2.
[194] LEITE, José Correia. Pinceladas afro-brasileiras. **Novo Horizonte**, São Paulo, novembro-dezembro de 1954, p.1.
[195] Idem.
[196] Idem.

desenvolveram diversas estratégias de luta antirracista. Com o fim do Estado Novo e o retorno à Democracia, buscou-se rearticular e mobilizar a militância negra, de modo a retomar as lutas da década de 1930, em especial da Frente Negra Brasileira. Assim como todo movimento social, o Movimento Negro foi marcado pela pluralidade e isso explica as diversas formas de ativismo que se desenvolveram naquele contexto. Seja pela via das associações ou dos partidos políticos, os/as ativistas negros/as buscaram denunciar o mito da democracia racial e apontar para os graves problemas provocados pelo racismo. Por fim, é preciso ressaltar também a atuação dos/as ativistas negros/as de São Paulo e do Rio de Janeiro na luta contra o racismo nos Estados Unidos.

Capítulo 3. Por uma nova abolição: o 13 de maio, abolicionistas negros e o racismo cotidiano

> Portanto, ao meu ver a libertação dos nossos irmãos de raça com a assinatura pela Princesa Isabel da Lei Áurea, a 13 de maio de 1888, não foi uma dádiva do Trono Imperial, mas antes uma grande vitória do povo, pois a Princesa Isabel, com a evolução do grande movimento de libertação nacional, já tinha o seu império periclitante. São passados agora 58 anos; Liberdade, - democracia – e que liberdade? E que democracia? Liberdade vergonhosa, vergonhosa, onde a raça negra brasileira tem que enfrentar toda a sorte de preconceito de mil faces e feitios, num país que foi construído pelos nossos antepassados. (Aristides A. Negreiros)[197]

---

[197] NEGREIROS, Aristides A. Que liberdade! Que democracia! **Alvorada**, São Paulo, setembro de 1946, p.4.

Neste capítulo, pretende-se discutir como o Movimento Negro de São Paulo, buscou articular estratégias discursivas com a finalidade de (re)escrever a história do Pós-Abolição a partir do seu ponto de vista. Ao produzir um discurso contra hegemônico, rejeitou as narrativas dominantes, construída pelas elites brasileiras a partir do século XIX. Ao falar em primeira pessoa, o Movimento Negro de São Paulo deu novos sentidos para o 13 de maio, fazendo da data, um dia de protesto contra o racismo, mas também de celebração dos verdadeiros heróis do abolicionismo – Luiz Gama, José do Patrocínio, Cruz e Souza, entre outros/as. Também se passou a contestar o protagonismo dado pelas elites à figura da Princesa Isabel. Seria a filha de D. Pedro II a verdadeira redentora da raça negra? Por fim, será apresentado alguns casos de racismo cotidiano ocorridos no contexto da Segunda República. O intuito é reafirmar a posição do Movimento Negro em relação a necessidade da "Nova Abolição."

3.1 As comemorações do 13 de maio

> Por ser hoje, 13 de maio, perguntamos: o que fizeram os brancos do Brasil com 300 anos de trabalho gratuito da raça negra? Depois disso, a paga que o negro recebeu foi o abandono e esse desprezo que cada vez mais se acentua.[198]

"Há 15 anos que a data de 13 de maio deixou de ser oficialmente comemorada."[199] Foi assim que Irineu José das Neves iniciou seu artigo *13 de maio* para a edição comemorativa do jornal *Alvorada* de 1946. Conforme Neves, a data "para os negros, foi, e é sempre a razão de seu regozijo, pois sua passagem recorda a procedência dolorosa do seu passado e, com isso, reacendo os motivos de seus anseios."[200] No ano seguinte, Waldemar Machado publicou no jornal *Novo Horizonte* o artigo *Desapareceu o vermelho da folhinha* e afirmou categoricamente: "penso que o desaparecimento do vermelho no dia 13 de maio, foi uma louvável iniciativa de alguém que reconhecera a nossa incompleta

---

[198] Sem autor. Terere não resolve. **Alvorada**, São Paulo, maio de 1947, p.1.
[199] NEVES, Irineu José das. 13 de maio. **Alvorada**, São Paulo, maio de 1946, p.4.
[200] Alvorada, São Paulo, maio de 1946, p.4.

liberdade. Foi iniciativa de alguém que notara que o elemento negro não desfruta do direito do homem."[201]

Em 1950 foi a vez de Austregésilo de Athayde publicar um artigo sobre o fim das comemorações oficiais do 13 de maio, lamentando que "num país de mistura racial como o nosso, o dia que celebra a igualdade de todas as raças, deveria ser objeto de especial comemoração."[202] No mesmo texto, defendia que a data era importante, pois ajudava a "conservar a harmonia em que vivem no Brasil pretos e brancos" e concluía dizendo que não se pode deixar de comemorar o fato do Brasil ser um lugar "onde a cor de pele não é obstáculo ao êxito de ninguém."[203]

Os artigos publicados por Irineu José das Neves, Waldemar Machado e Austregésilo de Athayde são fontes importantes para se compreender os sentidos do 13 de maio no contexto do pós-abolição. A data foi incluída oficialmente no calendário cívico após a promulgação do decreto Nº 155-B[204], de 14 de janeiro de 1890, que instituiu a data como um dia de festa nacional em comemoração à fraternidade dos brasileiros.

O artigo de Austregésilo de Athayde leva a crer que, ao instituir o dia 13 de maio como uma data de celebração da fraternidade racial, as elites brasileiras pretendiam reforçar a ideia da democracia racial. Porém, se de um lado o Estado brasileiro celebrava a fraternidade racial, de outro adotava medidas de caráter exclusivamente excludente, como, por exemplo, o decreto que proibia a entrada de africanos no país.[205] Além disso, os estudos de Petrônio Domingues (2004) já demonstraram claramente que o contexto do pós-abolição, especialmente em São Paulo, esteve muito longe de ser fraternal, pelo contrário, foi um período de crescente tensão racial.

Se as elites brasileiras atribuíam ao 13 de maio o sentido da fraternidade, reforçando a ausência das barreiras de cor e celebrando a fraternidade dos brasileiros, quais sentidos foram atribuídos ao 13 de maio pelo Movimentos Negro? Como indagou Petrônio Domingues, será que os milhares de negros que

---

[201] MACHADO, Waldemar. Desapareceu o vermelho da folhinha. **Novo Horizonte**, São Paulo, junho de 1947, p.1.
[202] ATHAYDE, Austregésilo de. Comemoração do abolicionismo. **Novo Horizonte**, São Paulo, junho de 1950, p.2.
[203] Idem.
[204] Link: https://www2.camara.leg.br/legin/fed/decret/1824-1899/decreto-155-b-14-janeiro-1890-517534-publicacaooriginal-1-pe.html.
[205] Link: http://www.planalto.gov.br/ccivil_03/decreto-lei/1937-1946/del7967.htm#:~:text=Art.,condi%C3%A7%C3%B5es%20estabelecidas%20por%20esta%20lei.

comemoraram a data, ao longo da Primeira República, estavam todos iludidos, para não dizer alienados? E como ficou o 13 de maio depois dos anos 1930, quando deixou de ser um feriado nacional? Continuou sendo celebrado como um símbolo da fraternidade racial ou foi ressignificado pelo Movimento Negro? A respeito das comemorações na Primeira República, Domingues explica:

> De forma tática e versátil, eles utilizaram a data para produzir (e ressignificar) narrativas de 'raça' e 'nação', reverenciar os seus heróis, sensibilizar a opinião pública para os seus 'flagelos' (do passado e do presente), inscrever (e reinscrever fluidas identidades afro diaspóricas, dar ressonância às suas retóricas de igualdade e, a um só tempo, se inserir proativamente na arena de disputa do projeto nacional. Se a emancipação não garantiu a cidadania plena para os egressos do cativeiro, ela passou a orientar as ações de muitos negros, conferindo sentido à sua vida cotidiana, aos seus mitos, ritos e ideais. Nessa perspectiva, a emancipação foi apreendida como um ideal a ser alcançado, e o 13 de maio representou uma data ímpar para a renovação desse ideal, com toda sua carga simbólica de fé e esperança na nação brasileira. (DOMINGUES, 2011, p.42)

Ainda sobre o texto de Austregésilo de Athayde, é importante destacar que se trata de um texto produzido na cidade do Rio de Janeiro. A capital federal, segundo Paulina L. Alberto (2017), apresentava características bem distintas de São Paulo, como, por exemplo, o baixo número de imigrantes europeus, uma população maior de afrodescendentes e uma inexpressiva imprensa negra até meados da década de 1940. Tais elementos indicam a existência de níveis distintos de opressão no contexto racial brasileiro.

Por ora, é importante destacar que, ao longo de toda a Primeira República, o 13 de maio foi um feriado nacional, o dia da celebração da fraternidade dos brasileiros. Vale ressaltar que, essa data foi sendo ressignificada pelo Movimento Negro que fez do feriado da "celebração" um dia de protesto contra uma fraternidade que nunca se concretizou. Com o fim da Primeira República e o início do Governo de Getúlio Vargas, a data deixou de ser uma celebração oficial. Quase duas décadas depois, havia aqueles, como Austregésilo de Athayde, que lamentavam a ausência do feriado, e outros, como Waldemar Machado, que entendiam que a extinção da data foi um passo importante na luta contra preconceito racial. O fato é que nas décadas de 1940 e 1950, o Movimento Negro de São Paulo continuou "celebrando" o 13 de maio, a data mais importante do calendário negro.

O primeiro 13 de maio, após a redemocratização do país, ocorrido no ano de 1946, foi celebrado por diversas entidades negras, dentre elas, a sociedade "13 de maio", que iniciou os festejos ainda no dia anterior, com uma partida de futebol entre o C.A Cultura Social e o Comercial. Além disso, houve uma missa em ação de graças na Igreja de São Bento, queima de fogos de artifícios e shows com figuras de destaque como Otelo Santiago, Diva Miranda, Mário Santiago, Cecília Amaral, R. Brochado, Neide Matias e o conjunto vocal Emboabas.[206] A Associação dos Negros Brasileiros e a Associação José do Patrocínio mandaram enfeitar com flores naturais a herma de Luiz Gama, situado no Largo do Arouche.

Dando prosseguimento a tradição de celebração, em 1947 a Associação dos Negros Brasileiros organizou um grande festejo, iniciado dois dias antes, em 11 de maio, como uma celebração religiosa na Igreja de Nossa Senhora do Rosário dos Homens Pretos, por intenção dos abolicionistas e, como de costume, flores foram depositadas nos seus túmulos, prosseguindo dos discursos de Raul do Amaral, José Correia Leite, Gil de Carvalho, Luiz Lobato, Pedro P. Barbosa, Edgar G. Ferreira e Sofia Campos, a única mulher a discursar. A grande atividade aconteceu no dia 13, às 20:00 no Salão do Conservatório Dramático e Musical de São Paulo. Na ocasião, discursaram os membros da diretoria da Associação dos Negros Brasileiros, convidados como Luiz Lobato e Geraldo Campos. Depois tiveram início as apresentações artísticas, declamação de poesia com a professora Teodosina Rosário e Ana de Souza e, por fim, a apresentação da cantora Haineb Blair, consagrada soprano de origem africana, que acompanhada do professor José Lavucci, cantou a serenata de Toselli e Canto Triste, arrancando intermináveis aplausos do público. Todo o evento foi gravado e parte dele retransmitido pela rádio Bandeirante, pela voz do locutor Murilo Antunes Alves.[207]

---

[206] Alvorada, São Paulo, maio de 1946, p.6.
[207] Alvorada, São Paulo, agosto de 1947, p.6.

O 13 de maio de 1948 foi uma data emblemática, por se tratar dos 60 anos da abolição. Para festejar a magna data, a Associação Palmares organizou uma extensa programação que se iniciou no domingo, 2 de maio, às 08:00. Na ocasião, foi organizada uma caravana composta de diretores, associados e admiradores em direção aos terrenos adquiridos pela associação na vila Nova York. No domingo seguinte, dia 09, foi celebrada uma missa por intenção dos abolicionistas. Após a missa, uma romaria se formou em direção ao túmulo de Luiz Gama e foram depositadas flores. Para encerrar, algumas lideranças discursaram. Às 15:00 realizou-se um festival esportivo promovido no campo do E.C Az de Ouro, na Vila Mariana. Na noite do dia 12 de maio, num salão da rua Liberdade, № 878, aconteceu uma sessão solene com a presença de autoridades públicas, associações culturais negras e a imprensa. Após as formalidades, teve início as festividades, o baile seguiu até às 03:00 ao som do famoso Jazz do Adhemar.[208]

Após as comemorações da década de 1940, é possível localizar na década de 1950 as festividades dos 70 anos da abolição, comemorados em 1958. O vácuo de 10 anos entre uma comemoração e outra se deve ao desaparecimento de importantes jornais que faziam a cobertura das festas e do fechamento de algumas associações responsáveis pela organização das festividades. As celebrações de 1958 ficaram a cargo de uma comissão organizadora constituída por membros da Associação Cultural do Negro, Teatro Experimental do Negro de São Paulo, Teatro Popular Brasileiro do Rio de Janeiro, Sociedade Recreativa José do Patrocínio de São Manuel e Fidalgo Clube. Os 70 anos da abolição foram comemorados nos dias 12 e 13 de maio de 1958 e contaram com uma programação semelhante das anteriores: ciclo de conferências, a tradicional na Igreja de Nossa Senhora do Rosário dos Pretos, encerrando com uma apresentação musical.

Diante do exposto, é possível afirmar que, se ao longo da Primeira República as elites brasileiras fizeram do feriado o dia da celebração da fraternidade dos/as brasileiros/as, durante a Segunda República o Movimento Negro de São Paulo produziu novos sentidos para o 13 de maio. Fizeram da data um dia de protesto

---

[208] Novo Horizonte, São Paulo, março de 1948, p.2.

e denúncia contra o racismo, mas também de celebração dos verdadeiros heróis abolicionistas, como Luiz Gama e José do Patrocínio. Como será visto adiante, a figura da Princesa Isabel como uma redentora passou a ser motivo de calorosos debates entre os/as ativistas negros/as.

3.2 Princesa Isabel ou Abolicionistas negros?

Em 1946 comemorou-se o centenário de nascimento da Princesa Isabel e para marcar a data o então presidente Eurico Gaspar Dutra decretou o dia 29 de julho como feriado nacional. O *Novo Horizonte* aplaudiu a decisão, pois conforme o jornal se tratava de alguém que nasceu "predestinada a ser a estrela da redenção para os negros que sofriam amargamente as dores do cativeiro." Para o jornal, a Princesa Isabel pertencia a galeria dos grandes vultos na nação, pois estivera diretamente envolvida nas causas abolicionistas.

> Pela sua bondade e generosidade de seu caráter – disse Mauro Teixeira: a princesa Isabel se identificava muito com o seu pai D. Pedro II, que muitas vezes, entre outras boas ações, comprava escravos para os libertar. De fato, era ela uma incansável batalhadora pela extinção da escravatura: em Petrópolis, promovera quermesses com o fito de angariar fundos para a campanha abolicionista. Uma vez vendera flores colhidas no quilombo do Leblon em benefício dessa generosa causa.[209]

Raul do Amaral, um dos diretores do jornal *Alvorada*, classificou a Princesa Isabel como a redentora dos cativos. Para celebrar a data, a Associação José do Patrocínio realizou uma sessão solene para seus sócios e convidados. Vários oradores discursaram e exaltaram os feitos da grande redentora. Apesar das comemorações e do prestígio da Princesa Isabel, houve críticas veementes de uma parcela do Movimento Negro que se recusava a atribuir a filha de D. Pedro II o título de redentora. Um dos textos mais críticos e emblemáticos foi escrito em setembro de 1947, por Aristides A. Negreiros, que foi reproduzido na integra logo abaixo,

---

[209] Sem autor. Princesa Isabel. **Novo Horizonte**, São Paulo, julho de 1946, p.2.

Festejou-se a 29 de julho o centenário do nascimento da Princesa Isabel. Cantaram-se em prosa e versos a grandiosidade de sua figura, cometendo-se assim o grande erro de só ressaltarem a magnanimidade de seu coração.

Erraram os homens da imprensa porque esqueceram também de relembrarem as campanhas memoráveis de explanações e de civismo, combate aberto ao cativeiro de negros no Brasil, nas quais tomaram parte salientes os vultos heroicos de José do Patrocínio, Luiz Gama, João Alfredo, Joaquim Nabuco etc. Portanto, ao meu ver a libertação dos nossos irmãos de raça com a assinatura pela Princesa Isabel da Lei Áurea, a 13 de maio de 1888, não foi uma dádiva do Trono Imperial, mas antes uma grande vitória do povo, pois a Princesa Isabel, com a evolução do grande movimento de libertação nacional, tinha já o seu império periclitante.

São passados agora 58 anos; Liberdade – democracia – e que liberdade? E que democracia? Liberdade mentirosa, vergonhosa, onde a raça negra brasileira tem que enfrentar toda a sorte de preconceito de mil faces e feitos, num país que foi construído pelos nossos antepassados e onde somos espezinhados, preteridos pelos nossos irmãos de outras raças, pois o simples fato de um indivíduo ser branco fa-lo aristocrata ou de classe superior segundo eles, brancos, dizem!

Democracia! Que democracia é esta que não permite aos elementos negros ingressarem na carreira diplomática? Note bem "nem que estes patrícios possuam cursos especializado em Direito, Letras, Economia, Sociologia etc. Que democracia é esta? Uma democracia igual à dos EUA, que permitiram ainda recentemente o linchamento criminoso de quatro jovens negros em Merrol na Geórgia? Democracia pobre, tola, politicamente falando.

É por isso, meus irmãos de raça, pela conquista do nosso 13 de maio, instruindo-nos técnica, profissional, política, socialmente, com a nossa altivez e nunca voltados para o inesquecível vulto da raça que foi Vicente Ferreira, o orador das multidões.

Vamos iniciar já a campanha de redenção da raça, à sombra da grande e gloriosa bandeira da ANB; só assim daremos o grande passo para a libertação da raça; Salve, portanto aos grandes abolicionistas, aos quais rendo neste momento o pleito de meu respeito e de minhas homenagens.[210]

Aristides A. Negreiros foi bastante enfático ao dizer que a Abolição foi resultado das lutas promovidas por homens como Luiz Gama, José do Patrocínio, João Alfredo e Joaquim Nabuco. Além disso, afirma que a promulgação da Lei Áurea aconteceu em meio ao desmantelamento do Império, que desde 1870 vinha sendo contestado por diversos grupos sociais. Por fim, Negreiros critica a própria ideia da redenção. De fato, havia o que comemorar em julho de 1946?

As análises feitas ao longo do texto levam a crer como na década de 1940 ainda não estava bem sedimentada no meio negro uma narrativa sobre o 13 de maio. Eventualmente, figuras hoje contestadas como Joaquim Nabuco e a própria Princesa Isabel, ainda apareciam como importantes aliadas.

Por vezes, o Movimento Negro incorporou a narrativa oficial, mas conforme o tempo passou, ficava cada vez mais nítido o descompasso entre o discurso e a realidade. Na medida em que o século XX avançava, o movimento ia se afastando cada vez mais do discurso oficial das elites brasileiras, passando a criar a sua própria narrativa. Isso foi acontecendo aos poucos, à medida em que os conflitos iam ocorrendo.

Em 1958, a Princesa Isabel foi vista mais uma vez como a defensora dos/as negros/as escravizado/as do Brasil. No artigo intitulado *Gratidão Imorredoura*, publicado no jornal *O Mutirão*, Balthasar de Paula referiu-a Princesa Isabel como "inconfundível senhora da liberdade."[211] Seria mesmo a Princesa Isabel a grande heroína do 13 de maio para o Movimento Negro? A resposta é não. Para o Movimento Negro, os verdadeiros heróis da abolição eram homens como Luiz Gama, José do Patrocínio, Castro Alves, André Rebouças, Cruz e Souza e Henrique Dias. Segundo o jornal *Novo Horizonte*, Luiz Gama foi um herói da campanha abolicionista

> Luiz Gama foi o exemplo frisante do poder da boa vontade e, sobretudo, o homem que demonstrou claramente que ser homens

---

[210] NEGREIROS, Aristides de. Que liberdade! Que democracia! **Alvorada**, São Paulo, setembro de 1946, p. 4.
[211] PAULA, Balthasar de. Gratidão Imorredoura. **O Mutirão**, São Paulo, junho de 1958, p.2.

negros não quer diz ser homens inferiores. Foi o homem que sacrificou toda a sua vida para traçar um caminho para o negro, e que, nós, por negligência não o temos seguido.[212]

O Movimento Negro dos anos 1940 e 1950 colocava-se como um continuador das lutas dos abolicionistas. Cabia ao movimento dar prosseguimento àquelas lutas, seguindo os passos daqueles/as que eram os/as grandes símbolos da raça negra. Segundo Aristides Negreiros (1946), homens como Raul do Amaral, José Correia Leite, Fernando Góes, Roque Santos, João Francisco Araujo e Mario Silva, por intermédio da Associação dos Negros Brasileiros, lutavam pela concretização da segunda abolição.

> Associação dos Negros Brasileiros, árvore frondosa e copada, em cuja sombra militam e abrigam os descendentes da raça heroica de Patrocínio, Cruz e Souza, Luiz Gama, Henrique Dias. [...] E quando isto se fizer, quando não mais existir mais estes milhares de negros analfabetos, então poderemos cantar, gritar com entusiasmo: vai ficar a pátria livre, vou morrer pelo Brasil.[213]

Em 24 de agosto de 1946, pela passagem do sexagésimo quarto aniversário de morte de Luiz Gama, Raul Amaral publicou no jornal *Alvorada* uma homenagem a quem, de acordo com ele, foi o paladino dos escravos.

> Luiz Gonzaga Pinto da Gama foi, no Brasil, um dos maiores animadores do grande movimento abolicionista que culminou com a lei de 13 de maio de 1888. Impulsionado tão somente pela grandeza da sua alma, pelo fulgor do seu talento, tornou-se verdadeiro apóstolo do bem, do direito, da justiça, negro exsurgido de uma época malsã, é dolorosa a sua história. Mas a sua tempera de lutador; a sua energia inquebrantável transformaram-no. De filho vendido, escravo, rebaixado e humilhado subiu e glorificou-se como um dos paladinos da raça sofredora.
> Gama queria o Brasil sem rei e sem escravo. E para conseguir esse intento não titubeou em travar gigantescas lutas em prol da libertação

---

[212] BARBOSA, Aristides. Sem título. **Novo Horizonte**, São Paulo, maio de 1946, p.1.
[213] NEGREIROS, Aristides. Uma grande organização. **Alvorada**, São Paulo, junho de 1946, p.3.

> dos seus infelizes irmãos, desafiando a força terrível dos potentados, escravistas por tradição e por interesse. É que ele sentia, com as antenas poderosas do seu gênio, que a extinção do trabalho escravo traria a oscilação e consequente queda do regime imperial.[214]

Pode-se afirmar que a principal referência do Movimento Negro nos anos de 1940 e 1950 foi Luiz Gama. Para a historiadora Ana Flávia Magalhães Pinto, "a influência de Luiz Gama se estendeu não apenas no espaço como também no tempo", e que o Paladino dos escravos "aparece como um elo e um ponto de referência para lutas negras vivenciadas ao longo da década de 1880 e no pós-abolição em São Paulo." Porém, como já foi dito, outros nomes compunham a galeria dos grandes heróis negros, como, por exemplo, José do Patrocínio. Tais nomes receberam em janeiro de 1946 uma homenagem do jornal *Alvorada* para lembrar mais um aniversário de morte do "Tigre da Abolição".

> Num dos subúrbios do Rio de Janeiro, a 29 de janeiro de 1905, faleceu, na maior pobreza e quase esquecido de todos, aquele que Osvaldo Orico chamou de o "Tigre da Abolição". José do Patrocínio é um nome que, para nós, deve ser imperecível; e os seus feitos e o seu grande devotamento à causa do abolicionismo, devemos guardar na memória, em sinal de gratidão. Da vida dos nossos grandes homens de imprensa, poucos foram como Patrocínio que na "Gazeta da Tarde" e no seu próprio jornal a "Cidade do Rio" – todo o esforço que ali conjugava era representado pela inteligência da mais bela geração de intelectuais do Brasil – dedicou uma fé de concentrado amor ao próximo, cousa que muito contrasta com estes nossos tempos.[215]

Porém, nem sempre ocorriam as comemorações do aniversário de morte. Diante da falta de recursos das associações e dos jornais negros, as homenagens se restringiam basicamente ao 13 de maio. Em 1947, por exemplo, o jornal *Alvorada* lamentou a ausência das celebrações: "dia 29 de janeiro último assinalou a passagem de mais um aniversário da morte de José do Patrocínio. Passou-se sem que houvesse de parte das instituições de São Paulo, um registro qualquer

---

[214] AMARAL, Raul L. O paladino dos escravos. **Alvorada**, São Paulo, agosto de 1946, p.1.
[215] Sem autor. José do Patrocínio. **Alvorada**, São Paulo, janeiro de 1946, p.1.

de consagração, consignado ao vulto do grande lutador."[216] Zumbi dos Palmares, a principal referência do Movimento Negro Unificado, também era uma figura cultuada. Em maio de 1947, escreveu Aristides Barbosa: "é noite ainda para nós negros brasileiros, depois dos dourados sonhos de Zumbi."[217] Num outro momento, Zumbi que aparece como personagem central num texto publicado na revista Senzala em 1946 por Artur Ramos, um pesquisador branco:

> Zumbi, olha para o teu povo! [...] Olha para as velhas Recife e Salvador. O que vês? Mocambos infectos e objetos em plena capital, oferecendo as vistas de todos, numa eloquência inequívoca, todo o drama de uma civilização fracassada! Olha agora a própria capital da República. Ai! Aí então te convences da verdadeira grande tragédia nacional, pois o problema do homem de cor é, de fato, um problema nacional, sintetizado nos morros e favelas, permanente desafio a qualquer tentativa de solução! [...] Constatarás a superioridade do elemento de cor nas porcentagens dos presos penitenciários; verás, em plena Rio de Janeiro, alguns jornais que não pejam de explorar escandalosamente, em manchetes espetaculares, as crônicas policiais referentes aos nossos infelizes patrícios de cor, muitas vezes, na verdade transviados do caminho do bem, mas representando, por outro lado, legítimas expressões de uma educação social precária e que na mais das vezes só nos provocam um profundo sentimento de compaixão.[218]

Conforme foi dito, no imediato momento após a abolição, as elites brasileiras trataram de criar uma narrativa que colocava a Princesa Isabel como a grande redentora da causa abolicionista. Também se apressaram para fazer do 13 de maio o dia da fraternidade dos brasileiros e com isso sinalizar que o problema racial estava resolvido. Por outro lado, é preciso não esquecer de que, como salientou Petrônio Domigues, "já na primeira década após a abolição, em 1888, encontramos evidências de que o negro, coletivamente, construiu organismos independentes dedicados ao combate do preconceito de cor, como se dizia na época" (DOMINGUES, 2004, p.380). Em síntese, é possível afirmar que ao longo

---

[216] Sem autor. José do Patrocínio. **Alvorada**, São Paulo, fevereiro de 1947, p.4.
[217] BARBOSA, Aristides. Noites seculares. **Novo Horizonte**, São Paulo, maio de 1947, p.1.
[218] RAMOS, Arthur. Zumbi. **Senzala**, São Paulo, janeiro de 1946, p.18.

da Segunda República, o Movimento Negro foi se distanciando das narrativas oficiais que por sua vez fizeram da Princesa Isabel a grande redentora. Sua imagem foi sendo, paulatinamente, substituída pela imagem dos abolicionistas negros: Luiz Gama, José do Patrocínio, Cruz e Souza, entre outros.

3.3 Racismo cotidiano

Em 1948, os senhores Nelson Peixoto Amorim, funcionário da Caixa Econômica Federal, e José Viana, representante da Associação Comercial do Rio de Janeiro, convidaram o Sr. Clóvis Ribeiro, funcionário do Banco do Brasil, para um almoço na capital federal. A reunião que foi para tratar de negócios deveria ter acontecido no restaurante Big-Rio, localizado na Rua de 13 de Maio. Porém, quando chegaram ao local, Nelson Peixoto e José Viana foram acintosamente agredidos pelo porteiro, que enfaticamente exclamou que a direção do restaurante proibia a entrada de pessoas de cor. Diante da violência racista, eles ainda tentaram argumentar, explicando que eram bancários, mas não adiantou, o restaurante recusou a recebê-los.[219]

Indignados com o tratamento degradante que receberam na capital do país da "democracia racial", eles procuraram os jornais da Imprensa Negra para relatar o ocorrido. O mais emblemático neste caso é que Nelson Peixoto e José Viana não pertenciam às classes menos favorecidas. Pelo contrário, trata-se de um funcionário público e um representante comercial. Este caso só corrobora as denúncias feitas pelo Movimento Negro de que a ascensão social não tornava um/uma negro/a imune ao racismo.

Quantas vezes mais Nelson Peixoto e José Viana foram barrados em restaurantes, clubes e bailes? Quantas vezes tiveram que ouvir numa entrevista de emprego falas do tipo: "não contratamos pessoas de cor"? Será que o episódio no restaurante Big-Rio foi uma experiência isolada ou foi apenas mais uma das muitas que eles sofreram ao longo da vida? A respeito disso, o conceito de racismo cotidiano formulado por Grada Kilomba ajuda a refletir sobre tais indagações.

---

[219] Novo Horizonte, São Paulo, março de 1948, p.4.

> O termo "cotidiano" refere-se ao fato de que essas experiências não são pontuais. O racismo cotidiano não é um "ataque único" ou um "evento discreto", mas sim uma "constelação de experiências de vida", uma "exposição constante ao perigo", um "padrão contínuo de abuso" que se repete incessantemente ao longo da biografia de alguém – no ônibus, no supermercado, em uma festa, no jantar, na família. (KILOMBA, 2019, p.80)

Como bem explicado por Grada Kilomba, ao se falar em racismo cotidiano não se refere a experiências pontuais e isoladas, mas sim de um conjunto de práticas e experiências de violências as quais pessoas negras são submetidas ao longo da vida. A respeito disso, o jornal carioca *O Quilombo* dizia que "São Paulo é um estado onde frequentemente testemunhamos práticas racistas."[220] Porém, ainda que tenha se criado uma imagem de que no Rio de Janeiro a situação racial seria mais amena, o caso narrado acima não permite tratar a capital federal como uma cidade menos hostil para pessoas negras. Aliás, um dos casos de racismo com maior repercussão aconteceu em 1947 também na cidade do Rio de Janeiro. Desta vez, foi a cientista social norte-americana Ellen Irene Diggs que não teve permissão para entrar no hotel Serrador. O caso Diggs ganhou tanta notoriedade que forçou o congresso brasileiro a debater sobre a questão racial, levando a aprovação da Lei Afonso Arinos em 1951. A lei previa uma série de punições para os estabelecimentos públicos e privados que discriminassem com base na cor, incluindo multas e até um ano de prisão (ALBERTO, 2017, p.245). Vale frisar que o episódio Diggs aconteceu justamente no contexto pós-Segunda Guerra Mundial, momento em que o Brasil buscava se apresentar ao mundo como um exemplo de democracia racial.

> Foi no clima de entusiasmo nacional e internacional pela democracia, no final da Segunda Guerra Mundial, que a frase "democracia racial" passou a fazer parte da vida pública brasileira. De acordo com o sociólogo Antônio Sérgio Alfredo Guimarães, apesar da percepção acadêmica e popular generalizada de que o termo havia sido criado por Gilberto Freyre em Casa-grande & Senzala, em 1933, Freyre

---

[220] Sem autor. O amor venceu o preconceito. **Quilombo**, Rio de janeiro, janeiro de 1950, p.9.

somente passou a usar o termo em seus escritos a partir da década de 1940. (ALBERTO, 2017, p.247)

O termo "democracia racial" quando mobilizado pelos setores conservadores pretendia fazer referência a noção de igualdade racial e de paraíso racial. Vale lembrar que o conceito só veio a se tornar popular nos anos 1940. O discurso da harmonia racial é bem anterior, remontando ao período do início do Segundo Reinado. Para os setores conservadores, a democracia racial seria um valor supremo da sociedade brasileira, fazendo dela um exemplo a ser seguido num mundo marcado por conflitos raciais. Para o Movimento Negro, a democracia racial funcionava como um sofisma, levando a estabelecer uma imagem distorcida de uma realidade social marcada pelo racismo. De acordo com Alberto, "os intelectuais negros teriam deixado para trás os significados tradicionais e conservadores de democracia racial (definidos por intelectuais como Freyre) e enfatizado, em vez disso, o potencial emancipatório e reivindicatório do termo" (ALBERTO, 2017, p.248).

Voltando ao caso Diggs, Ellen Irene Diggs, cientista social e jornalista norte-americana, chegou ao Brasil em 1947. Segundo o jornal *Alvorada*, antes disso, esteve em missão especial na Argentina e no Uruguai, onde foi bem recebida e tratada com carinho e respeito. No entanto, justamente no Brasil, lugar que ela desejava conhecer desde criança, por ter ouvido falar da convivência fraternal entre brancos, negros e indígenas, que Diggs foi vítima do racismo cotidiano. Em entrevista aos jornalistas, ela afirmou categoricamente que o Brasil a desencantou e completou:

> Tive uma desilusão; não consegui me alojar num hotel onde já tinha aposento reservados. Tudo porque sou negra. Agora estou convencida de que no Brasil há mais preconceitos de raça do que em qualquer outro país da América a exceção dos EUA. No entanto, no meu país este preconceito tende a desaparecer ao passo que aqui a tendência é para aumentar.[221]

Como já mencionado, o caso teve ampla repercussão na imprensa e

---

[221] Sem autor. Corajosa afirmação. **Alvorada**, São Paulo, fevereiro de 1947, p.1.

reacendeu a discussão sobre o preconceito de raça no Brasil. O *Jornal de Debates* publicou um artigo do poeta Solano Trindade e José Correia Leite publicou na primeira página do jornal *Alvorada* o artigo *Preconceito, Casa-Grande e Senzala*.

> A questão do preconceito de cor no Brasil – e que nós sempre afirmamos que é de raça – esteve, em dias do mês passado novamente em grande efervescência. Desta vez mereceu o destaque, até das grandes manchetes em alguns dos nossos jornais. [...] aqui, nós vamos sendo tragados pela mentira sentimental que no Brasil não há preconceito, mas, continua sendo uma vasta senzala, com alguns negros na casa grande.[222]

O caso Diggs continuou causando grande repercussão, principalmente após Manuel Anselmo da Silva, mais conhecido como Maneco, jogador da seleção brasileira de futebol e do América futebol clube do Rio de Janeiro, se envolver no caso. A seleção brasileira tinha vencido mais um torneio futebolístico, consagrando-se como tricampeã. Para comemorar o feito, Vargas Neto ofereceu um almoço no hotel Serrador, o mesmo que se recusou a receber Diggs. No entanto, o Maneco e mais três companheiros da seleção se recusaram a participar do almoço. Questionado sobre motivo da recusa em participar da confraternização, ele respondeu:

> Porque li em Diretrizes que esse hotel não aceitou como hóspede uma doutora americana, só por ser preta. Ora, eu sou preto. Minha família é de pretos. Tenho orgulho dela e não me passo para grã-finagem de bobos. Não comparecerei ao bródio, em sinal de protesto.[223]

O protesto de Maneco e dos demais companheiros causou problemas para o hotel Serrador do Rio de Janeiro que, com receio de boicotes, decidiu realizar um almoço e convidar alguns negros para demonstrar que o hotel não era racista e que o caso Diggs foi um mal-entendido e apenas um caso isolado. O jornal *Alvorada* chamou o evento de "Banquete de Judas" e lamentou toda a situação.

---

[222] LEITE, José Correia. Preconceito, casa grande e senzala. **Alvorada**, São Paulo, março de 1947, p.1.
[223] Sem autor. Um viva ao Maneco. **Alvorada**, São Paulo, abril de 1947, p.2.

> Maneco foi claro e preciso na sua represália. E o fato teve grande repercussão a ponto de forçar o estrangeiro dono do hotel a recuar e tomar medidas contra um possível boicote. Diante disso, teve uma ideia sinistra. Procurou e achou para satisfação, meia dúzia de negros que acanalharam numa espetacular cretinice, aceitando alguma propina e mesmo alguns foros de avidez dos cartazes – banquetearam-se no famigerado hotel, mostrando ao nosso simpático "Maneco", a sacola dos modernos Judas da raça.[224]

Conforme foi dito, o caso Diggs teve grande repercussão e ainda deu mais visibilidade para o debate racial. Paulina Alberto lembra bem que a aprovação da Lei Afonso Arinos em 1951 foi interpretada por alguns pesquisadores como uma consequência direta do episódio ocorrido com a cientista social norte-americana, porém a autora pontua, acertadamente, que é preciso enfatizar o protagonismo do Movimento Negro:

> Existe no Brasil, de há muito, o preconceito de raça. Os brancos dizem que não possuímos educação necessária para frequentarmos seu meio na sociedade. Mas por que? Pergunto: acaso não somos também brasileiros, não temos patriotismo? Justamente no momento lutamos por uma democracia, tudo é negado à nossa raça. [...] Falta-nos educação? Ao negro, em nossa terra, não são dadas oportunidades, por que de um modo geral são pobres, desprovidos de recursos suficientes para os estudos mais elementares, e, são culpados por isso, os poderes constituídos de nossa democracia ainda falha, cuja política tem sido somente amparar as classes abastadas, criando privilégios e alastrando o filhotismo. Tivesse nossa raça apoio necessário, com escolas primárias, secundárias e superiores, com cursos especializados, teríamos, para a glória dos brasileiros, outros homens como José do Patrocínio e tantos outros exemplos de capacidade, que concretizaram o desejo de melhor servir a pátria.[225]

O racismo cotidiano observado nos dois casos ocorridos na cidade do Rio de Janeiro revela como o período da Segunda República, apesar dos

---
[224] Sem autor. Banquete de Judas. **Alvorada**, São Paulo, maio de 1947, p.3.
[225] FREITAS, Nelson R. Por que este preconceito? **Alvorada**, São Paulo, outubro de 1947, p.3.

significativos avanços, apresentou um padrão de violência racial semelhante do período da Primeira República. Longe de ser uma experiência localizada, o racismo cotidiano foi uma realidade em todo o país. Com isso, a intenção não é desconsiderar as especificidades de cada região, mas apenas pontuar que pessoas negras, independentemente da cidade ou do estado, estiveram expostas às violências racistas.

No ano de 1946, na cidade de Porto Alegre, capital do Rio Grande do Sul, um guarda civil levou ao conhecimento da polícia a denúncia de que uma senhora, moradora da Vila Jardim, tinha como hábito a compra de menores, dando preferências aos de cor preta.[226] Tal episódio da compra e venda de crianças e adolescentes negros/as no sul do país é um típico exemplo daquilo que Grada Kilomba conceituou como racismo cotidiano.

> Memórias da Plantação examina a atemporalidade do racismo cotidiano. A combinação dessas duas palavras, "plantação" e "memórias", descreve o racismo cotidiano não apenas como a reencenação de um passado colonial, mas também como uma realidade traumática, que tem sido negligenciada. É um choque violento que de repente coloca o sujeito negro em uma cena colonial na qual, como cenário de uma plantação, ele é aprisionado como a/o "Outra/o" subordinado e exótico. De repente, o passado vem a coincidir com o presente, e o presente é vivenciado como se o sujeito negro estivesse naquele passado agonizante. (KILOMBA, 2019, p.30).

Diante deste caso tão apavorante – como descreve Kilomba é uma reencenação de um passado colonial – em que pessoas negras eram vendidas como mercadorias no período da escravidão, a pergunta é a seguinte: trata-se de um caso isolado ou a compra e venda de crianças negras e adolescente era algo comum? Será que a polícia de Porto Alegre investigou a denúncia? Será que a senhora acusada sofreu alguma punição? Por fim, qual foi o destino dessas crianças e adolescentes? Nunca terá respostas para essas perguntas, mas sabe-se com base nos estudos feitos por Petrônio Domingues que, pelo menos na

---

[226] Novo Horizonte, São Paulo, novembro de 1946, p.2.

cidade de São Paulo, nas primeiras décadas do século XX que "a polícia tinha uma postura discriminatória e não tratava todos os cidadãos, negros e brancos de maneira igualitária" (DOMINGUES, 2004, p.139).

Ainda no sul do país, agora no estado de Santa Catarina, o Sr. José Ribeiro, "um brasileiro de pele escura"[227] foi alvo de ataques após ter anunciado a sua candidatura ao cargo de vereador pelo PSD. A imprensa conservadora de Florianópolis fez um alvoroço ao saber que um negro estava se candidatando a um cargo na Câmara Municipal. A presença de negros/as nas câmaras municipais era baixíssima, "não existe um só negro representando a raça nas câmaras paulistas".[228]

Aliás, o estado de São Paulo era considerado por muitos como o território onde o racismo cotidiano se fazia mais presente. Conforme Petrônio Domingues, ao longo da Primeira República desenvolveu-se ali "o racismo à paulista", que apresentava um padrão diferente do racismo à brasileira.

> Essa diferença era resultado, basicamente, do regime de segregação racial que foi recrudescido no pós-abolição em São Paulo. Apesar de muitas vezes não apurada pela historiografia, havia uma política de exclusão do negro, traduzida pelos códigos legais e pelos costumes, combinadamente. Tal política impedia que o negro desfrutasse dos mesmos direitos civis assegurados aos brancos. (DOMINGUES, 2004, p.135)

A respeito da exclusão via formulação de códigos legais vale destacar a proibição de negros prestarem concursos para o cargo de Guarda Civil. Após muita pressão política, tal proibição foi revogada pelo então presidente do Estado, Júlio Prestes, em 1928. Entretanto, a primeira turma de negros a entrar na corporação só ocorreu quatro anos depois. No âmbito da educação, também vigorava um conjunto de códigos legais que impediam o/a negro/a de ter acesso às escolas.

> Em 1929, o Colégio Sion recusou a matrícula da filha adotiva do ilustre ator Procópio Ferreira. Quando sua esposa, a mãe da criança, alegou ter plenas condições financeiras para pagar a mensalidade, a

---
[227] Sem autor. Os candidatos negros. **Alvorada**, São Paulo, novembro de 1947, p.3.
[228] Sem autor. É chegado o momento. **Novo Horizonte**, julho-agosto de 1954, p.4.

supervisora do estabelecimento de ensino respondeu de maneira incisiva: "Não é nesse ponto, apenas, que se tornam rigorosos os nossos estatutos. Também não recebemos pessoas de cor, embora oriundas de famílias de sociedades". Esse episódio noticiado pela imprensa indica que as escolas inscreviam no estatuto a proibição da matrícula de negros, independentemente de sua classe social. (DOMINGUES, 2004, p.152)

Diante disso, a questão a ser colocada é: o "racismo à paulista" vigente ao longo da Primeira República recuou durante a Segunda República? Veja a análise dos casos. Um episódio semelhante ao ocorrido com a cientista norte-americana Irene Diggs aconteceu com a delegação de um time de futebol. A comitiva do São Cristóvão, agremiação do Rio de Janeiro, fez uma excursão em 1950 pelo estado de São Paulo, passando inicialmente pela cidade de Santos e depois pelo interior do estado. Um dos compromissos esportivos deveria ter acontecido na cidade de Jaú, onde o São Cristóvão disputaria uma partida contra o XV de Novembro, mas não aconteceu e a delegação voltou ao Rio de Janeiro revoltada com o tratamento recebido em São Paulo.

> Chegando em Jaú, para jogar com XV de Novembro, nenhum dirigente do clube local apareceu para recepcionar nem providenciar alojamento para a embaixada. Em vista disso, tiveram os alvos de procurar acomodações. No primeiro hotel que encontraram receberam a grande surpresa: a delegação não poderia ser recebida, pois tinha pretos. Isso se verificou com os outros hotéis procurados. [...] Vamos tomar providenciar a respeito e desde já advirto os outros clubes cariocas, que tenham pretos – o que não é desonra para ninguém – que não visitem Jaú, para evitar novas decepções.[229]

Para Domingues, até 1930 a entidade reguladora do futebol paulista impedia a participação dos negros no campeonato principal. Ainda no âmbito do esporte, vale destacar a denúncia feita por Oscar Guanabara em 1954, a respeito da conduta racista dos clubes de São Paulo. O Corinthians, por exemplo, proibia negros/as de frequentarem a sua piscina, os clubes São Paulo e Pinheiros não

---

[229] Sem autor. Pretos não são recebidos nos hotéis de Jaú. **Novo Horizonte**, São Paulo, junho de 1950, p.3.

admitiam em seu quadro social pessoas negras. Inconformado com a situação, Oscar Guanabara salientou o descumprimento da Lei Afonso Arinos e sugeriu a criação de um clube negro.

> Logo meus amigos, existe ou não existe o racismo! Sabemos que existe um decreto federal que nos permite a entrada em todo e qualquer lugar. Mas, amigos experimentem frequentar os clubes ou cabarets, hotéis grã-finos de São Paulo e terão uma grande desilusão. Qual será o melhor meio de sanarmos este impasse. Penso que o único é a formação de um clube da raça, que procure unir todos os elementos.[230]

A recusa de pessoas negras era generalizada e acontecia em todos os lugares. Em 1950, o artista radiofônico Luiz Gonzaga teve a sua entrada barrada no auditório de uma emissora paulista. Neste mesmo ano, o grande cantor negro Edson Lopes se viu diante de um barbeiro que se recusou a atendê-lo. De acordo com o *Quilombo*, os casos de racismo vinham se repetindo num ritmo alarmante em 1950: "podíamos enfileirar exemplos e mais exemplos demonstrativos do quanto estamos ainda longe de atingir aquela igualdade de fato assegurada pela igualdade de direitos das nossas leis e da Constituição em vigor!"[231]

A exclusão também acontecia no mercado de trabalho. Em 24 de maio de 1958, o deputado Mário Porto fez um protesto na Assembleia Legislativa do estado de São Paulo contra a orientação de uma indústria de São Bernardo do Campo que se recusava a empregar trabalhadores/as negros/as, nortistas e nordestinos. A denúncia feita pelo deputado ganhou notoriedade na imprensa, assim se posicionou o jornal *O Mutirão*:

> Isto é o bastante para demonstrar a evidência da discriminação. No caso em foco, isso ofende frontalmente a legislação brasileira, e mais ainda, aberra contra as tradições do espírito fraterno da nossa nacionalidade. Contra isso também se insurgiu a Câmara municipal de São Bernardo, alertando as autoridades brasileiras, denunciando essas manifestações de pruridos racistas. E nós aqui, como é óbvio, não podemos deixar de manifestar a nossa repulsa e nos associarmos,

---

[230] GUANABARA, Oscar. Clube e negros. **Novo Horizonte**, novembro, dezembro de 1954, p.2.
[231] Sem autor. O amor venceu o preconceito. **Quilombo**, Rio de Janeiro, janeiro de 1950, p.8.

em nome da coletividade negra, a esses protestos e contra esses atos discriminatórios que já se vem notando, de há muito, em nossa capital.[232]

Um caso semelhante aconteceu numa indústria de tecidos, desta vez, na cidade de Campinas, conhecida por ser uma das cidades mais racistas do estado de São Paulo. O caso foi denunciado pelo jornal *Hífen* em fevereiro de 1960. Segundo o periódico, duas trabalhadoras foram até a indústria de tecidos Pluma S/A, chegando lá foram advertidas pelo porteiro José dos Santos que "a fábrica desde a sua formação não aceita pessoas de cor"[233]. Mesmo assim, foram adiante, mas a Sra. Ruth Coimbra de Oliveira se recusou a lhes dar a ficha de cadastro, confirmando aquilo que as trabalhadoras tinham ouvido do porteiro.

Além dos episódios de racismo envolvendo os/as empregadores/as, que se recusavam a contratar pessoas negras, havia também a hostilidade dos trabalhadores/as brancos/as. Ainda em Campinas, mas em 1946, o grêmio de uma fábrica organizou uma festa para os/as operários/as. No entanto, os/as companheiros/as da fábrica foram barrados pelos "camaradas" brancos.[234]

A última denúncia que foi possível localizar aconteceu em 1962, na cidade de Campinas e foi noticiada pelo jornal *Hífen*[235]. Mais uma vez, hotéis se recusaram a hospedar uma pessoa negra. Desta vez, o episódio aconteceu com Neusa Heloisa Paladino, integrante da equipe de bailarinas da boate Quitadinha. Após procurar hospedagem nos hotéis Comodoro, Príncipe, Lord, Lordinho, Marabá, Excelsior, Real, King's e ser recusada em todos eles, Neusa teve de pedir abrigo a uma amiga da cidade. Diante do tratamento recebido em Campinas, a bailarina deu queixa no Departamento de Ordem Política e Social e depois do incidente, decidiu deixar o estado de São Paulo onde morava há dois anos e regressar ao Rio de Janeiro.

A respeito da pergunta levantada, se o "racismo à paulista" teria recuado no período de 1945 a 1964, pode-se responder que a conjuntura histórica não foi muito diferente da Primeira República. Ainda que o Movimento Negro tenha

---

[232] Sem autor. Protesto da assembleia contra a discriminação racial. **O Mutirão**, São Paulo, junho de 1958, p.1.
[233] PAIVA, Luiz Carlos S. Aqui é como nos E. E. **Hífen**, Campinas, fevereiro de 1960, p.1.
[234] Sem autor. O protesto de Campinas. **Alvorada**, São Paulo, junho de 1946, p.4.
[235] Sem autor. Discriminação racial: hotéis burlam a lei Afonso Arinos. **Hífen**, Campinas, janeiro de 1962, p.8.

atuado para combater o racismo e tenha conseguido vitórias importantes como a promulgação da Lei Afonso Arinos em 1951, os avanços ainda eram poucos diante de uma tragédia tão devastadora como o racismo.

As histórias aqui contadas não devem ser vistas como individuais, pelo contrário, precisam ser compreendidas como coletivas. Como afirma Grada Kilomba, "o racismo cotidiano não é um evento isolado, mas sim um acumular de episódios que reproduzem o trauma de uma história colonial coletiva" (KILOMBA, 2019, p.218). Para concluir, será utilizada uma frase da Ta-Nehisi Coates: "o racismo faz diferença. Ser um outro neste país faz diferença, e a verdade desanimadora é que provavelmente continuará a fazer." (Ta-Neshisi Coates apud MORRISON, 2019, p.17).

3.4 Considerações finais

Na introdução do "Pequeno Manual Antirracista", a filósofa Djamila Ribeiro conta que "disseram-me que a população negra era passiva e que 'aceitou' a escravidão sem resistência. Também me contaram que a princesa Isabel havia sido sua grande redentora" (RIBEIRO, 2019, p.7). Entretanto, como bem adverte a filósofa, "essa era a história contada do ponto de vista dos vencedores, como diz Walter Benjamin" (RIBEIRO, 2019, p.7). E como a história é contada pelos ditos "vencidos"? Essa foi uma das perguntas norteadoras deste capítulo. Como será demonstrado ao longo do texto, o Movimento Negro de 1945-1964 buscou romper com a história contada pelos "vencedores". Ao dar novos sentidos para o 13 de maio, fez da data um dia de protesto e também de celebração da resistência dos/as ativistas negros/as envolvidos(as) nas lutas abolicionistas no final do século XIX. Com isso, o Movimento Negro realizou um importante trabalho de preservação da memória dos/as verdadeiros abolicionistas. Por fim, ao denunciar, por meio da imprensa negra, os episódios de racismo cotidiano, o Movimento Negro buscou-se criticar a tese da democracia e reafirmar a existência do racismo estrutural.

Capítulo 4. Intelectuais Negras/os Insurgentes

> Entretanto, é preciso que os homens sejam menos egoístas para que as mulheres, uma vez que já tem dado sobejas provas de cooperação também lhes caiba o direito da sua liberdade como humana que são, pois atualmente devido as sérias responsabilidades que lhe são atribuídas não lhes será possível subsistir aos moldes antigos, e sim à uma nova estruturação. (Sofia Campos)[236]

---

[236] CAMPOS, Sofia. Algo feminino. **Senzala**, janeiro de 1946, n.1 p.21.

Neste último capítulo será dedicado para analisar as contribuições de três intelectuais negros/as insurgentes na luta antirracista no contexto da Segunda República, a saber: José Correia Leite, Sofia Campos e Carolina Maria de Jesus. Antes disso, haverá uma discussão em torno do conceito de intelectual negro/a insurgente e para isso, será dialogado com bell hooks, Cornel West, Audre Lorde, Djamila Ribeiro, dentre outros/as. Feito isso, será apresentada as trajetórias, começando por José Correia Leite. A ideia é traçar uma breve biografia de um dos mais importantes ativistas do Movimento Negro do século XX. Em relação a professora e militante socialista Sofia Campos, será focalizada para analisar um pequeno conjunto de textos e artigos que foram publicados nos periódicos negros. Diante da escassez das fontes, não foi possível traçar a biografia de Sofia Campos. Em suma, terá uma discussão de como Carolina Maria de Jesus, por meio da obra *Quarto de Despejo* contribuiu na luta antirracista.

4.1 Muitas histórias importam

Como já foi dito no início da tese, eu passei a minha graduação, mestrado e parte do doutorado sem ter contato com os/as intelectuais negros/as. Uma das minhas primeiras leituras foi o clássico *Mulheres, Raça e Classe da Angela Davis*, publicado em 2017. Agora no término do doutorado, minhas atenções se voltaram mais uma vez para as reflexões de Davis. A leitura da sua *Autobiografia*, que segundo a ativista social é "um documento de descrição histórica e de análise do fim dos anos 1960 e início dos 1970" (DAVIS, 2019, p.15) foi um dos textos mais marcantes que tive contato no decurso das leituras sobre as trajetórias biográficas de intelectuais negros/as.

A relevância da Autobiografia de Davis reside na capacidade de tornar visível uma luta centrada no "poder coletivo de milhares de pessoas que se opunham ao racismo e à repressão política" (DAVIS, 2019, p.16). Se, inicialmente, a ativista social havia se negado a escrever sobre si mesma, pois se recusava a "contribuir com a tendência já difundida de personalizar e individualizar a história" (DAVIS, 2019, p.16), logo depois, ela compreendeu que "era importante preservar a história daquelas lutas em benefício de nossa posteridade" e tal escrita poderia, por fim, levar as pessoas a se encorajarem na luta antirracista. Ao ler a *Autobiografia*, homens e mulheres, independentemente de raça, classe ou gênero, seriam impelidos a imaginar um futuro sem opressões, "havia a possibilidade de que, após a leitura, mais pessoas entenderiam por que muitas de nós não temos alternativa, exceto oferecer nossa vida – nosso corpo, nosso conhecimento, nossa vontade – à causa do nosso povo oprimido" (DAVIS, 2019, p. 22).

Gostaria de ter a oportunidade de dizer à Angela Davis que a sua *Autobiografia* tem encorajado muitas pessoas – inclusive eu – a lutar contra o racismo e todas as demais formas de opressão. Partindo desta premissa – da importância de preservar as histórias – que busca recuperar as histórias coletivas de lutas da cidade de São Paulo no contexto da Segunda República. Assim como Davis, entende-se que tais histórias funcionam como verdadeiros faróis, iluminando as gerações vindouras, e advertindo-as, que não há outra alternativa possível que não seja a luta. Portanto, o intuito é contar histórias que importam, histórias que inspiram, mas que foram silenciadas.

Dentre as escolhas possíveis, foi decidido contar a história de três personagens que exemplificam, cada um à sua maneira, como se devolveu a luta antirracista na cidade de São Paulo na Segunda República. Com isso, não há a intenção de individualizar ou personalizar a história, pois assim como Davis, compreende-se que a história não "é produto de indivíduos excepcionais que possuem características inerentes de grandeza" (DAVIS, 2019, p.16). Por outro lado, também não se descarta a possibilidade de fazer uma breve biografia de José Correia Leite, um dos grandes protagonistas do Movimento Negro Brasileiro. Aliás, segundo Petrônio Domingues (2019), a biografia das "pessoas de cor" é "um dos gêneros de pesquisa histórica de fecundas potencialidades." (DOMINGUES, 2019, p.91).

Entretanto, escrever biografias de homens negros e mulheres negras é um desafio aos/as historiadores/as, pois a grande maioria não teve a sua vida pessoal e pública documentada, e isso, segundo Elisa Nascimento, acontece, já que lida-se com "uma comunidade destituída de poder econômico e político e de um movimento composto de entidades perenemente sujeitas à instabilidade e à falta de recursos, infraestrutura, espaço físico e apoio de outros setores da sociedade civil (NASCIMENTO, 2009, p.95).

Esse é o caso da professora e ativista social Sofia Campos, em que a falta de documentação impede de conhecer profundamente a sua trajetória pessoal. Diante disso, será dedicado a analisar os textos publicados na imprensa Negra de São Paulo. Por fim, também será destacada a escritora Carolina Maria de Jesus, a respeito da sua relação com os intelectuais negros/as de São Paulo e da sua obra mais conhecida, *Quarto de Despejo*.

Porém, ainda que em alguns casos, a falta de fontes tenha se colocado como um dos empecilhos aos/as historiadores/as, em outros, o que tem acontecido é a prática do silenciamento. Intelectuais negros/as de trajetórias consolidadas como Lélia Gonzalez e Abdias Nascimento – que tiveram suas vidas públicas bem documentadas –, não escaparam da marginalização imposta pela academia predominantemente branca. Em vista disso, é preciso questionar os motivos do silêncio, da marginalização e do rebaixamento dos/as intelectuais negros/as. Em *"Memórias da Plantação – episódios de racismo cotidiano"* Grada Kilomba, levanta algumas questões:

> Erudição e ciência estão intrinsecamente ligadas ao poder e à autoridade racial. Qual conhecimento está sendo reconhecido como tal? E qual conhecimento não o é? Qual conhecimento tem feito parte das agendas acadêmicas? E qual conhecimento não? De quem é esse conhecimento? Quem é reconhecida/o como alguém que possui conhecimento? E quem não o é? Quem pode ensinar conhecimento? E quem não pode? Quem está no centro? E quem permanece fora, nas margens? (KILOMBA, 2019, p.50)

Portanto, se "erudição e ciência estão intrinsecamente ligadas ao poder e à autoridade racial" (KILOMBA, 2019, p.50), a marginalização e o silêncio imposto aos/as intelectuais negros/as não podem ser entendidos como algo involuntário. Pelo contrário, trata-se de uma ação consciente que tem como principal objetivo colocar à margem discursos que desafiam as relações de poder e a autoridade do centro. Conforme Grada Kilomba, isso acontece, pois, do lado do sujeito branco "existe um medo apreensivo de que o, se o sujeito colonial falar, a/o colonizador terá de ouvir. Seria forçada/o a entrar em uma confrontação desconfortável com as verdades da/o 'Outra/a'. Verdades que tem sido negadas, reprimidas, mantidas e guardadas como segredos" (KILOMBA, 2019, p.41).

Perante ao exposto, pergunta-se: quais verdades foram ditas por José Correia Leite, Sofia Campos e Carolina Maria de Jesus? Por que suas falas, denunciando o "racismo à brasileira" foram negadas, reprimidas e guardadas como segredos? O que se pode aprender com suas histórias? Tendo como premissa a ideia de Davis, de que as histórias devem ser preservadas, pois elas educam, é que decide se falar de José Correia Leite, Sofia Campos e Carolina Maria de Jesus. Como disse Audre Lorde, "pessoas negras estiveram aqui antes de nós e sobreviveram. Podemos ler suas vidas como placas que nos indicam o caminho" (LORDE, 2019, p. 174).

Antes disso, é preciso frisar que se está lidando com Intelectuais Negros/as Insurgentes, para bell hooks, destacam-se pela capacidade de transgredir fronteiras discursivas. No caso de José Correia Leite, Sofia Campos e Carolina Maria de Jesus, são considerados como intelectuais negros/as insurgentes, pois transgrediram as fronteiras discursivas ao denunciar o mito da democracia racial brasileira.

Para pensar sobre a categoria de *Intelectuais Negras/os Insurgentes*, é buscado dialogar com o filósofo afro-americano Cornel West, com as feministas do norte global bell hooks, Patrícia Hill Collins, Angela Davis, com a artista interdisciplinar já citada Grada Kilomba com raízes em Angola e São Tomé e Príncipe, e principalmente com as intelectuais negras brasileiras, Lélia Gonzalez, Beatriz Nascimento, Djamila Ribeiro, Luana Tolentino, entre outras.

4.2 Intelectuais negros/as insurgentes

Eu não me recordo de quando ouvi pela primeira vez a palavra intelectual, provavelmente tenha sido em 2008, quando iniciei a minha graduação em História. Desde o início, eu aprendi a relacionar o conceito de intelectual a alguém ligado à academia, de fala rebuscada e escrita sofisticada, quase inacessível. Felizmente, nos últimos anos, tal percepção mudou radicalmente. A leitura dos escritos de Djamila Ribeiro, Lélia Gonzalez, Beatriz Nascimento, Sueli Carneiro, Giovana Xavier Santos, Luana Tolentino, Mirian Cristina dos Santos, bell hooks,

Angela Davis, Audre Lorde, Grada Kilomba, Patrícia Hill Collins, entre outros/as, me fizeram reformular a minha noção de intelectual.

Por muito tempo não compreendia a relação entre conhecimento, erudição, ciência e racismo. Foi um longo processo até perceber que a universidade não era um lugar neutro. Aos poucos, fui percebendo que a academia era "um espaço branco onde o privilégio de fala tem sido negado para as pessoas negras" (KILOMBA, 2019, p.50).

Hoje, isso parece um pouco óbvio, mas alguns (recentes) anos atrás, antes da implementação da Lei 10.639/2009, das políticas de cotas e da institucionalização dos NEABI's e da organização de Coletivos Negros, era raro – para não dizer inexistente – o contato com os/as intelectuais negros/as. Para Grada Kilomba, "historicamente, esse é um espaço onde temos estado sem voz e onde acadêmicas/os brancas/os têm desenvolvido discursos teóricos que formalmente nos construíram como a/o 'outras/os' inferior, colocando africanas/os em subordinação absoluta ao sujeito branco" (KILOMBA, 2019, p.50).

Atualmente, a ideia da neutralidade acadêmica é constantemente questionada. Perguntas como, "qual conhecimento está sendo reconhecido? E qual conhecimento não o é? Qual conhecimento tem feito parte das agendas acadêmicas? E qual conhecimento não? Quem é reconhecida/o como alguém que possui conhecimento? E quem não o é?" (KILOMBA, 2019, p.58), ajudam a compreender como se estruturam as relações de poder na academia e como tal espaço tem sido demasiadamente violento, especialmente para as pessoas negras.

Foi um processo doloroso até compreender que a universidade não era apenas um mero lugar de produção de conhecimento e saberes, e que "as estruturas de validação do conhecimento, que definem o que é erudição 'de verdade e válida', são controladas por acadêmicas/os brancas/os" (KILOMBA, 2019, p.53). Por fim, foi compreendido que o fato da branquitude controlar os espaços acadêmicos e ter o poder de definir se aquilo é ou não conhecimento, era uma consequência do racismo estrutural. Isso é importante, pois, na maioria das vezes, o sujeito branco não percebe que o seu lugar de privilégio na academia, não está relacionado apenas a sua capacidade cognitiva, mas as "relações desiguais de poder de 'raça'" (KILOMBA, 2019, p.53).

Sendo assim, é fundamental ressignificar o conceito de intelectual, de modo desassociá-los das amarras do racismo epistêmico. De acordo com a filósofa Djamila Ribeiro, é preciso considerar "outras geografias da razão e saberes" e conceber como conhecimento válido e legítimo "o saber das mulheres de terreiro, das Ialorixás e Babalorixás, das mulheres do movimento por luta por creches, lideranças comunitárias, irmandades negras, movimentos sociais" (RIBEIRO, 2017, p.27).

O alargamento do conceito de intelectual é necessário, pois assim, realiza-se um movimento que pretende "desestabilizar e transcender a autoridade discursiva branca, masculina cis e heteronormativa." (RIBEIRO, 2017, p.28). Em *Mulheres Pretas Intelectuais*, bell hooks discute a importância de se atentar para a especificidade das intelectuais pretas:

> É o conceito ocidental sexista/racista de quem e o que é um intelectual que elimina a possibilidade de nos lembrarmos de pretas como representativas de uma vocação intelectual. Na verdade, dentro do patriarcado capitalista com supremacia branca, toda a cultura atua para negar às mulheres a oportunidade de seguir uma vida da mente, torna o domínio intelectual um lugar "interdito". (hooks, 2018, p.240)

As reflexões de bell hooks são importantes, pois se a invisibilidade dos homens pretos intelectuais é algo preocupante, em relação as mulheres pretas intelectuais, a situação é ainda mais grave, devido ao peso de uma dupla opressão: racial e sexista. Portanto, é necessário, como reivindicam Djamila Ribeiro e bell hooks, reelaborar o conceito de intelectual, de forma que se possa considerar como conhecimento válido e legítimo os saberes de homens pretos e mulheres pretas, sejam eles/elas acadêmicos/as ou não.

Tendo como premissa distanciar da definição ocidental, racista e sexista do conceito de intelectual forjada pela branquitude é que será adotado o conceito de intelectual negro/a insurgente, como forma de expressar e valorizar os saberes e conhecimentos produzidos por José Correia Leite, Sofia Campos e Carolina Maria de Jesus no contexto da cidade de São Paulo da Segunda República (1945-1964). Antes de disso, faz-se necessário esclarecer o que seria um intelectual negro/a insurgente.

Em "O Dilema do Intelectual Preto", o filósofo afro-americano e ativista social Cornel West faz importantes reflexões acerca do assunto, destacando que um trabalho insurgente se destaca por ser um trabalho intelectual coletivo.

> O modelo de intelectual insurgente se recusa ainda a conceber essa herança e esse esforço em termos elitistas e individualistas. Ao invés do herói solitário abarcado pelo gênio isolado e exilado, esse modelo privilegia o trabalho coletivo intelectual que contribuí para uma luta e resistência comum" (WEST, 2018, p. 230)

Segundo West, para que o trabalho coletivo intelectual se torne uma prática insurgente é necessária "a criação ou reativação das redes institucionais que promovam hábitos críticos de alta qualidade", pois somente assim seria possível "estimular, proporcionar e permitir percepções alternativas e práticas que desloquem discursos e poderes prevalecentes". (WEST, 2018, p.229). Com isso, West enfatiza a importância de uma prática intelectual que primeiro se recuse a aceitar os pressupostos elitistas e individualistas da academia, e segundo, se comprometa verdadeiramente com um trabalho coletivo e engajado.

No livro *Ensinando a transgredir*, bell hooks explica que os/as intelectuais negros/as insurgentes devem desempenhar uma atividade ancorada na ética e no compromisso em democratizar saberes e conhecimentos elaborados produzidos em contextos privilegiados, como, por exemplo, as universidades, "é necessário e crucial que os intelectuais negros insurgentes tenham uma ética de luta que informe seu relacionamento com aqueles negros que não tiveram acesso aos modos de saber partilhados nas situações de privilégio" (hooks, 2017, p, 76).

A partir destas definições, entende-se que um/uma intelectual negro/a insurgente, é alguém que entre outras coisas: 1) fala a partir da margem; 2) associa teoria e prática; 3) desenvolve um trabalho coletivo; 4) desenvolve uma luta pela libertação; 5) inspira novas gerações.

Para pensar sobre o sentido de falar a partir da margem, é importante retomar as discussões do livro *O que é lugar de fala* de Djamila Ribeiro. Conforme a filósofa e ativista social, o conceito de lugar de fala não está relacionado a quem pode ou não falar, mas sim a lugar social, "no Brasil, comumente ouve-se esse tipo de crítica em relação ao conceito, porque os críticos partem de indivíduos e não das múltiplas condições que resultam nas desigualdades e hierarquias que localizam grupos subalternizados" (RIBEIRO, 2017, p.63).

Se homens negros e mulheres negras falam a partir da margem, isso se deve às condições históricas. É necessário lembrar de que se está falando do último país das Américas a abolir a escravidão. Ainda que estar situado à margem, ou no lugar de negro, como denunciou Lélia Gonzalez, signifique ocupar uma posição social permeada de violências, Grada Kilomba enfatiza que a margem também pode ser um lugar de criatividade. Se por muito tempo a academia as considerou como um lugar interdito ao trabalho intelectual, Kilomba refuta tal perspectiva e reforça que a periferia também é um lugar de produção de teoria, "escrevo da periferia, não do centro. Este é também o lugar de onde eu estou teorizando, pois coloco meu discurso dentro da minha própria realidade" (KILOMBA, 2019, p.59).

O segundo ponto presente no/na intelectual negro/a insurgente, está intimamente ligado ao primeiro, pois estando localizando na periferia e reconhecendo a importância deste lugar para a elaboração de saberes, tais sujeitos buscam refutar a falsa dicotomia entre teoria e prática. A respeito disso, bell hooks compartilha suas próprias experiências: "sem jamais pensar no trabalho intelectual como de algum modo divorciado da política do cotidiano, optei conscientemente por tornar-me uma intelectual, pois era esse trabalho que me permitia entender minha realidade e o mundo em volta" (hooks, 2018, p.237).

Além disso, é preciso enfatizar que teorizar também é uma prática social, pois ela possibilita elaborar caminhos para uma atuação verdadeiramente transformadora. Portanto, um intelectual negro/a insurgente é alguém que elabora uma teoria compromissada com mudança social.

Em relação ao terceiro ponto, o trabalho coletivo, destaca-se que os/as intelectuais negros/as insurgentes estão intimamente ligados/as aos movimentos sociais. Assim, exercem uma atividade militante, tão necessária para a transformação social. A respeito do conceito de militância, explica Audre Lorde:

> Militância não significa portar armas em plena luz do dia, se é que algum dia foi isso. Significa trabalhar ativamente pela mudança, às vezes sem nenhuma garantia de que ela esteja a caminho. Significa fazer o trabalho tedioso e nada romântico, ainda que necessário, de

> formar alianças relevantes. Significa reconhecer que tais alianças são possíveis e quais não são. Significa saber que aliança, assim como universidade, implica a união de seres humanos completos, bem-resolvidos, decididos e confiantes, e não autômatos fragmentados marchando a um ritmo pré-determinado. Significa combater o desespero. (LORDE, 2019, p.179)

É importante retomar as reflexões de Audre Lorde, especialmente, num contexto em que o conceito de militância tem sido tão esvaziado, sobretudo nas redes sociais. Além do esvaziamento, vale destacar uma certa criminalização da prática, principalmente pelos setores mais reacionários da sociedade brasileira. Como disse Lorde, estar na militância significa trabalhar ativamente pela transformação social. Além disso, significa atuar coletivamente, por meio das organizações, instituições, coletivos e das comunidades negras.

Dessa maneira, chega-se ao quarto ponto, a luta pela libertação. Um/a intelectual insurgente negro/a é alguém que compreende a importância da teoria para a libertação dos/as grupos historicamente oprimidos, "o trabalho intelectual é uma parte necessária da luta pela libertação, fundamental para os esforços de todas as pessoas oprimidas e/ou exploradas" (hooks, 2018, p.237). De acordo com bell hooks, só é possível falar em libertação quando grupos historicamente oprimidos e explorados se tornam sujeitos, ou seja, passam a ter o direito de definir suas próprias realidades, identidades e histórias. E a libertação só será possível mediante a desagregação do racismo, pois é ele quem impede a pessoa de ser seres humanos plenos. Portanto, quando se fala em intelectual negro/a insurgente, se refere a indivíduos que compreendem a necessidade da transformação radical da sociedade.

Em suma, considera-se que os/as intelectuais negros/as são aqueles/as que inspiram e encorajam as novas gerações a lutar incessantemente. Uma reflexão de Audre Lorde, a respeito do legado de Malcom X, exemplifica bem tais ideias: "temos o poder que nos foi transmitido por aqueles que nos precederam, para irmos além de onde eles foram. Malcom X não vive nas palavras impressas que lemos dele; ele vive na energia que geramos e usamos para caminhar em direção as ideias que compartilhamos" (LORDE, 2019, p.182).

Portanto, um intelectual negro/a insurgente é alguém que, falando a partir da margem, entende que sem a teoria não é possível exercer um trabalho coletivo e libertador para transformar radicalmente as estruturas de sociais. Agora, passando a palavra para os/as intelectuais negros/as insurgentes: José Correia Leite, Sofia Campos e Carolina Maria de Jesus.

4.3 José Correia Leite – um intelectual negro insurgente

José Correia Leite foi um dos maiores expoentes do Movimento Negro do século XX. Nasceu no dia 23 de agosto de 1900, na Rua 24 de maio, cidade de São Paulo, doze anos após a abolição da escravatura. Assim como a maioria das crianças negras, Leite teve uma infância miserável. A sua mãe, uma mulher negra, trabalhava como doméstica. Vale ressaltar que, a conjuntura, naquele momento, era extremamente desfavorável às trabalhadoras negras, que devido à imigração em massa de estrangeiros europeus, em especial, os/as italianos/as, foram, nas palavras de Petrônio Domingues, "enxotadas dos serviços domésticos de algumas casas" (DOMINGUES, 2004, p.123). Aquelas que conseguiam alguma colocação no mercado de trabalho recebiam valores infinitamente abaixo daqueles que eram pagos às mulheres brancas, sejam elas brasileiras ou estrangeiras.

Figura 20 - José Correia Leite.

Fonte: Revista Raça[237]

---

[237] Disponível em: https://revistaraca.com.br/a-historia-do-militante-negro-jose-correia-leite/. Acessado em 25/10/2020.

De um modo geral, a Abolição de 1888 não implicou numa melhoria nas condições de vida das mulheres negras e dos homens negros recém-libertas/os. Como já sinalizado por um conjunto de pesquisadores/as, o que se observou no país, logo após o fim da escravidão, foi a estruturação de um tipo específico de racismo, oculto, implícito, não declarado. Entretanto, Petrônio Domingues argumenta que no caso de São Paulo, o racismo apresentou características bem distintas do restante do Brasil:

> No entanto, o racismo antinegro no pós-abolição tinha uma outra dinâmica em São Paulo. Ele não expressava o convencionado diapasão nacional; pelo contrário, forjou-se, em larga escala, com vida própria. O preconceito e a discriminação raciais à paulista não eram diferentes apenas em intensidade do racismo à brasileira; sua diversidade era ainda qualitativa. (DOMINGUES, 2004, p. 133)

Domingues considera que o racismo à paulista foi perverso, pois no resto do país estabeleceu-se um tipo de racismo oculto, implícito e não declarado, e, portanto, não institucionalizado. No caso de São Paulo, durante a Primeira República (1889-1930) aconteceu o inverso. Por ali, as elites paulistas alimentaram um tipo de racismo que extrapolando os limites do não-dito, foi adquirindo contornos de institucionalidade.

> O racismo à paulista na Primeira República (1889-1930) foi perverso porque: primeiro, privou o negro de direitos fundamentais no exercício da cidadania no campo da educação, saúde, política, lazer; segundo, eliminou as chances do trabalhador negro de concorrer em condições de igualdade com o branco nas velhas e novas oportunidades de emprego. Uma política de preferência racial de favorecimento do trabalhador branco no pós-abolição causou danos ainda hoje irreparáveis aos descendentes de escravos. Um regime de segregação racial, alternadamente de fato e de direito, cindiu, em linhas gerais, a cidade de São Paulo em dois pólos: o "mundo do branco" e o "mundo do negro". (DOMIGUES, 2004, p. 381)

Diante desse cenário é que se desenvolveu a infância de Leite. Sua mãe, sendo uma trabalhadora doméstica, precisava deixá-lo aos cuidados de outras pessoas para que pudesse trabalhar. Para Domingues, as famílias negras, principalmente aquelas que viviam em condições mais precárias, apresentavam um modelo de organização diferente da família tradicional burguesa – nuclear, monogâmica e patriarcal. "A família da plebe negra era essencialmente formada pela mãe e filhos e, ocasionalmente, tios, avós e netos, predominando um sistema no qual a mulher era a autoridade máxima, exercendo o controle da família e de seus parcos recursos" (DOMINGUES, 2004, p.211). O que se sabe a respeito da vida familiar de Leite, é que vivia com a sua mãe, que era descrita por ele como uma "mulher lutadora" e uma irmã mais nova. Assim com a grande maioria das pessoas negras da cidade de São Paulo, a família vivia em condições bastante insalubres numa casa de pau-a-pique.

> Já a maioria dos negros da cidade de São Paulo morava no tripé: porão, cortiço ou casebre. Os cortiços e porões eram encontrados na zona central da cidade, porém não eram habitações apenas de negros. A população pauperizada de modo geral disputava um "pedaço de teto" em locais que contrariavam todos os preceitos de higiene e saúde pública. (DOMINGUES, 2004 p. 217)

Conforme dito por Domingues, a criança negra dificilmente desfrutava da infância e da adolescência. Diante da pobreza e da miséria, crianças com 5 ou 6 anos já se encontravam exercendo algum tipo de ofício para complementar a renda da família. Porém, nem sempre essas crianças recebiam algum ordenado, muitas trabalhavam e eram recompensadas com um prato de comida ou com direito aos estudos. Com Leite não foi diferente, em sua infância, ele trabalhou como entregador de marmitas, menino de recados e ajudante de carpintaria. Segundo o próprio Leite, a infância foi um período de grandes dificuldades, "quando criança, eu sofri muito, passei muita fome, muito frio. Era uma época em que São Paulo fazia um frio danado. E eu não tinha quem me orientasse. Muitas vezes ficava até tarde na rua" (LEITE, 1992, p.52).

Da infância até a juventude, pelo que consta no seu livro de memórias, ele passou a conviver mais intensamente com os italianos, o que sugere que tenha se afastado do convívio com a família. A europeização da cidade de São Paulo chegou a tal ponto, que entre 1890 e 1929 entraram 2.316.729 imigrantes brancos. Em 1897 havia dois italianos para cada brasileiro na cidade. A imigração em massa fazia parte do projeto de branqueamento do estado.

Imbuídos das teorias racistas da época, que pressupunham a inferioridade do/a negro/a e a sua incapacidade de adaptação às novas conjunturas impostas pelas novas dinâmicas do capitalismo, o Estado brasileiro, e num grau mais elevado, o estado de São Paulo, financiaram a vinda dos imigrantes brancos europeus com o objetivo explícito de branquear a nação e, por consequência, eliminar o/a negro/a. Tal projeto, além de provocar inúmeros prejuízos de natureza material para a população negra, como, por exemplo, a exclusão do mercado de trabalho, trouxe impactos no campo da subjetividade, conforme bem argumentou Domingues:

> De toda sorte, foi possível inferir que a ideologia do branqueamento em São Paulo deformou as relações raciais no início do século XX: ela contribuiu para desenvolver, no branco, um certo complexo de superioridade e, no negro, em contrapartida, um complexo de inferioridade. Os brancos, independentemente da classe social, produziram uma autorrepresentação positiva e concebiam seus valores naturalmente superiores. Já alguns negros construíram uma autoimagem negativa e passaram a se avaliar como inferiores. (DOMINGUES, 2004, p.309)

Conforme descrito por Domingues, os/as negros/as, diante do racismo, passaram e construíram uma autoimagem negativa ao se perceberem como inferiores. Leite confessou que cresceu "muito complexado" e não gostava de ficar perto de pessoas importantes. Isso faz notar como o sentimento de inferioridade foi sendo assimilado por pessoas negras, que passaram a se ver, de fato, como inferiores em relação as pessoas brancas. Por fim, parte dessa baixa autoestima de Leite se deve, entre outras coisas, aos anos de convívio com os italianos, que mantinham uma relação hostil com os/as negros/as.

> O contato com os italianos modificou a minha maneira de falar. [...] No tocante à discriminação, eles seguiam a regra dos brasileiros brancos. Tratavam os negros com distância. Agora, quando eles gostavam de algum negro, não faziam restrição. Isso é, sendo empregado deles,

> comia na mesa com eles tudo. [...] Eles também gostavam de xingar os negros de "tizune", ou seja, tição. (LEITE, 1992, p.52)

Nesse período da juventude, Leite viveu no bairro da Bexiga, um dos redutos italianos na cidade de São Paulo. Dessa forma, o convívio íntimo com o mundo branco fez com ele desejasse pertencer àqueles ditos os superiores.

> No começo eu fui influenciado pelo fato de muita gente ter admiração pelo índio. Também entre nessa de ser descendente de índio. Não conheço bem a minha origem, mas como o índio é uma das três raças da formação da nacionalidade brasileira, então eu fiquei nessa de dizer que a minha descendência era do índio. Eu queria fugir do mulatismo para entrar nessa linhagem do branco com o índio, tirando o africano do meio. Mas essa minha ideia passou logo. (LEITE, 1992, p.53)

A consciência racial só veio aos vinte e dois anos, quando ele começou a frequentar os bailes das associações negras aos domingos. Foi por causa dos bailes que ele passou a perceber a existência de diversas entidades negras, tais como a Kosmos, 13 de Maio, Brinco da Princesa, 28 de setembro, Auriverde, Paulistano. De acordo com Domingues, parte dessas associações surgiu como uma resposta às proibições impostas pelo racismo, que impedia pessoas negras de frequentar associações brancas.

> Eram entidades sem fins lucrativos, constituídas pelo conjunto dos associados afrodescendentes. Floresceram associações negras de diversos gêneros: dançantes, beneficentes, cívicas, esportivas; grêmios recreativos, literários, dramáticos e cordões carnavalescos. A maioria delas possuía estatuto e era conduzida pela figura de um presidente, auxiliado por uma diretoria escolhida através de eleições. Algumas adotavam carteira de identificação, uniforme, estandarte e até hino. (DOMINGUES, 2004, p.325)

Em 1924, numa parceria com o amigo Jayme, fundou o jornal *O Clarim da Alvorada*. Naquele momento, Leite trabalhava numa farmácia e o amigo era funcionário público estadual. O novo jornal se juntou aos demais periódicos da Imprensa Negra que circulavam na cidade de São Paulo. Um dos principais pontos de distribuição dos jornais eram nos bailes organizados pelas associações negras.

Após a sua inserção no Movimento Negro, Leite flertou durante algum tempo com as ideias comunistas. Ao aproximar-se do comunismo, ele buscava compreender as raízes das desigualdades sociais. Vale ressaltar que, neste momento, segundo o próprio Leite, o Movimento Negro não era tão politizado. A virada só veio a acontecer após a presença de Vicente Ferreira na cidade que, por meio de sua liderança carismática, buscou denunciar a exclusão do negro na sociedade brasileira. Tempos depois, ele se afastou do movimento por questões de ordem ideológica. Os comunistas diziam que a questão central racial não tinha relevância. Depois de se afastar do comunismo, Leite passou a ter contato com o Movimento Pan-Africanista[238]. Foi um período importante, em que o Clarim da Alvorada passou a se preocupar com o debate racial numa escala internacional.

Em 1928, Leite e algumas lideranças negras aventaram a possibilidade de realizar o Congresso da Mocidade Negra. A possibilidade de um evento de cunho racial foi vista como um verdadeiro absurdo pelas elites, pois, para elas, o Brasil não era um país racista. A ideia do congresso foi avançando, mas diante da grave crise econômica de 1929, o Movimento Negro parou.

> 1929 tinha sido o ano de uma recessão muito grande e as consequências na situação do negro foram graves, muito mais do que está acontecendo hoje. Então, o movimento político fez a gente ir esmorecendo a ideia da realização do Congresso. O Getúlio perdeu as eleições e veio a Revolução de 30. Aí foi uma fase que a gente pode dizer que parou o movimento. Desse modo é possível distinguir o Movimento Negro antes de 30 e depois de 30. Este tomou outra feição. O negro, por intuição ou qualquer coisa, na Praça da Sé se reunia em grupos e as discussões eram calorosas. Estava sempre à frente o Isaltino Veiga dos Santos, o que mais agitava os grupos. Foi um sujeito que lutou muito. Sem ele não teria existido a Frente Negra Brasileira. Em 30 não se tinha ideia do nome, mas estava-se

---

[238] O pan-africanismo é um movimento de caráter social, filosófico e político, que surgiu nos anos 1930 visando promover a defesa dos direitos do povo africano, constituindo um único Estado soberano para africanos que vivem ou não na África. Os principais idealizadores da teoria pan-africanista foram Edward Burghardt Du Bois e Marcus Musiah Garvey.

> discutindo de como o negro poderia participar. Não se queria ficar marginalizado na transformação que se esperava. [...] E aqueles grupos de discussão foram sendo engrossados, sobretudo o grupo do Isaltino Veiga dos Santos, Francisco Costa, Marcos dos Santos, Roque dos Santos e outros. Foram praticamente os primeiros a agitar. Eu e outros companheiros d'O Clarim d'Alvorada participamos também. Estávamos dentro do bolo. (LEITE, 1992, p.91).

Conforme Leite, após a crise de 1929, o Movimento Negro precisou se organizar e acabou se tornando mais atuante. As consequências da crise foram devastadoras para a comunidade negra e isso os obrigou a reforçar os laços de solidariedade e de luta para fazer frente ao racismo e a recessão econômica. Após a Revolução de 1930, o Movimento Negro foi ressurgindo na Praça da Sé. Aos poucos a região foi sendo ocupada por grupos interessados em debater a questão do/a negro/a. Entre as lideranças, destacaram-se Isaltino Veiga dos Santos, Francisco Costa, Marcos dos Santos e Roque dos Santos. *O Clarim da Alvorada* também esteve presente e apoiou a iniciativa de criação a Frente Negra Brasileira. No entanto, o grupo liderado por José Correia Leite rompeu com a organização por discordar dos estatutos inspirados no fascismo.

> Nós do grupo d' O Clarim d'Alvorada, no dia que foram aprovados os estatutos finais, íamos combater porque não concordávamos com as ideias do Veiga dos Santos (o Arlindo). Era um estatuto copiado do fascismo italiano. Pior é que tinha um conselho de 40 membros e o presidente desse conselho era absoluto. A direção executiva só podia fazer as coisas com ordem desse conselho. O presidente do conselho era o Arlindo Veiga dos Santos, o absoluto. [...] Na carta eu explico as razões de eu estar em desacordo com as ideias políticas do presidente, e principalmente as ideias exdrúxulas dele querer restaurar novamente a monarquia. (LEITE, 1992, p.94)

Em 1935, Leite presenciou a radicalização política no país. A luta entre comunistas e integralistas não lhe despertava nenhum interesse, pois, segundo ele, o negro deveria se afastar das disputas meramente partidárias, tendo em vista que o problema do negro era específico e negligenciado de ambos os lados. Em

1937, veio o Estado Novo e Getúlio Vargas reprimiu fortemente os movimentos sociais, inclusive, o Movimento Negro. As associações negras que sobreviveram à onda de repressão e de perseguição tiveram que banir o termo negro e sofreram severas restrições. Só puderam continuar existindo como entidades culturais. Com o fim do Movimento Negro, a casa de Leite, na rua Augusta passou a ser um ponto de encontro das lideranças negras. As reuniões aconteciam aos domingos, quando se organizavam grandes almoços.

Até o final da Segunda Guerra Mundial, ele continuou residindo na Rua Augusta. Em 1945, com a redemocratização do país, ajudou a reestruturar o movimento sufocado pelo Estado Novo. Não seria exagero considerar José Correia Leite como o principal expoente do Movimento Negro entre 1945 e 1964. Durante quase vinte anos de militância contribuiu na fundação de periódicos como *Alvorada* (1945) e colaborou com tantos outros, como *Novo Horizonte, O Mutirão* e *Niger*. Esteve à frente da Associação do Negro Brasileiro (1945-1948) e ocupou o cargo de Presidente do Conselho da Associação Cultural do Negro (1958-1965). Além disso, auxiliou na organização dos eventos do 13 de Maio e colaborou com o Projeto Unesco na década de 1950. Por fim, deixou como legado um vasto conjunto de textos e um dos mais emblemáticos é: *Porque lutamos,* que foi publicado no jornal *Alvorada* em setembro de 1946.

> Estamos lutando para um levantamento integral do negro brasileiro, pela sua estabilidade econômica, cultural e social. Lutamos para que esses princípios sejam plantados e arraigados no fortalecimento da nossa compreensão espiritual. Lutamos em função de uma missão histórica; da disparidade que uma secular espoliação deixou no seu rastro, como resultante – a condenação de gerações após gerações – malsinadas com cicatrizes profundas nesse estado latente do nosso desajustamento. Lutamos pelo direito de nossa humanidade no convívio social; contra o relegamento e as negações – tantas vezes sofridas e que ainda sofremos na estigmação dos enxovalhamentos que nos atiram, como se fôssemos uma inútil minoria. Somos descendentes de uma raça que tem um passado que vem argamassados na angústia de todas as vicissitudes. Essa é a nossa luta. Transcendentalmente humana, patriótica em toda a linha do seu

> altruísmo. [...] Já que o Brasil ainda não foi dado um testemunho vivo de qualquer espécie de reparação, como prova de sua justiça social ou política, em relação ao problema do negro.[239]

Toda a trajetória de militância de Leite foi em torno da integração do negro. Deste modo, defendia a ideia de que o afastamento da política partidária seria uma condição necessária para o Movimento Negro, pois não deveria se dividir em disputas ideológicas, uma vez que, o problema fundamental era lutar pelo direito à humanidade, como citado acima. Perguntado numa entrevista se era contra o negro participar dos partidos políticos, respondeu enfaticamente: "Não. Eu sou contra se dividir politicamente. Agora, as pessoas podem participar de partido político, mas não dizendo que com isso vão resolver o problema do negro, quando estão divididos dentro da ideologia de um partido do branco" (LEITE, 1992, p. 210). Num outro momento da entrevista, referindo ao contexto da abertura política da ditadura militar, explicou:

> O negro, agora com essa abertura que está havendo, com o surgimento de novos partidos, está disperso em grupos partidários. Quando o sentido de uma luta específica do negro não pode ter isso. Não pode ter negro/PTB, negro/PT. O negro é um. Ele tem que ser um indivisível. Ele pode ter, como brasileiro, suas ideias políticas. Mas ideologicamente, no sentido de um movimento de levantamento da condição social, econômica e cultural ele não pode estar dividido em bandeiras políticas. Ele tem que ter uma bandeira, que é a bandeira de luta dele. Isso o negro não está fazendo. (LEITE, 1992, p.210)

Ao lutar pela integração do negro na sociedade brasileira e, principalmente, pelo direito à humanidade, Leite não deixou de considerar a condição peculiar das mulheres negras. Partindo de uma reflexão da Simone Beauvoir de que "a situação da mulher é inferior, por não existir uma autonomia econômica", ele publicou em 1960, na Revista Niger, o texto *O Meridiano da mulher negra*.

> Recordamos neste mês a data nacional de 28 de setembro e de evocação à mulher negra, pelo que ela foi no passado, o que é

---

[239] LEITE, José Correia. Por que lutamos. **Alvorada**, São Paulo, setembro de 1946, p.7.

hoje e o que poderá ser amanhã. Ventilamos aqui, nesta seção de Mundo Negro, alguns aspectos da evolução da mulher negra, de sua participação nos vários campos de atividades sociais no mundo contemporâneo. Este assunto da mulher, encarado na sua generalidade, ainda é um tanto complexo em seus desígnios, como afirmou, não faz muito, a escritora Simone Beauvoir, esposa de Jean Paul Sartre, quando disse que, ao seu ver "a situação da mulher ainda é inferior, por não existir uma autonomia econômica". De fato, a esfera de influência da mulher sempre foi de uma certa humildade como inspiradora e guia espiritual que tem sido daqueles que exercem a orientação dos destinos da espécie através dos séculos. De um modo particular os encargos de superação da mulher negra, na luta para sobrepor-se ao desequilíbrio social e econômico do meio em que vive, é obra de excepcional grandeza. O escopo desta nota consiste em demonstrar a fundamental importância do papel da mulher negra, neste período de renovação histórica para o destino da raça negra, tendo em vista esta fase dos acontecimentos na África. Assim, eis que, para ilustrar esta nota, citamos o que acontece na jovem República de Gana, onde várias mulheres fazem parte do parlamento. Essas mulheres foram eleitas pelo Partido Popular. Algumas tem pequena instrução, outras tem formação universitária; contudo, todas tem um aspecto comum. Todas foram eleitas por regiões. Assim temos a Sra. Regina Admary, da região de Volta, com 32 de anos de idade, educadora e líder feminina do antigo Congresso de Togoland. [...] Por fim, deixamos de citar outros exemplos de participação da mulher negra, em outros setores das atividades humanas, pelo pouco espaço de que dispomos. Contudo, pelo que aqui ficou demonstrado, a mulher vive e trabalha para reconstruir ombro a ombro com os homens esse novo mundo que alvorece.[240]

Em 1960, Leite comemorou 60 anos de idade e alguns amigos decidiram homenageá-lo, porém como ele descreveu no seu livro de memórias, o almoço acabou sendo dedicado às comemorações do sucesso da escritora Carolina Maria de Jesus, que com a sua obra *Quarto de Despejo* alcançou grande prestígio. Além do

---

[240] LEITE, José Correia. O meridiano da mulher negra. **Niger**, São Paulo, setembro de 1960, p.1.

almoço, os amigos mais próximos publicaram artigos para celebrar uma data tão especial. No texto *José Correia Leite, 60 anos de raça*[241], Henrique L. Alves descreveu Leite como um homem simples, calmo e bom de raciocínio. Além disso, chama atenção para a admiração que ele causava entre os intelectuais brancos e negros. Ao longo dos anos de militância, teve contato com grandes acadêmicos, como Roger Bastide, Arthur Ramos, Florestan Fernandes e Donald Pierson. Fernando Góes, amigo de longa data, publicou um texto emocionante, relatando a história de Leite e as suas contribuições no Movimento Negro.

> Vindo da pobreza, não frequentou escolas, não conviveu com pessoas importantes e ilustradas. Aprendeu a ler sozinho e sozinho adquiriu o amor da leitura. Aos 30 anos, sabia mais que uma turma interna de bacharéis, e era capaz de conversar sobre os temas mais diversos com um conhecimento, uma ponderação e um raciocínio de espantar. Quando todos, quase sempre, sabem as coisas porque leram os tratadistas, estudara, em mil compêndios, JCL sabe as porque a sua inteligência privilegiada leva-o, sempre, às mesmas conclusões a que nós chegamos, depois de muita leitura. Por isso é que digo sempre que tudo o que sei, devo aos livros e a ele. Sua palavra, seus conselhos, suas ideias, suas observações, valeram-me pela escola, que não tive. Idealista, romântico, sempre sonhou José Correia Leite e sempre trabalhou para ver os negros libertos economicamente e liberto, também, da prisão da ignorância, que o aniquila. Para isso, tem dado o melhor de si e de sua vida, sacrificando tudo. Fundou organizações culturais, estimulou e promoveu a realização de provas esportivas, redigiu sozinho jornais e periódicos em que debatia os problemas mais vitais e cruciantes da gente negra. Nem sempre, é verdade, foi compreendido, e muitas vezes encontrou pela frente aventureiros que lhe quiseram dificultar a ação mobilitante. Passaram, porém, esses aventureiros, passaram, e JCL ficou. Hoje, entre os negros de SP, não há quem não o respeite, não o estime, quem nele não reconheça o chefe. Um chefe que não dá ordens, mas que aconselha, que persuade, que convence, porque sua vida, limpa e reta, é a maior autoridade de que ele se vale. [242]

---

[241] Niger, São Paulo, setembro de 1960.
[242] GÓES, Fernando. Amigo e mestre. **Niger**, São Paulo, setembro de 1960, p.4.

Em 1965, Leite deu entrada na sua aposentadoria na Prefeitura de São Paulo. Decidiu também afastar-se do movimento, renunciando ao cargo que vinha ocupando na Associação Cultural do Negro. A decisão de sair de cena aconteceu por dois motivos: problemas pessoais e a falta de afinidades com as novas ideias que vinham surgindo no seio do Movimento Negro. Por volta de 1970, ele retomou seus projetos de pintura e passou a enfrentar problemas com a depressão.

Entre março de 1983 e fevereiro de 1984, no auge dos seus oitenta anos, concedeu uma longa entrevista a Luiz Silva – o Cuti –, que resultou na publicação do livro *E disse o velho militante José Correia Leite,* publicado em 1992 por intermédio da Coordenadoria Especial do Negro (CONE) da cidade de São Paulo. A publicação foi importante para que a história de José Correia Leite, que se confunde com história do Movimento Negro, fosse preservada e finalmente conhecida pelas gerações futuras. A publicação é dividida em quatro partes: a sua história de vida e de militância, a entrevista com Cuti, uma seleção de artigos escritos na Imprensa Negra e, por fim, o livro *O Alvorecer de uma ideologia*. O livro escrito por Leite seria publicado na série Cultura Negra, sob a responsabilidade da Associação Cultural do Negro, no entanto ele acabou não sendo publicado.

José Correia Leite veio a falecer aos 88 anos na cidade de São Paulo em 27 de fevereiro de 1989. Sem sombra de dúvidas, foi um dos grandes nomes da história do Movimento Negro no século XX. Tendo nascido apenas doze anos após o fim da escravidão, teve uma infância dolorosa. Aos 24 anos fundou o jornal *Clarim da Alvorada,* dando início a uma trajetória brilhante, de dedicação e luta, em prol da elevação dos/as negros/as. Encerra-se o texto – que na verdade é uma singela homenagem a alguém que passei a nutrir uma enorme admiração e respeito – com um trecho da entrevista que ele concedeu ao Cuti e que me marcou profundamente, levando-me a pensar sobre a minha vida e a necessidade de nos envolvermos na luta coletiva pela emancipação dos grupos historicamente oprimidos e excluídos:

> Eu já estou cansado de puxar as minhas lembranças. Essas recordações são um fragmento de uma história subterrânea, ou como disse o poeta Carlos de Assumpção, é uma história do "porão da sociedade". Mas

> ela mostra que o negro, ou uma minoria, depois de 1888, não ficou omisso à luta para resolver os problemas do grave erro da lei chamada "Áurea". Tudo o que se pretendeu fazer estava em torno de corrigir os erros da lei de 1888. Esse é o espírito desta narrativa. É possível que ainda outros venham acrescentar subsídios mais valiosos a estas despretensiosas recordações, para mim comoventes. E, parafraseando o poeta: "É uma história de vida comovida". (LEITE, 1992, p.216)

A reflexão de Leite é fundamental, pois reafirma o protagonismo negro no contexto do pós-abolição. Como disse o histórico militante, depois de 1888, o negro "não ficou omisso à luta". Por fim, vale destacar que ao se referir às histórias de lutas, como "histórias subterrâneas", ou histórias do "porão da sociedade", ela sinaliza para o fato de que parte delas tem sido silenciadas e invisibilizadas pelas narrativas hegemônicas. Diante disso, é ainda mais urgente (re)contar as histórias de resistência dos/as negros/as e reafirmar que desde o 14 de maio de 1888 o Movimento Negro tem lutado contra o racismo estrutural brasileiro.

4.4 Sofia Campos: uma intelectual negra insurgente

Figura 21 - Sofia Campos Teixeira.

Fonte: Vanguarda Socialista, 17/1/1947.

Sofia Campos Teixeira foi uma professora, fundadora e militante do Partido Socialista Brasileiro (PSB). Teve uma extensa trajetória nos movimentos sociais, não só dos negros como dos trabalhadores em geral, buscando salientar a situação das mulheres brasileiras, em especial das trabalhadoras negras. A respeito da sua biografia, há poucas informações e o que se sabe é basicamente a descrição feita pelo jornal *Mundo Novo* em 1950 por ocasião da sua candidatura nas eleições do mesmo ano e por Luiz Lobato, companheiro de luta.

> Sofia Campos era, nas palavras de Lobato, uma mulher "inteligente, culta, decidida e de caráter inatacável. Incansável na luta pela elevação do nível econômico e cultural dos negros brasileiros" (*Vanguarda Socialista*, 27/12/1946, p. 4). Ainda segundo o articulista, a candidata, que atuava como professora, tinha como bandeiras a luta contra o preconceito de cor e era a favor dos direitos das mulheres. Eram mostras do seu comprometimento com o cargo que ocupava na direção do departamento feminino do Diretório Estadual de São Paulo da Convenção Nacional do Negro, "o único departamento que na realidade funcionou": a colaboração na criação da Associação das Empregadas Domésticas e a defesa da sindicalização da categoria, que apresentou durante o I Congresso da Mulher que Trabalha. (SOTERO, 2015, p.90)

No livro *Lélia Gonzalez* (RATTS & RIOS; 2010), discute-se as dificuldades de levantar a trajetória de pessoas públicas que não pertencem a circuitos hegemônicos de poder – como geralmente é o caso das pessoas negras. As barreiras são inúmeras e uma delas é a dificuldade de acessar as fontes, que na maioria dos casos, quando preservadas, ficam dispersas com amigos/as ou parentes. Diante disso, recuperar a trajetória das/os intelectuais negras/os torna-se uma tarefa delicada. A respeito da professora e ativista social Sofia Campos, o que se temos catalogado são apenas as descrições citadas acima e um conjunto de seis textos – que se conseguiu localizar – de sua autoria e que foram publicados nos periódicos *Senzala, Alvorada* e *Novo Horizonte* entre 1946 e 1949. Porém, antes de analisar a sua produção intelectual e demonstrar como ela contribuiu para sofisticar o debate sobre o racismo estrutural, é preciso entender por que Sofia

Campos foi uma exceção da maioria das mulheres negras, que nos anos 1940 encontravam enormes dificuldades para adentrar no mundo da política ou na carreira intelectual. Conforme explicitado pela historiadora Beatriz Nascimento, é preciso recuar à época colonial para que se possa entender verdadeiramente a condição das mulheres negras no Brasil dos anos 1940.

> Para entender a situação da mulher negra no mercado de trabalho, acho necessário voltarmos um pouco no tempo, estabelecendo um pequeno histórico da sociedade brasileira no que concerne à sua estrutura. Da maneira como estava estruturada essa sociedade na época colonial ela surge como extremamente hierarquizada, podendo-se conceituar como de castas, na qual os diversos grupos desempenham papéis rigidamente diferenciados. (NASCIMENTO, 2007, p.103)

Segundo Beatriz Nascimento (2007), a sociedade colonial se organizava a partir de dois polos antagônicos, no topo da hierarquia social estava os senhores de terras, que concentrava em suas mãos o poder econômico e político. Na base da pirâmide social estavam os/as escravizados/as, que por meio da violência eram forçados/as a exercer qualquer tipo de trabalho. Em relação à condição das mulheres, Beatriz Nascimento salientava que devido ao caráter patriarcal e paternalista, atribuía-se às mulheres brancas o papel de esposa, mãe e dona de casa. As mulheres negras, desprovidas de gênero e da sua própria humanidade, eram vistas apenas como força de trabalho, assim como os homens negros. Eram escravas, trabalhadoras da casa grande, mas também do campo, auxiliando nas mais variadas atividades. Em *Mulheres, raça e classe*, Angela Davis explica que:

> O sistema escravista definia o povo negro como propriedade. Já que as mulheres eram vistas, não menos do que os homens, como unidades de trabalho lucrativas, para os proprietários de escravos elas poderiam ser desprovidas de gênero. Nas palavras de um acadêmico, "a mulher escrava era, antes de tudo, uma trabalhadora em tempo integral para seu proprietário, e apenas ocasionalmente esposa, mãe e dona de casa. (DAVIS, 2016, p.17)

Refletir sobre o caráter extremamente violento e desumanizante da escravidão é necessário, pois ainda é comum o argumento de que no Brasil houve uma escravidão branda. Em *O Genocídio do Negro Brasileiro*, Abdias Nascimento fez críticas contundentes a essas interpretações denunciando que "o mito do senhor benevolente" pretendia, entre outras coisas, dar sustentação a outro mito, da democracia racial.

> Proprietários e mercadores de escravos no Brasil, a despeito das várias alegações em contrário, em realidade submeteram seus escravos africanos ao tratamento mais cruel que se possa imaginar. Deformações físicas resultantes de excesso de trabalho pesado; aleijões corporais consequentes de punições e torturas, às vezes de efeito moral para o escravo – eis algumas das características básicas da "benevolência" brasileira para com a gente africana. (NASCIMENTO, 2016, p.69)

Retomando às reflexões de Beatriz Nascimento, a historiadora enfatizou que, além da exploração econômica a qual eram submetidas, as mulheres negras sofriam ainda com a exploração sexual. Isso acontecia, pois uma vez que o sistema patriarcal definia que as mulheres brancas deveriam ocupar somente o papel de esposas e procriadoras, "sua vida sexual limitava-se à posterior maternidade, fez com que a liberação da função sexual masculina, recaísse sobre a mulher negra ou mestiça" (NASCIMENTO, 2007, p.106).

Terminado o período escravista em 1888, a sociedade brasileira iniciou um processo de modernização e dinamização das atividades produtivas, especialmente após os anos 1930, quando se intensificou a industrialização. Todavia, ainda que seja possível observar alguma mudança na estrutura econômica e social, a estratificação social enraizada nos séculos de escravidão se manteve. Com isso, "a mulher negra, elemento no qual se cristaliza mais a estrutura de dominação, como negra e como mulher, se vê, deste modo, ocupando os espaços e os papéis que lhe foram atribuídos desde a escravidão" (NASCIMENTO, 2007, p.104).

Diante desse quadro, Beatriz Nascimento argumentou que a condição das mulheres negras pouco mudou no contexto pós-abolição, pois elas continuavam sendo alocadas nas ocupações mais degradantes da sociedade. De acordo com a historiadora, pesquisas acerca dos recenseamentos das décadas de 1940,

1950 e 1970 haviam demonstrado que mulheres brancas, através do acesso ao ensino superior, haviam diminuído sensivelmente a desigualdade em relação aos homens brancos. As mulheres negras, por sua vez, não tiveram o mesmo êxito e permaneciam sendo excluídas do acesso à educação, bem como do mundo do trabalho bem remunerado. A respeito desta questão, Lélia Gonzalez esclarece:

> O censo de 1950 foi o último a nos fornecer dados objetivos, indicadores básicos relativos à educação e aos setores de atividade da mulher negra. O que então se constatava era o seguinte: nível de educação muito baixo (escolaridade atingindo, no máximo, o segundo ano primário ou o primeiro grau), sendo o analfabetismo o fator dominante. Quanto às atividades econômicas, apenas 10% trabalhavam na agricultura e/ou indústria (sobretudo têxtil, e em termos de sudeste-sul); os 90% restantes, concentrados na área de prestação de serviços pessoais. (GONZALEZ, 2018, p.43)

É preciso mencionar também que, mesmo os cargos mais baixos, como de doméstica ou babá, por muitas vezes também lhes foram negados. Como já dito anteriormente, as práticas de discriminação racial eram comuns no mercado de trabalho. Com frequência, os anúncios vinham com a advertência de que a vaga se destinava à pessoas de boa aparência – ou seja, pessoas brancas. Diante disso, as condições impostas pelo racismo estrutural à comunidade negra, em específico às mulheres negras, foram bastante violentas. Para muitos, tratava-se de um problema de natureza puramente econômica, porém o fator racial foi um elemento central no aprofundamento das desigualdades entre brancos/as e negros/as.

> Nesse momento, poder-se-ia colocar a questão típica do economicismo: tanto brancos quanto negros pobres sofrem os efeitos da exploração capitalista. Mas na verdade, a opressão racial faz-nos constatar que mesmo os brancos sem propriedade dos meios de produção são beneficiários do seu exercício. Claro está que, enquanto o capitalista branco se beneficia diretamente da exploração ou superexploração do negro, a maioria dos brancos recebe seus dividendos do racismo, a partir de sua vantagem competitiva no preenchimento das posições que, na estrutura de classe, implicam nas recompensas simbólicas mais desejadas. Isto significa, em outros

> termos, que, se pessoas possuidoras dos mesmos recursos (origem de classe e educação, por exemplo), excetuando sua afiliação racial, entram no campo da competição, o resultado desta última será desfavorável aos não-brancos. (GONZALEZ, 2018, p.66)

Retomando a discussão sobre o acesso à educação, é preciso compreender que ainda que o nível de escolarização da população brasileira tenha crescido no período de 1950 a 1973, quando se faz um recorte racial, percebe-se que tal crescimento não foi observado entre os indivíduos negros (GONZALEZ, 2018). Por fim, toda essa discussão nos leva a compreender por que Sofia Campos foi uma exceção que confirma a regra da exclusão racial. Portanto, como afirmou enfaticamente Lélia Gonzalez, a exclusão do/a negro/a não se deve a "preguiça", "irresponsabilidade", "alcoolismo" ou "infantilidade". Debater verdadeiramente a questão racial no Brasil passa pela compreensão de que existe uma estrutura em funcionamento que, desde a época da escravidão, vem desumanizando os negros/as e que, no limite, perdura até os dias atuais.

Entretanto, ainda assim, seria pouco prudente não se considerar a resistência da comunidade negra a toda essa violência racista. Como advertiu Djamila Ribeiro, é fundamental compreender que mulheres negras vêm historicamente produzindo saberes e insurgências, e que seria um erro confiná-las num beco sem saída, sem qualquer possibilidade de transcendência (RIBEIRO, 2017, p.75). Ainda segundo Ribeiro, por ocuparem um lugar atravessado pelo racismo e o sexismo, as mulheres negras seriam aquilo que Grada Kilomba definiu como a experiência de ser "o outro do outro". Tal condição faria delas o grupo social mais vulnerável às violências, mas também o grupo com maior capacidade de apontar caminhos para uma transformação radical da sociedade. Em *O que é lugar de fala?*, Djamila Ribeiro cita uma das mais importantes teóricas do feminismo negro, Patrícia Hill Collins, para explicar essa situação paradoxal das mulheres negras:

> Porém, Collins aponta como é preciso aprender a tirar proveito desse lugar de *outsider*, pois este espaço proporciona às mulheres negras um ponto de vista especial por conseguirem enxergar a sociedade através de um espectro mais amplo. Não à toa, ao pensar conceitos como

> interseccionalidade e perspectivas revolucionárias, essas mulheres se propuseram a pensar novas formas de sociabilidade e não somente nas opressões estruturais de modo isolado. (Ribeiro, 2017, p. 46)

Sofia Campos foi literalmente uma *outsider within*, ou seja, alguém que a partir do seu lugar de fala, moldou uma perspectiva radical sobre a sociedade brasileira, e com isso buscou apontar caminhos para a construção de uma democracia verdadeiramente racial. Para isso, moldou sua análise sobre a realidade brasileira tendo como premissa básica a interseccionalidade.

No livro *O que é interseccionalidade?* Carla Akotirene explica que "como conceito da teoria de raça, foi cunhado pela intelectual afro-estadunidense Kimberlé Crenshaw" em 1989. Mas como prática, argumenta que "há mais de 150 anos, mulheres negras invocam a interseccionalidade e a solidariedade política entre os Outros". Segundo Akotirene, o conceito/prática "é uma sensibilidade analítica, pensada por feministas negras, cujas experiências e reivindicações intelectuais eram inobservadas tanto pelo feminismo branco quanto pelo movimento antirracista, a rigor, focado nos homens negros" (AKOTIRENE, 2018, p.13). Em "A teoria como prática da liberdade", bell hooks explica que:

> A posse de um termo não dá existência a um processo ou prática; do mesmo modo, uma pessoa pode praticar a teorização sem jamais conhecer/possuir o termo, assim como podemos viver e atuar na resistência feminista sem jamais usar a palavra "feminismo". (hooks, 2017, p.86)

Com isso, é possível dizer que ainda que Sofia Campos não estivesse de posse do termo, não podemos desconsiderar que a sua prática como intelectual insurgente e ativista foi marcada por uma abordagem interseccional. Ao pensar criticamente sobre a realidade brasileira dos anos 1940, Campos buscou denunciar o modo como as opressões de raça, classe e gênero impactava na vida das mulheres negras, confinando-as nas margens do país da democracia racial.

Como já mencionado, por meio da leitura dos periódicos da Imprensa Negra, é possível localizar seis textos, e o primeiro deles foi publicado na edição de estreia da revista *Senzala*. Intitulado como *Algo feminino*, o texto buscava criticar as visões sexistas que associavam as mulheres a uma "espécie de bibelôs ou um animalzinho doméstico, ou como simples instrumento para continuação da espécie."[243] Partindo de uma premissa marcadamente feminista, a professora e ativista social discutia já nos anos 1940 a necessidade da autonomeação e autodefinição das mulheres negras.

> Considerando que o mundo não pertença só aos homens e sim também à mulher, e que a felicidade é a desgraça quando sobre a humanidade não respeitem sexo, e que a mulher acatando com resignação toda qualquer responsabilidade decorrente das dificuldades da vida, ela julga ter direito de aceitar ou não ideias daqueles que se arvoram em diretores, que discutem a questão de ser à mulher indispensável a tutela masculina: privilégio e prazer de tão falado sexo forte.[244]

O texto pretendia também criticar a noção de que o único espaço possível para a escrita das mulheres deveria estar necessariamente associado a assuntos de natureza feminina. Com frequência, as colunas escritas por mulheres dedicavam a assuntos domésticos, como receitas culinárias, dicas de beleza e até como agradar o marido. Ao analisar a estrutura de jornais e revistas produzidas pelo Movimento Negro na Segunda República, fica evidente como o sexismo foi uma prática comum. Muitas escritoras se submetiam a tais práticas, porque, como foi dito por bell hooks, "feministas são formadas, não nascem feministas. Uma pessoa não se torna defensora de políticas feministas simplesmente por ter o privilégio de ter nascido do sexo feminino" (hooks, p.25, 2018).

Ao concluir *Algo feminino*, Campos reivindica o direito das mulheres serem vistas como seres humanos plenos. Por fim, afirma que é necessário refletir a respeito das novas configurações sociais, resultado das liberdades conquistadas pelo Movimento das Mulheres, e que elas se recusavam a abafar a sua humanidade.

> Entretanto, é preciso que os homens sejam menos egoístas para que as mulheres, uma vez que já tem dado sobejas provas de cooperação

---

[243] CAMPOS, Sofia. Algo feminino. **Senzala**, janeiro de 1946, n.1 p.21.
[244] Idem.

> também lhes caiba o direito da sua liberdade como humana que são, pois atualmente devido as sérias responsabilidades que lhe são atribuídas não lhes será possível subsistir aos moldes antigos, e sim à uma nova estruturação.[245]

Em julho de 1946, Sofia Campos publicou no jornal *Novo Horizonte*, *Minhas impressões*. A ideia central do texto era parabenizar o novo periódico que se juntava ao *Alvorada* e *Senzala* na luta em prol do alevantamento moral do negro. Porém, para além de meras saudações, o artigo proporciona compreender que a professora e ativista social entendia ser fundamental ocupar-se não apenas da questão racial, mas também do modo como o capitalismo marginalizava grupos não-negros.

> Sempre se conclamou com sobeja razão a necessidade inadiável de um meio para o alevantamento moral do elemento negro. Mas, hoje em dia não só os negros, mas sim todos os pobres, quer negros e brancos sofrem uma depressão social, moral e econômica, pois centenas destes miseráveis são conduzidos à máxima miséria, ao cárcere, milhares de mulheres atiradas ao lodo da vida, crianças abandonadas, tudo por falta de educação condignamente social.[246]

Num outro momento do texto, Sofia Campos explica que as mudanças sistêmicas só acontecem quando deixamos de lado interesses pessoais. Tais reflexões foram feitas décadas depois pelo filósofo afro-americano Cornel West, conforme discutido anteriormente. A rejeição ao estrelismo solitário é uma das bases da atividade intelectual insurgente, que compreende a necessidade de articular uma atuação coletiva, pois, somente assim, é possível vencer as mazelas da sociedade capitalista. Tudo isso só reforça o pioneirismo da professora e ativista social que já nos anos 1940 moldou uma forma de ativismo extremamente radical.

> O verdadeiro idealista não cogita sua satisfação pessoal egoística e sim uma construção social econômica para os de amanhã, porque, a

---
[245] Idem.
[246] CAMPOS, Sofia. Minhas expressões. **Novo Horizonte**, julho de 1946, p.1.

> semente que jogarem hoje à terra, não lhes dará fruto para comerem amanhã, e sim mais dias, isto é, depois de uma adubação prévia do terreno em que tiver de ser depositada esta semente. E disto tudo se obterá resultado satisfatório depois de longas lutas e fidelidades aos trabalhos executados.[247]

Ainda em 1946, Sofia Campos voltou a publicar no *Novo Horizonte*, desta vez para comentar a conferência proferida pelo senador Hamilton Nogueira a respeito da democracia no Brasil. Sendo um aliado do Movimento Negro, Nogueira usou da sua condição privilegiada de homem público para reverberar as perseguições de cunho racista que Teatro Experimental do Negro vinha sofrendo no Rio de Janeiro. O TEN vinha sendo acusado de racismo reverso, ao idealizar um projeto produzido exclusivamente por artistas negros/as. Ao se posicionar no debate acerca da democracia, Campos colocou em questionamento o fato de que a existência de entidades e organizações negras num país supostamente democrático só reforça a ideia de que aquela democracia é frágil e inoperante. A crítica a tal democracia racial foi uma das frentes de atuação de Sofia Campos.

Para a professora e ativista social não seria possível falar em democracia num país como Brasil, pois a forma como se deu a abolição da escravatura não correspondeu à melhoria das condições existências de negros/as, que passaram da condição de escravizados/as para assalariados/as no seio da estrutura de dominação capitalista. Como já mencionado anteriormente, ela compreendia que por conta do racismo e do sexismo as mulheres negras ocupam os lugares mais degradantes da sociedade, mas ainda assim não deixavam de se solidarizar com outros grupos também oprimidos.

> Libertados os escravos, foi instituído o trabalho livre e remunerado, crescendo rapidamente as atividades produtoras. Empenharam-se então os senhores feudais em organizar novos métodos econômicos, construindo um novo tipo de escravo no Brasil – o assalariado. Nesta nova classe, estavam e estão até os nossos dias, lutando por um melhor padrão de vida, homens e mulheres, brancos e negros. E, assim, decorridos várias dezenas de anos, ainda assistimos o desfile

---

[247] Idem.

> significativo dos homens dos campos, das fábricas e outras inúmeras ocupações, trabalhadores que lutam para obter roupa e alimento em troca de péssima remuneração, incluindo o trabalho das mulheres que também lutam para viver.[248]

Ao mencionar o contexto do pós-abolição e da Proclamação da República, Sofia Campos afirma como tais transformações foram maléficas para as camadas mais pobres, "a consequência desastrosa desta desintegração social, política, econômica e financeira do país, embora estejamos num regime democrático é de direção de aventureiros que só favorecem meia dúzia de indivíduos, enquanto milhares outros permanecem no mais completo abandono."[249]

No ano de 1947, Sofia Campos publicou dois textos em periódicos distintos: *Alvorada* e *Novo Horizonte*. Isso se deu por conta das comemorações do Dia da Mãe Preta celebrado em 28 de setembro, data da promulgação da Lei do Ventre Livre em 1871. Já foi discutido anteriormente, a partir de Lélia Gonzalez e bell hooks, como historicamente a figura da Mãe Preta esteve ligada aos estereótipos sexistas. Porém, é preciso mencionar que intelectuais negras insurgentes, como Sofia Campos, ressignificaram a imagem da Mãe Preta, transformando-a num símbolo de resistência. Além disso, ressignificaram também o dia 28 de setembro, que se transformou num dia de denúncia e luta contra o racismo e o sexismo no país.

A ativista social relembra ainda que a promulgação das leis abolicionistas, tais como a do Ventre Livre, demonstram a morosidade do Estado brasileiro em acabar de vez com a escravidão. Por fim, ela refuta qualquer protagonismo atribuído as elites brasileiras, bem como da Princesa Isabel. Ao finalizar um dos textos sobre o dia Mãe Preta, ela convoca todas as mulheres, independentemente da raça, a educarem seus/suas filhos/as para que se tornem antirracistas.

> Responsáveis que somos pela educação de nossos filhos, devemos compreender nosso papel dentro da sociedade. Todas as mulheres, devem, pois, iniciar um trabalho de extirpação do preconceito de cor da mentalidade de seus filhos. Todos nós, negras, brancas e mulatas,

---
[248] CAMPOS, Sofia. 28 de setembro. **Novo Horizonte**, agosto de 1947, p.2.
[249] Idem.

> poderemos dar um exemplo aos nossos irmãos, esposos e amigos de que nosso papel na formação social é decisivo, através da persuasão continua de ensinar a nossos filhos a serem mais humanos e a não alimentarem o menor preconceito contra seu semelhante. Fazendo isto teremos completado a grande obra de nosso símbolo imortal a "Mãe Negra".[250]

O último texto escrito por Sofia Campos, que se conseguiu localizar, foi publicado pelo *Novo Horizonte* em maio de 1949. Na ocasião, ela usou do espaço no jornal para tecer uma crítica contundente às comemorações do Dia das Mães. Seus questionamentos relacionavam-se às contradições de se celebrar o dia daquelas que, segundo a professora, viviam sob as condições mais deteriorantes na sociedade brasileira.

> Tivemos no dia 8 do corrente mais uma comemoração do dia das mães. Assistimos festas, discursos, monções apresentadas nas câmaras. [...] Na realidade, esse foi um dia de meditação. A mãe pobre pensava no pão de seu filhinho que, geralmente é mal alimentado. Meditou no futuro de um jovem filho que não teve ou não terá escolas, e que desde aos doze ou quatorze anos começa a trabalhar para ajudar a criar seus irmãozinhos menores. [...] O dia das mães deveria e deve ser comemorado com métodos práticos tais como: assistência efetiva e eficiente às crianças pobres, melhoria de pensão às viúvas que recebem dos Institutos de Previdência Social, finalmente tudo que se possa trazer de benefício às mães brasileiras. Apelamos pois aqueles que tiveram de lembrança e a consagrada ideia de comemorar o Dia das mães, que envidem esforços no sentido de amparar a mãe brasileira, para maior glória do Brasil. Fatos e feriados, comemorações pomposas porque nada de útil trarão em benefício das mães.[251]

Como falado anteriormente, Sofia Campos foi uma das poucas mulheres negras a publicar na Imprensa Negra. Conforme explicado, consegui-se localizar um conjunto de textos que foram publicados entre 1946 e 1949, o que leva a afirmar que a professora e ativista social foi uma das pioneiras na mobilização

---

[250] Idem.
[251] CAMPOS, Sofia. Dias das mães. **Novo Horizonte**, maio de 1949, n.36, p.4.

de uma perspectiva interseccional e estrutural de pensar a realidade brasileira. Ainda que o pensamento feminista negro no Brasil tenha sido interpretado como um movimento social dos 1980, é fundamental compreender o pioneirismo das intelectuais negras dos anos 1940, como Sofia Campos. Como já foi dito, partindo das colocações de bell hooks, aqui está seocupando do feminismo mais como prática do que como teoria. A atuação de Sofia Campos pode ser exemplificada a partir da seguinte reflexão contida na obra *A liberdade é uma luta constante* de Angela Davis:

> O feminismo envolve muito mais do que a igualdade de gênero. E envolve mais do gênero. O feminismo deve envolver a consciência em relação ao capitalismo – que dizer, o feminismo a que me associo. E há múltiplos feminismos, certo? Ele deve envolver uma consciência em relação ao capitalismo, ao racismo, ao colonialismo, às pós-colonialidades, às capacidades físicas, a mais gênero do que jamais imaginamos, a mais sexualidades do que pensamos poder nomear. (DAVIS, 2018, p.99)

Para finalizar, Sofia Campos não foi uma espécie de heroína solitária. Ainda que as fontes não permitam recuperar outras trajetórias, considera-se que a professora e ativista social atuou em parceira com outras companheiras comprometidas com a emancipação das pessoas negras e/ou brancas periféricas. Como demonstrado anteriormente, mulheres negras estiveram à frente de associações como a José do Patrocínio, além de serem financiadoras dos jornais e associações.

Ainda que o racismo e sexismo apresentem-se como barreiras quase intransponíveis na tarefa de recuperar as histórias das intelectuais negras insurgentes, é preciso continuar rompendo com os silêncios que foram impostos às/aos nossas/os ancestrais. Acredito que contar nossas histórias é uma das ferramentas mais poderosas na luta contemporânea contra o racismo, pois conforme foi dito pela professora e feminista negra Luana Tolentino, ao resgatar a memória coletiva e a história da comunidade negra, estamos contribuindo "para a elevação da autoestima de crianças e adolescentes negros, cujos processos de formação da identidade são quase sempre marcados pela violência e pela dor" (TOLENTINO, 2018, p.29).

4.5 Carolina Maria de Jesus: uma intelectual favelada insurgente

Dentre os três intelectuais negros insurgentes, Carolina Maria de Jesus foi, sem dúvida, aquela que mais falou a partir da margem, ou como ela própria dizia, do "quarto de despejo". Ao falar a partir da margem, a escritora tornou-se sujeito, deixando de lado a condição de "outra". Segundo Grada Kilomba, quando um sujeito historicamente oprimido narra a sua própria história, ela ou ele está realizando um ato político, "eu sou quem descreve minha própria história, e não quem é descrita. Escrever, portanto, emerge como um ato político" (KILOMBA, 2019, p.28).

Figura 22 - Carolina Maria de Jesus.

Fonte: Site Centro de Referência da Juventude de Goiás.[252]

Portanto, a escrita torna-se um ato político, pois ela rompe com aquilo que Grada Kilomba denomina como projeto colonial, "enquanto eu escrevo, eu me torno a narradora e a escritora da minha própria realidade, a autora e a autoridade na minha própria história. Nesse sentido, eu me torno a oposição absoluta do que o projeto colonial predeterminou" (KILOMBA, 2019, p. 28).

Carolina Maria de Jesus nasceu na cidade Sacramento, em Minas Gerais,

---

[252] Disponível em: https://crjgoias.org.br/parabens-maria-carolina-de-jesus/. Acessado em 25/10/2020.

em 14 de março de 1914. Segundo Conceição Evaristo, "esse e outros dados biográficos da vida de Carolina Maria de Jesus estão para serem compreendidos" (EVARISTO, 2020, p.359). Assim como no caso de Sofia Campos, a trajetória de Carolina Maria de Jesus ainda é pouco conhecida, apesar dos esforços mais recentes, "a vida dela era sempre apresentada por fragmentos e nunca um enredo completo e compreensível que pudesse fornecer uma apreensão completa de sua biografia. Nos últimos anos, entretanto, tem surgido obras mais completas sobre a autora" (EVARISTO, 2020, p.359).

De acordo com Conceição Evaristo, a escritora de *Quarto de Despejo* tinha "um temperamento não afeito à obediência e a subserviência" e que isso fez com que ela se adaptasse ao trabalho de empregada doméstica, um destino comum das mulheres negras no pós-abolição. Antes de tornar-se catadora na cidade de São Paulo em 1947, Carolina de Jesus exerceu outras atividades como "lavradora, doméstica, faxineira, vendedora de cervejas, auxiliar de enfermagem, palhaça de circo" (EVARISTO, 2020, p.360).

Se Carolina de Jesus tivesse trilhado os sonhos de sua mãe, teria se tornado professora, "eu nada tenho que dizer da minha saudosa mãe. Ela era muito boa. Queria que eu estudasse para professora. Foi as contingências da vida que lhe impossibilitou concretizar o seu sonho" (JESUS, 2014, p.49). Porém, o sonho não foi possível, e ela viveu por um longo período como catadora na cidade de São Paulo. Na época, Carolina de Jesus tinha três filhos/as: João José, José Carlos e Vera Eunice. Mas o que faz de Carolina Maria de Jesus uma intelectual negra insurgente? Para além de falar a partir das margens, quais as contribuições da autora na luta antirracista? Será que ela, a escritora que segundo Conceição Evaristo causou um grande *frisson* nos anos 1960, tinha consciência racial? E mais, ela tinha algum contato com o Movimento Negro da cidade de São Paulo? Como sua grande obra, *Quarto de Despejo*, repercutiu entre os/as ativistas negros/as?

O primeiro contato de Carolina de Jesus com os/as ativistas do Movimento Negro de São Paulo aconteceu na década de 1940. Segundo José Correia Leite, o encontro aconteceu num almoço de domingo, "nós ficamos, naquele dia, ouvindo a declamadora, a poetisa que o Silva Araújo tinha levado. Quando perguntamos o nome dela, ela respondeu que se chamava Carolina de Jesus, a mesma que mais tarde escreveu Quarto de Despejo. Ela já era nossa conhecida desde aquela época" (LEITE, 1992, p.138). A afirmação de Leite releva a aproximação – ainda que mínima – entre Carolina de Jesus e o Movimento Negro da cidade de São Paulo.

Em relação a consciência racial de Carolina de Jesus, Correia Leite afirmou: "só que ela não fazia poesia que falasse de negro, ela nem tinha consciência, nem mesmo quando fez o *Quarto de Despejo*. Nunca teve consciência de negra. A poesia dela, na época, era muito colorida, mas sem nenhuma conotação de origem, de raça" (LEITE, 1992, p.138). É preciso problematizar as afirmações de Correia Leite, especialmente no que se refere a obra Quarto de Despejo. Se Carolina de Jesus não tinha uma consciência racial nos anos 1940, não se sabe, aliás, sabe-se que a tomada de consciência é resultado de um processo, por vezes bastante doloroso. Mas a Carolina de Jesus, escritora de *Quarto de Despejo*, tinha ampla consciência racial e também de gênero – inclusive a afirmação de Correia Leite é marcadamente sexista.

Em vários momentos do *Diário de uma favelada*, Carolina de Jesus demonstrou a sua consciência racial, inclusive valorizando a sua negritude "eu adoro a minha pele negra, e o meu cabelo rústico" (JESUS, 2014, p.64). Vale lembrar que naquele contexto havia um forte discurso em torno dos cabelos crespos, aliás, alguns jornais da Imprensa Negra divulgavam produtos para alisamento, "super hene alemão alisa e tinge magnificamente o cabelo crespo, por mais rebelde que seja"[253]. A exaltação do cabelo crespo como um ato político é uma característica do Movimento Negro dos anos 1970. Daí, se percebe como a posição de Carolina de Jesus foi extremamente insurgente. Por fim, ela disse que "se é que existe reencarnações, eu quero voltar sempre preta" (JESUS, 2014, p.64).

Além disso, a escritora tinha plena consciência dos limites da chamada "abolição dos/as negros/as". No dia 13 de maio de 1958, data em que se "comemorava" setenta anos da abolição, escreveu "e assim no dia 13 de maio de 1958 eu lutava contra a escravatura atual – a fome" (JESUS, 2014, p.13). Aliás, a fome é a grande protagonista do diário. Numa das passagens mais emblemáticas,

---

[253] Niger, São Paulo, junho de 1960, p.1.

desabafou a catadora: "já faz tanto tempo que eu estou no mundo que eu estou enjoando de viver. Também, com a fome que eu passo quem é que pode viver contente?" (JESUS, 2014, p.125).

Neste contexto, Carolina de Jesus ressaltava a importância do papel das mulheres negras no sustento das suas famílias, "as mulheres que eu vejo passar vão nas igrejas buscar pães para os filhos. Que o Frei lhes dá, enquanto os esposos permanecem debaixo das cobertas. Uns porque não encontram emprego. Outros porque estão doentes. Outros porque embriagam-se" (JESUS, 2014, p.38). Mesmo diante do protagonismo das mulheres, a escritora percebia a ausência delas nas narrativas oficiais sobre a História do Brasil, "quando eu era menina o meu sonho era ser homem para defender o Brasil porque eu lia a História do Brasil e ficava sabendo que existia guerra. Só lia os nomes masculinos como defensor da pátria" (JESUS, 2014, p.54).

Falando em Brasil, Carolina de Jesus compreendia bem como se davam relações raciais no país, "o Brasil é predominado pelos brancos" (JESUS, 2014, p.115). Vale ressaltar que quando ela afirma que o Brasil é predominado pelos brancos, está se referindo aos espaços de poder, ou seja, é o branco que governa o país. Pois sabia que a maioria da população era preta e pobre, e alimentava em si a esperança que em algum dia os pobres, que são maioria, se revoltassem contra a fome e a miséria, "quem governa o nosso país é quem tem dinheiro, quem não sabe o que é fome, a dor, e a aflição do pobre. Se a maioria revoltar-se, o que pode fazer a minoria? Eu estou do lado do pobre, que é o braço" (JESUS, 2014, p.39).

Portanto, a afirmação de Correia Leite a respeito da obra de Carolina de Jesus não procede, e como dito anteriormente é marcadamente sexista. Aliás, o Movimento Negro de São Paulo era predominantemente masculino. Como disse Conceição Evaristo, "pode-se afirmar sem erro que a escritora pronunciou a sua condição racial como negra em várias passagens de seus livros e enfaticamente denunciou o preconceito racial existente na sociedade brasileira" (EVARISTO, 2020, p.364).

Por isso, Carolina Maria de Jesus é considerada uma intelectual negra insurgente, pois falando a partir da margem, do *Quarto de Despejo* da cidade São Paulo, denunciou o preconceito racial "aqui na favela quase todos lutam com dificuldades para viver. Mas quem manifesta o que sofre é só eu" (JESUS, 2014, p.36). Dito isso, passe-se a análise da repercussão do seu livro na Imprensa Negra de São Paulo. Uma das primeiras homenagens que recebeu em 1960 foi um samba de B. Lobo, gravado por Ruth Amaral:

> Carolina Maria
> Há muito que vivia
> Lá no Canindé
> Num modesto barracão
> Não pegava condução
> Vinha pra cidade a pé
>
> Carolina rezava, pedia
> As Santas Graças do céu
> Para amenizar seus dias
> Nas ruas vivia catando papel
>
> Nas folhas brancas que do lixo recolhia
> Ela escrevia o drama da sua gente
> Sua própria história de tristeza
> E a pobreza de todo aquele ambiente
> Deus satisfez o seu desejo
> Do seu "Quarto de Despejo"
> Viu seu dia de ventura
> Hoje todo mundo fala nela
> Não mora mais na favela
> Mora na literatura.[254]

Além do samba, Carolina de Jesus também foi homenageada num almoço realizado na casa de José Correia Leite: "marcaram um grande almoço e foi a primeira homenagem que a Carolina de recebeu por causa do seu livro Quarto de Despejo. Eu já conhecia a Carolina desde a Rua Augusta, quando ela apareceu com o poeta Emílio Silva Araújo" (LEITE, 1992, p.179). O almoço

---

[254] Sem autor. Quarto de Despejo. São Paulo, **Niger**, setembro de 1960, p.2.

marcou o reencontro entre Correia Leite e Carolina de Jesus: "eu esperei na porta e perguntei se ela se lembrava de mim. Ela disse: me lembro muito do senhor" (LEITE, 1992, p. 179).

Para o histórico militante, a presença da escritora causou tanto *frisson* que acabou ofuscando as comemorações do seu aniversário de sessenta anos: "foi uma homenagem que me deixou muito sensibilizado por causa da Carolina, que praticamente ofuscou o aniversariante que era eu. A homenagem a ela foi mais importante do que a homenagem aos meus sessenta anos" (LEITE, 1992, p. 179). As homenagens recebidas eram justíssimas, pois afinal sua obra tornou-se um verdadeiro *best-seller*.

> Nós noticiamos que uma favelada do Canindé em São Paulo, estava escrevendo um livro, recolhimentos de um seu diário. Agora o lançamento de seu livro causa assombro nas capitais, como São Paulo e Rio de Janeiro. É o novo best-seller, superando em vendas, o próprio filósofo Sartre, ou o Jorge Amado. Na sua linguagem simples, ela narra um verdadeiro libelo contra a atual situação do país que admite situações infra-humanas de seu povo.[255]

Tanto sucesso fez Carolina de Jesus ser reconhecida nacionalmente e internacionalmente, "Quarto de Despejo tirou Carolina do anonimato, levou-a às tardes de autógrafos de muitas cidades do interior e várias capitais brasileiras."[256] Uma das cidades visitadas foi Pelotas no Rio Grande do Sul. Durante a sessão de autógrafos, um jovem negro gritou: "Carolina, peço-te para incluir no teu diário que há preconceito aqui no Sul", ela atenta respondeu, "está bem. Incluirei tua queixa no meu diário"[257]. Com o lançamento do livro, Carolina de Jesus superou todos os recordes, e tornou-se a escritora com o maior número de vendas num só dia, transformando sua obra num verdadeiro *best-seller*.

Ao denunciar o preconceito racial e os problemas sociais vividos pelos moradores/as do *Quarto de Despejo* da cidade mais rica do país, Carolina de Jesus trouxe para o centro da discussão o racismo, a miséria, a fome e o descaso das

---

[255] Sem autor. Maria Carolina de Jesus. **Hífen**, Campinas, setembro de 1960, p.8
[256] Sem autor. Ex-favelada lança este mês o livro "Casa de Alvenaria". **Hífen**, Campinas, janeiro de 1962, p.1
[257] Idem.

autoridades públicas com os/as mais vulneráveis, "as verdades que ela contou, mostrando a miséria e a degradação em que se envolve uma comunidade de favelados esquecidos, impressionaram às autoridades, aos políticos, aos estudantes, aos estudiosos".[258] O livro causou tanta comoção nos circuitos universitários que um grupo de estudantes paulistas lançou o Movimento Universitário de Desfavelamento, com o instituto de extinguir a favela do Canindé.

O sucesso de Carolina de Jesus rompeu fronteiras, "apesar da omissão de alguns críticos, e da oposição de outros à publicação em torno de Carolina, o inegável é que ela ganhou projeção internacional."[259] A tradução para o castelhano, feita pela editora Abraxas de Buenos Aires, teve a primeira edição esgotada em apenas quatro dias. Para dar conta dos novos pedidos, a editora providenciou na mesma semana uma nova tiragem, agora de dez mil exemplares. Além da publicação na Argentina, outras traduções foram lançadas na Dinamarca e Holanda.[260] Segundo o jornal *Hífen* de Campinas, em 1962 já havia contratos assinados com editoras de mais nove países: Estados Unidos, França, Alemanha Ocidental, Polônia, Japão, Inglaterra, Checoslovaquia, Suécia e Itália. Todos esses contratos renderam a Carolina de Jesus a quantia de um milhão de cruzeiros.

A autora também viajou para alguns países da América do Sul como Argentina, Chile e Uruguai. Em Buenos Aires, visitou algumas favelas e debateu o problema dos/as favelados/as. A visita teve ampla cobertura dos jornais argentinos. No Uruguai, participou de uma entrevista com o então presidente[261], Vitor Haedo. Após a sua passagem pelo Chile, foi convidada a retornar para participar da reunião internacional "Imagem da América Latina", organizada pela Universidade de Concepcion."[262]

Dois anos depois, em 1962, Carolina de Jesus lançou mais um livro, *Casa de Alvenaria*, uma continuação do *Quarto de Despejo*. O lançamento aconteceu na livraria Francisco Alves, mesmo local onde ela havia lançado seu primeiro livro. Diante de tanto sucesso, a escritora recebeu um diploma da Academia de Letras da

---

[258] Idem.
[259] Idem.
[260] A respeito da recepção da obra de Carolina Maria de Jesus. Ver: PERPETUA, Elzira Divina. A vida escrita de Carolina Maria de Jesus. Belo Horizonte, Nandyala, 2014.
[261] Sem autor. Ex-favelada lança este mês o livro "Casa de Alvenaria". **Hífen**, Campinas, janeiro de 1962, p.1.
[262] Idem.

Faculdade de Direito, lisonjeada, afirmou, "eu fiquei pensando na confusão da minha vida. Não tenho diploma de Grupo Escolar e tenho da Academia da Faculdade de Direito". Mas lembra Conceição Evaristo que para muitas "autoridades" uma mulher tão sem predicados não poderia ser considerada escritora.

> Eram "autoridades" que não conseguiam digerir como uma mulher tão sem "predicados" para ser escritora, segundo a visão deles, se afirmava como tal. O próprio jornalista que descobriu os manuscritos de Carolina de Jesus, Audálio Dantas, afirma que os intelectuais brasileiros se dividiram em duas atitudes. Ou emitiam comentários preconceituosos como este: "Como é que o livro dessa crioula pode fazer tanto sucesso?" Ou emitiam comentários maldosos contra ele: "Esse cara tá fazendo sensacionalismo. Tá a fim de ganhar dinheiro em cima da favelada. (EVARISTO, 2020, p.358)

Carolina Maria de Jesus além de se tornar uma grande escritora, tornou-se uma intelectual negra insurgente. Diferentemente de José Correia Leite e Sofia Campos, a autora de *Quarto de Despejo* não se envolveu diretamente com o Movimento Negro da cidade de São Paulo, "tem-se a impressão de que a relação da escritora teria sido pontual e não frequente com os grupos da época. Ela estaria ausente de uma militância no coletivo nos finais dos anos 1950, e nos anos subsequentes sua presença não se faria notar" (EVARISTO, 2020, p.366). Entretanto, a ausência de uma militância no coletivo não significa em absoluta que Carolina de Jesus não tenha exercido uma atividade intelectual insurgente. Conforme Patrícia Hill Collins, é preciso compreender que devido à natureza interligada das estruturas de opressão, o ativismo das mulheres negras pode assumir diversas formas:

> Para mulheres negras sob condições muito inflexíveis, a decisão no foro íntimo de rejeitar definições externas da condição feminina afro-americana pode ser em si uma forma de ativismo. Se mulheres negras se encontram em configurações sociais nas quais a conformidade absoluta é esperada, e onde formas tradicionais de ativismo – como votar, participar de movimentos coletivos e ter cargos públicos – são impossíveis, então a mulher individual que em sua consciência

escolhe ser autodefinida e autoavaliada é, de fato, uma ativista. Elas estão mantendo o controle sobre sua definição enquanto sujeitos, enquanto seres humanos plenos, a rejeitarem definições delas próprias como "outros" objetificados. (...) Além disso, se, ao mesmo tempo, as mulheres negras usarem todos os recursos disponíveis – seus papéis como mães, sua participação nas igrejas, seu apoio mútuo no seio de redes de mulheres negras, sua expressão criativa – para serem autodefinidas e autoavaliadas e para encorajarem outras a rejeitarem a objetificação, seu comportamento cotidiano será uma forma de ativismo. Pessoas que se veem como plenamente humanos, como sujeitos, se tornam ativistas, não importa quão limitada seja a esfera de seu ativismo. (COLLINS, 2016, p.114)

Ao narrar a história dos/as moradores/as do *Quarto de Despejo* da Cidade de São Paulo, Carolina Maria de Jesus fez da escrita uma forma de ativismo, pois ao escrever, a escritora tornou-se sujeito, rejeitando assim a condição de mero objeto, da favelada que é nomeada e descrita pelo "eu hegemônico", parafraseando Sueli Carneiro. Ainda que sob condições desumanizadoras, no limite extremo entre a vida e morte, Carolina de Jesus desenvolveu uma forma de trabalho intelectual insurgente.

A favela de Canindé, na São Paulo dos anos 1950, era um reduto majoritariamente negro. Faltava tudo: água, eletricidade, comida, condições básicas de higiene, saneamento básico. Como é possível, diante de um texto tão perturbador, falar em democracia racial? A catadora de papel vivia na cidade mais promissora do país, e ainda assim, amargava uma realidade desumanizadora. Mesmo diante de múltiplas formas de violência, Carolina Maria de Jesus, exercendo um trabalho intelectual insurgente, que nenhum de nós – acadêmicos de gabinete – conseguiria realizar.

Num momento em que a grande maioria dos/as brasileiros/as, devido aos efeitos da pandemia e das políticas do atual governo, são empurrados ainda mais para às margens, ou parafraseando Carolina de Jesus, para os *Quartos de Despejos*, é fundamental retomar a sua obra. Pois a fome, como ela mesmo dizia, ainda é uma forma de escravidão, e nos dias atuais, são muitos os/as brasileiros/as que não têm direito à alimentação básica. Uma vez questionada por um sapateiro se o livro que escrevia era comunista, respondeu "é realista". O moço retrucou dizendo que "não é aconselhável escrever a realidade" (JESUS, 2014, p.108).

Por fim, diria que a obra de Carolina de Jesus, uma intelectual negra insurgente, serve como inspiração para todos/as nós, especialmente para as crianças e adolescentes negros/as que sonham em ser tornar grandes escritores/as, como a Bruna, aluna da professora Luana Tolentino, "É! Ela era negra e morava na favela! Ela foi até presa! Depois virou escritora. Quando eu crescer, quero ser igual a ela! Quero ser Carolina Maria de Jesus! – Afirmou Bruna, convicta de que, assim como Carolina, no futuro faria da escrita uma profissão" (TOLENTINO, 2018. p. 28).

4.6 Considerações finais

A leitura da autobiografia da Angela Davis (2019) foi fundamental na escrita deste capítulo. As palavras da ativista social norte-americana me tocaram profundamente, e aos poucos, eu fui compreendendo que este capítulo não era apenas sobre histórias individuais, mas sobre histórias coletivas de luta. Também fui entendendo que o meu principal objetivo era contar histórias de homens negros e mulheres negras que são exemplos de luta e dedicação à luta contra o racismo estrutural. José Correia Leite, um autodidata, tornou-se um dos grandes protagonistas do Movimento Negro do século XX. Sofia Campos, professora e ativista social, foi uma das poucas mulheres negras a publicar na imprensa, e uma das primeiras a pensar sobre a relação entre as opressões de raça, classe e gênero. Carolina Maria de Jesus, a favelada que por meio da escrita denunciou a a tragédia do *Quarto de Despejo*. A escritora fez do livro um *best-seller* e colocou sob os holofotes a discussão racial. Que nós possamos nos tornar intelectuais negros/as insurgentes.

Capítulo 5. Palavras finais

Aí maloqueiro, aí maloqueira
Levanta essa cabeça
Enxuga essas lágrimas, certo? (Você memo)
Respira fundo e volta pro ringue (vai)
Cê vai sair dessa prisão
Cê vai atrás desse diploma
Com a fúria da beleza do Sol, entendeu?
Faz isso por nóis, faz essa por nóis (vai)
Te vejo no pódio
Ano passado eu morri mas esse ano eu não morro
(Emicida)

Eu não poderia concluir este trabalho sem antes citar um trecho da música Amarelo do Emicida com a participação da Majur e Pablo Vittar. No início do curso, lá em 2016, eu pensei seriamente em desistir da pós-graduação, o desemprego e os problemas familiares pareciam barreiras quase intransponíveis. Depois de muitas conversas com o meu orientador, Mateus Pereira, decidi apenas trancar o curso e aguardar as coisas se ajeitarem. E não é que elas se ajeitaram?! Mas isso não significa que tenha sido uma experiência fácil. Ao longo do doutorado tive três experiências de trabalho desafiadoras: na educação integral, educação superior e, por fim, na educação básica em uma escola particular.

Por muitas vezes eu pensei que não daria conta de terminar a tese, especialmente neste último ano tão atípico por conta da pandemia da COVID-19. Não foi nada fácil conciliar a rotina das aulas online com a escrita da tese. Mas, enfim, deu certo, eu consegui. Amarelo foi para mim como um mantra, renovando minhas energias e me encorajando a continuar a minha caminhada.

Figura 23 - Eu com a minha camisa e caneca personalizada para a defesa.

Fonte: Arquivo pessoal do pesquisador.

Em relação a tese, reafirmo mais uma vez que o meu esforço foi de preencher algumas lacunas a respeito da História do Movimento Negro de

São Paulo. Ainda é preciso investigar mais nitidamente o contexto da Segunda República, e sobretudo outras geografias para além de São Paulo. Aliás, ao longo da tese não utilizamos termos bastante usuais na historiografia, como por exemplo, "experiência democrática" ou "período democrático", pois segundo o Movimento Negro, não seria possível falar em democracia num país ainda marcadamente racista.

Abrindo um último parêntese, no livro *Dicionário da República – 51 textos críticos*, Angela de Castro Gomes define o período de 1945 a 1964 como a Segunda República. Ao longo texto, a autora busca criticar as teses dos anos 1960 e 1970, que reduziram aquela conjuntura ao rótulo de República Populista, "o processo de mudanças ocorrido no Brasil ao longo da década de 1950 e início dos anos 1960 foi importante demais para ser reduzido a esquematizações." (GOMES, 2019, p.383). Logo após as críticas às teses populistas, Gomes afirma que é necessário compreender a Segunda República como um período marcado por tensões, equívocos, avanços, e por vezes recuos, "é necessário analisá-lo em suas tensões e até contradições, na medida em que comportava avanços inequívocos, muito embora não enfrentando graves obstáculos já diagnosticados, como as desigualdades sociais e regionais" (GOMES, 2019, p. 383). Aqui eu incluiria também as desigualdades raciais. Angela de Castro Gomes, assim grande parte do cânone da historiografia sobre o tema, ainda insiste em desconsiderar a raça como um produtor de desigualdades raciais. É preciso compreender que não é possível pensar a Segunda República, sem articular a categoria raça. (Fechando o parêntese).

Como disse, a tese é um ponto de partida, apenas o começo de alguém que vem dando os primeiros passos nos estudos sobre as relações raciais no Brasil. Com este trabalho busquei demonstrar as contribuições do Movimento Negro de São Paulo (1945-1964) no contexto das lutas antirracistas do século XX. Com a redemocratização em 1945, os/as intelectuais negros/as insurgentes se mobilizaram para retomar as lutas interrompidas durante o Estado Novo. Aos poucos, novos periódicos surgiram, novas associações e instituições foram fundadas.

Ao longo do período da Segunda República, o Movimento Negro de São Paulo buscou denunciar enfaticamente o mito da democracia racial, mas também oferecer algum tipo de assistência à coletividade negra, através de cursos de alfabetização, profissionalizantes, assistência social, entre outros. É importante destacar a discussão em torno da democracia racial, pois é bastante comum a afirmação de que as críticas só foram feitas a partir da década de 1970. Mas, como demonstrado, isso não é verdade.

Por meio da Imprensa Negra, intelectuais negros/as insurgentes reivindicaram uma verdadeira abolição e denunciaram sistematicamente a existência do racismo em São Paulo. Inúmeros casos de racismo ganharam as páginas dos jornais, isso para demonstrar como as relações raciais nunca foram harmônicas em São Paulo. Também por meio da imprensa, buscaram (re)escrever a história do pós-abolição, refutando o protagonismo da Princesa Isabel e citando abolicionistas negros como Luiz Gama, José do Patrocínio, Cruz e Souza, colocando-os como os verdadeiros heróis da raça negra e prestando solidariedade aos/as negros/as dos Estados Unidos.

Por fim, é preciso destacar o protagonismo das mulheres negras, que ao longo período de 1945-1964, fundaram associações, ofereceram cursos profissionalizantes e colaboraram financeiramente com as associações. Vale destacar o brilhantismo da escritora Carolina Maria de Jesus, um verdadeiro fenômeno editorial em 1960, e também da professora e ativista social Sofia Campos, que já na década de 1940 discutia sobre a condição das mulheres negras, enfatizando como eram as relações entre raça, gênero e classe.

Espero que todas as histórias contadas aqui possam chegar até os livros didáticos e as salas de aula da educação básica um dia. Que nós, professores/as, possamos falar sobre José Correia Leite, Sofia Campos e Carolina Maria de Jesus como grandes personagens da História Brasileira. Neste sentido, a tese é também uma contribuição para que as Histórias Afro-brasileiras, principalmente do período democrático, sejam verdadeiramente reconhecidas, como propõe a Lei Nº 10.639/2003.

Para concluir, este trabalho é uma homenagem, ainda que singela, a todos/as que lutaram contra o racismo e tornaram possível que toda uma geração de jovens negros/as ingressasse no ensino superior e pudesse sonhar com um futuro mais digno. Como disse Audre Lorde, "nossas lutas são específicas, mas nós não estamos sozinhos. Não somos perfeitos, mas somos mais fortes e mais sábios do que a soma dos nossos erros" (LORDE, 2019, p.174).

Lista dos periódicos pesquisados no site da hemeroteca digital

- Alvorada (1945-1948);
- Novo Horizonte (1945-1961);
- Senzala (1946);
- Mundo Novo (1950);
- Notícias de Ébano (1958);
- Mutirão (1958);
- Niger (1960);
- Hífen (1960);
- Correio d'Ébano (1963);

Referências Bibliográficas

ADICHIE, Chimamanda Ngozi. **O perigo da história única**. São Paulo: Companhia das Letras, 2019.

_____. **No seu pescoço**. São Paulo: Companhia das Letras, 2017.

AKOTIRENE, Carla. **O que é interseccionalidade?** Belo Horizonte (MG): Letramento: Justificando, 2018.

ALBERTO, Paulina L. **Termos de inclusão: intelectuais negros brasileiros no século XX**. Campinas, SP: Editora da Unicamp, 2017.

ALVES, Arlindo. Carta Aberta – A sociedade beneficente e recreativa da abolição promete acertar o alvo. **Novo Horizonte**, São Paulo, dezembro de 1947, p.4.

ALVORADA. Associação José do Patrocínio. **Alvorada**, São Paulo, outubro de 1945, p.1.

_____. José do Patrocínio. **Alvorada**. São Paulo, janeiro de 1946, p.1.

_____. Mensagem do "Comité Organizador". **Alvorada**, São Paulo, novembro de 1945, n.3, p.2.

_____. Meridiano da ANB. **Alvorada**, São Paulo, fevereiro de 1948, p.4.

_____. Declaração aos negros do Brasil. **Alvorada**, São Paulo, setembro de 1945, n.1, p.1.

_____. O dia da mãe negra. **Alvorada**, São Paulo, setembro de 1945, n.1, p.1

_____. O azar não foi nosso. **Alvorada**, São Paulo, maio de 1946, p.2.

AMARAL, Raul J. Vacilantes primeiros passos. **Alvorada**, São Paulo, junho de 1946, p.1.

_____. Tese errada. **Alvorada**, São Paulo, agosto de 1947, p.8.

_____. O paladino dos escravos. **Alvorada**, São Paulo, agosto de 1946, p.1.

_____. O negro não tem problemas? **Alvorada**, São Paulo, setembro de 1945, p.1.

_____. Os negros e a democracia. **Alvorada**, São Paulo, janeiro de 1946, p.1.

_____. A ANB e a vereança. **Alvorada**, São Paulo, outubro de 1947, p.4.

_____. Uma negra, mãe americana 1946. **Alvorada**, São Paulo, agosto de 1946, p.3.

_____. Morre o mais velho homem dos Estados Unidos. **Alvorada**, São Paulo, abril de 1946, p.4.

_____. Klu-Klux-Klan. **Alvorada**, São Paulo, maio de 1946, p.4.

_____. Civilização ou barbárie. **Alvorada**, São Paulo, agosto de 1946, p.4.

_____. Direitos Humanos. **Alvorada**, São Paulo, março de 1947, p.3.

_____. Linha de frente. **Alvorada**, São Paulo, abril de 1947, p.4.

_____. O Esgar do Sr. Paulo Duarte. **Alvorada**, São Paulo, maio de 1947, p.4.

_____. José do Patrocínio. **Alvorada**, São Paulo, janeiro de 1946, p.1.

_____. José do Patrocínio. **Alvorada**, São Paulo, fevereiro de 1947, p.4.

_____. Corajosa afirmação. **Alvorada**, São Paulo, fevereiro de 1947, p.1.

_____. Um viva ao maneco. **Alvorada**, São Paulo, abril de 1947, p.2.

_____. Banquete de Judas. **Alvorada**, São Paulo, maio de 1947, p.3.

_____. Os candidatos negros. **Alvorada**, São Paulo, novembro de 1947, p.3.

ATHAYDE, Austregesilo de. Comemoração do abolicionismo. **Novo Horizonte**, São Paulo, junho de 1950, p.2.

BARBOSA, Abercio Pereira. Uma estrela brilhou. **Novo Horizonte**, São Paulo, junho de 1946, p.3.

_____. Minha opinião. **Novo Horizonte**, São Paulo, novembro de 1946, p.4.

BARBOSA, Aristides. Pingos nos iii. **Novo Horizonte**, São Paulo, dezembro de 1946, p.1.

_____. Noites seculares. **Novo Horizonte**, São Paulo, maio de 1947, p.1.

_____. Sem título. **Novo Horizonte**, São Paulo, maio de 1946, p.1.

BARBOSA, José A. Nossos problemas. **Novo Horizonte**, São Paulo, setembro de 1954, p.6.

BICUDO, Virgínia Leone. **Atitude raciais e pretos e mulatos em São Paulo**. Marcos Chor Maio (org.) – São Paulo: Editoria Sociologia e Política, 2010.

CAMARGO, Aguinaldo de Oliveira. Diretrizes da Convenção do negro brasileiro. **Senzala**, São Paulo, janeiro de 1946, p.11.

CAMARGO, Arnaldo. Explanação de motivos. **Novo Horizonte**, São Paulo, maio de 1946, p.2.

_____. Dever-se-ia comentar? **Novo Horizonte**, São Paulo, julho de 1946, p.3.

CAMPOS, Geraldo. Que virá depois? **Novo Horizonte**, São Paulo, junho de 1946, p.1.

CAMPOS, Sofia. Algo feminino. **Senzala**, janeiro de 1946, n.1 p.21.

_____. Minhas expressões. **Novo Horizonte**, julho de 1946, p.1.

_____. 28 de setembro. **Novo Horizonte**, agosto de 1947, p.2.

CARDOSO, Marcos Antônio. **O movimento negro em Belo Horizonte: 1978-1998**. 2.ed. – Belo Horizonte: Mazza edições, 2011.

CASTRO, Armando de. Um representante do negro no legislativo bandeirante. **Mundo Novo**, São Paulo, setembro de 1950, p.2.

CARNEIRO, Sueli. **Racismo, sexismo e desigualdade no Brasil**. São Paulo: Selo Negro, 2011.

CÉSAR, Caio. Hiperssexualização, autoestima e relacionamento inter-racial. In: RESTIER, Henrique; SOUZA, Rolf Malungo. **Diálogos contemporâneos sobre homens negros e masculinidades**. São Paulo: Ciclo Contínuo Editorial, 2019.

COLLINS, Patrícia Hill. Aprendendo com a outsider whitin: a significação sociológica do pensamento feminista negro. **Revista Sociedade e Estado**, vol.31, n.1. janeiro/abril 2016.

DAVIS, Angela. **Mulheres, raça e classe**. São Paulo: Boitempo, 2016.

_____. **Uma autobiografia**. São Paulo: Boitempo, 2019.

DOMINGUES, Petrônio. **Uma história não contada: negro, racismo e branqueamento em São Paulo no pós-abolição**. São Paulo: Editora Senac São Paulo, 2004.

_____. "A redempção de nossa raça": as comemorações da abolição da escravatura no Brasil. **Revista Brasileira de História**, vol. 31, nº 62, 2011. p.42.

_____. **Protagonismo negro em São Paulo: historia e historiografia**. São Paulo: Edições Sesc São Paulo, 2019.

EVARISTO, Conceição. Carolina Maria de Jesus: como gritar no Quarto de Despejo que "Black is beautiful"? In: PINTO, Ana Flávia Magalhães; CHALHOUB, Sidney. Pensadores negros e **Pensadoras negras: Brasil séculos XIX e XX**. Belo Horizonte: Fino Traço, 2020.

FERNANDES, Florestan; BASTIDE, Roger. **Brancos e negros em São Paulo: ensaio sociológico sobre aspectos da formação, manifestações atuais e efeitos do preconceito de cor na sociedade paulistana**. – 4.ed. – São Paulo: Global, 2008.

FREITAS, Nelson R. Por que este preconceito? **Alvorada**, São Paulo, outubro de 1947, p.3.

GÓES, Fernando. Os três grandes de São Paulo. **Novo Horizonte**, São Paulo, setembro de 1954, p.1.

_____. Os três grandes de São Paulo. **Novo Horizonte**, São Paulo, setembro de 1954, p.1.

_____. Continuamos vigilantes. **Alvorada**, São Paulo, setembro de 1946, p.2.

_____. Amigo e mestre. **Niger**, São Paulo, setembro de 1960, p.4.

GOMES, Angela. **Segunda República (1946-1964): República Liberal-Democrática**. IN: SCHWARZ, Lilin Moritz. STARLING, Heloisa Murgel (Orgs). Dicionário da República: 51 textos críticos. 1ed. – São Paulo: Companhia das Letras, 2019.

GOMES, Nilma Lino. **O movimento negro educador**: saberes construídos nas lutas por emancipação. Petrópolis, RJ: Vozes, 2017.

GOMES, Janaína Damasceno. Os segredos de Virgínia Bicudo: intelectuais negras e relações raciais na São Paulo dos anos 1940-1950. In: SILVA, Joselina; PEREIRA (Orgs.) **O movimento de mulheres negras escritos sobre os sentidos de democracia e justiça social no Brasil**. Belo Horizonte: Nandyala, 2014.

_____. Os segredos de Virgínia Bicudo: estudo de atitudes e preconceito de cor na São Paulo dos anos 1940-1950. In: PINTO, Ana Flávia Magalhães; CHALHOUB, Sidney. **Pensadores negros e Pensadoras negras: Brasil séculos XIX e XX**. Belo Horizonte: Fino Traço, 2020.

GONZALES, Lélia. **Lélia Gonzalez – Primeira para as rosas negras**. São Paulo: Coletânea organizada e editada pela União dos Coletivos Pan-Africanistas, 2018.

GUANABARA, Oscar. Clube e negros. **Novo Horizonte**, Novembro, Dezembro de 1954, p.2

GUEDES, Lino. Prefere-se branca. **Novo Horizonte**, São Paulo, março de 1948, p.2.

_____. Zé da negra. **Novo Horizonte**, São Paulo, maio de 1948, p. 2.

HÍFEN. Maria Carolina de Jesus. **Hífen**, Campinas, setembro de 1960, p.8.

_____. Ex-favelada lança este mês o livro "Casa de Alvenaria". **Hífen**, Campinas, janeiro de 1962, p.1.

_____. 50 feridos em choque entre brancos e negros. **Hífen**, Campinas, fevereiro de 1960, p.6.

HOOKS, bell. **Ensinando a transgredir: a educação como prática da liberdade**. 2.ed.- São Paulo: Editora WMF Martins Fontes, 2017.

_____. Mulheres Pretas intelectuais. In: **Coleção Pensamento Preto: Epistemologias do Renascimento Africano** (Volume 1). União dos Coletivos Pan-Africanistas. Diáspora África: Editora Filhos da África, 2018.

JESUS, Carolina Maria de. **Quarto de despejo**: diário de uma favelada. 10.ed. São Paulo: Ática, 2014.

KILOMBA, Grada. **Memórias da plantação – Episódios de racismo cotidiano**. Rio de Janeiro: Cobogó, 2019.

LEITE, José Correia. **E disse o velho militante José Correia Leite**. São Paulo: Secretaria Municipal de Cultura, 1992.

_____. Por que lutamos. **Alvorada**, São Paulo, setembro de 1946, p.7.

_____. O meridiano da mulher negra. **Niger**, São Paulo, setembro de 1960, p.1.

_____. Pinceladas afro-brasileiras. **Novo Horizonte**, São Paulo, novembro-dezembro de 1954, p.1.

_____. Pontos de vista. **Novo Horizonte**, março de 1961, p.2.

_____. Preconceito, casa grande e senzala. **Alvorada**, São Paulo, março de 1947, p.1.

LOBATO, Luiz. Os negros devem organizar-se. **Alvorada**, agosto de 1947, p.8.

_____. Advertência. **Senzala**, São Paulo, janeiro de 1946, p.14.

LORDE, Audre. **Irmã outsider**. Belo Horizonte: Autêntica Editora, 2019.

LUCRECIO, Francisco. Um ponto de vista. **Senzala**, São Paulo, fevereiro de 1946, p.14.

MACHADO, Waldemar. Desapareceu o vermelho da folhinha. **Novo Horizonte**, São Paulo, julho de 1947, p.1

MONTEIRO, Waldemar. Significação histórica. **Novo Horizonte**, São Paulo, julho de 1947, p. 2.

MORRISON, Toni. **A origem dos outros: seis ensaios sobre racismo e literatura**. São Paulo: Companhia das Letras, 2019.

MOURA, Clóvis. **Sociologia do negro brasileiro**. 2.ed. – São Paulo: Perspectiva, 2019.

MUNANGA, Kabengele; GOMES, Nilma Lino. **O negro no Brasil de hoje**. 2.ed. São Paulo: Global, 2016.

MUNDO NOVO. Socialismo e liberdade. **Mundo Novo**, São Paulo, setembro de 1950, n.5, p.3.

_____. Ao povo de São Paulo aos negros de São Paulo à mulher negra. **Mundo Novo**, São Paulo, setembro de 1950, n.5, p.5.

_____. Socialismo e liberdade. **Mundo Novo**, São Paulo, setembro de 1950, p.3.

_____. Manifesto. **Mundo Novo**, São Paulo, setembro de 1950, p.8.

_____. Ao povo de São Paulo aos negros de São Paulo à mulher negra. **Mundo Novo**, São Paulo, setembro de 1950, p.5.

_____. Concedido pela primeira vez na história a um cidadão negro o prêmio nobel da paz. **Mundo Novo**, São Paulo, setembro de 1950, p.1.

_____. Os negros nos EUA. **Mundo Novo**, São Paulo, setembro de 1950, p.2.

NASCIMENTO, Abdias. **O genocídio do negro brasileiro**: processo de um racismo mascarado. São Paulo: Perspectivas, 2016.

NASCIMENTO, Elisa Larkin. O movimento social afro-brasileiro no século XX: esboço sucinto. In: NASCIMENTO, Elisa Larkin (Org.). **Cultura em movimento: matrizes africanas e ativismo negro no Brasil**. São Paulo: Selo Negro, 2008.

NASCIMENTO, Maria Beatriz. **Beatriz Nascimento, Quilombola e Intelectual: possibilidade nos dias de destruição**. Diáspora Africana: Editora Filhos da África, 2018.

NEGREIROS, Aristides de. Que liberdade! Que democracia! **Alvorada**, São Paulo, setembro de 1946, p.4.

_____. Uma grande organização. **Alvorada**, São Paulo, junho de 1946, p.3.

_____. Que liberdade! Que democracia! **Alvorada**, São Paulo, setembro de 1946, p.4.

NIGER. Quarto de Despejo. São Paulo, **Niger**, setembro de 1960, p.2.

_____. Apresentação. **Niger**, São Paulo, julho de 1960, n.1, p.1.

NOTÍCIAS DE ÉBANO. Sem título. **Notícias de Ébano**, Santos, outubro de 1957, n.1, p.7.

_____. Sem título. **Notícias de Ébano**, São Paulo, outubro de 1957, p.1.

NOVO HORIZONTE. Abandono completo do trabalho nacional e amparo exclusivo ao imigrante estrangeiro uma disparidade de tratamento que indica falta de visão e atinge as raias da desumanidade. **Novo Horizonte**, São Paulo, maio de 1949, n.36, p.6.

_____. É chegado o momento. **Novo Horizonte**, São Paulo, julho-agosto de 1954, p.4, grifo do autor.

_____. Será candidato a vereador o prof. Geraldo Campos. **Novo Horizonte**, São Paulo, setembro de 1947, p.1.

_____. Contra a exploração na hora do voto. A luta do negro é a minha luta. O negro não pode ficar indiferente aos problemas gerais. **Novo Horizonte**, São Paulo, outubro de 1947, p.1.

_____. Eleito vereador. **Novo Horizonte**, São Paulo, outubro de 1947, p.2.

_____. É chegado o momento. **Novo Horizonte**, São Paulo, julho-agosto de 1954, p.4.

Sem autor. Desvios da democracia racial. **Novo Horizonte**, São Paulo, outubro de 1954, p.1.

_____. O mundo negro: um líder negro. **Novo Horizonte**, São Paulo, dezembro de 1954, p.4.

_____. O elemento negro na Terra do Tio Sam. **Novo Horizonte**, São Paulo, julho de 1946, p.1.

_____. Igual, porém separado. **Novo Horizonte**, São Paulo, junho-julho de 1949, p.1.

_____. O elemento negro na Terra do Tio Sam. **Novo Horizonte**, São Paulo, julho de 1946, p.3.

_____. Preto, não. **Novo Horizonte**, São Paulo, março de 1948, p.1.

_____. Klu-Klux-Klan em ação. **Novo Horizonte**, São Paulo, junho de 1950, p,1.

_____. As dez piores cidades americanas para o negro. **Novo Horizonte**, São Paulo, junho de 1950, p.2.

_____. Protestam diretores de diversas entidades brasileiras. **Novo Horizonte**, São Paulo, maio de 1948, p.1.

_____. Os direitos dos negros. **Novo Horizonte**, São Paulo, outubro de 1947, p.1.

_____. O Brasil é de fato uma terra hospitaleira. **Novo Horizonte**, São Paulo, agosto de 1947, p.1.

_____. Panorama. **Novo Horizonte**, São Paulo, novembro de 1946, p.4.

_____. Abandono completo do trabalho nacional e amparo exclusivo ao imigrante estrangeiro uma disparidade de tratamento que indica falta de visão e atinge as raias da desumanidade. **Novo Horizonte**, São Paulo, maio de 1949, n.36, p.6.

_____. Princesa Isabel. **Novo Horizonte**, São Paulo, julho de 1946, p.2.

_____. É chegado o momento. **Novo Horizonte**, Julho-Agosto de 1954, p.4.

_____. Pretos não são recebidos nos hotéis de Jaú. **Novo Horizonte**, São Paulo, junho de 1950, p.3.

OLIVEIRA, João de. Hino a nova Alvorada. **Novo Horizonte**, São Paulo, junho de 1946, p.2.

O MUTIRÃO. Protesto da assembleia contra a discriminação racial. **O Mutirão**, São Paulo, junho de 1958, p.1.

PAULA, Balthasar de. Gratidão Imorredoura. **O Mutirão**, São Paulo, junho de 1958, p.2.

PEREIRA, Amauri Mendes. **Trajetórias e perspectivas do Movimento Negro Brasileiro**. Belo Horizonte: Nandyala, 2008.

PEREIRA, Amilcar Araujo. **O mundo negro: a constituição do movimento negro contemporâneo no Brasil (1970-1995)**. Tese de doutorado – Universidade Federal Fluminense, Instituto de Ciências Humanas e Filosofia, 201º.

PINTO, Ana Flávia Magalhães. **Imprensa negra no Brasil do século XIX**. – São Paulo: Selo negro, 2010.

_____. **Escritos de liberdade: literatos negros, racismo e cidadania no Brasil oitocentista**. Campinas, SP: Editora da Unicamp, 2018.

QUILOMBO. O amor venceu o preconceito. **Quilombo**, Rio de Janeiro, janeiro de 1950, p.8.

_____. O amor venceu o preconceito. **Quilombo**, Rio de janeiro, janeiro de 1950, p.9.

RAMOS, Alberto Guerreiro. **Introdução crítica à sociologia brasileira**. Rio de Janeiro: Editora UFRJ, 1995.

RAMOS, Arthur. Zumbi. **Senzala**, São Paulo, janeiro de 1946, p.18.

RATTS, Alex. **Eu sou atlântica**: sobre a trajetória de vida de Beatriz Nascimento. São Paulo: Imprensa Oficial do Estado de São Paulo: Instituto Kuanza, 2007.

_____. **Lélia Gonzalez**. São Paulo: Selo Negro, 2010.

RIBEIRO, Djamila. **O que é lugar de fala?** Belo Horizonte: Letramento: Justificando, 2017.

_____. **Pequeno manual antirracista**. São Paulo: Companhia das Letras, 2019.

ROZA, Luciano Magela. Abordagens do racismo em livros didáticos de história (2008-2011). **Educação & Realidade**. Porto Alegre, v.42, n.1, p.13-34, jan-mar, 2017.

SANTOS, Joel Rufino dos. **Saber de Negro**. 1.ed. Rio de Janeiro: Pallas, 2015.

SANTOS, Ovídio. Eis aqui uma concretização. **Novo Horizonte**, São Paulo, maio de 1946, p.1.

_____. A campanha deve ser iniciada. **Novo Horizonte**, São Paulo, junho de 1950, p.2.

_____. Amanhã será outro dia. **Novo Horizonte**, São Paulo, maio de 1947, p.1.

_____. Precisamos de ação. **Novo Horizonte**, São Paulo, julho de 1946, p.3.

SANTOS, Ynaê Lopes dos. **História da África e do Brasil afrodescendente**. Rio de Janeiro: Pallas, 2017.

SCHUYLER, George S. Quilombo nos Estados Unidos. **Quilombo**, Rio de Janeiro, janeiro de 1950, p.4.

SENZALA. Teatro experimental do negro. **Senzala**, São Paulo, fevereiro de 1946, p.15.

_____. Apresentação. **Senzala**, São Paulo, janeiro de 1946, p.3.

_____. Bodas de negros burgueses. **Senzala**, São Paulo, fevereiro de 1946, p.7.

SILVA, Joselina; Pereira, Amauri Mendes. (Orgs). **O movimento de Mulheres Negras:** escritos sobre os sentidos de democracia e justiça no Brasil. Belo Horizonte: Nandyala, 2014.

SODRÉ, Nelson Werneck. **Introdução à revolução brasileira**. 3.ed. Rio de Janeiro: Civilização Brasileira, 1967.

TOLENTINO, Luana. **Outra educação é possível: feminismo, antirracismo e inclusão em sala de aula**. Belo Horizonte: Mazza Edições, 2018.

WEST, Cornel. O dilema do intelectual preto. In: **Coleção Pensamento Preto: Epistemologias do Renascimento Africano** (Volume 1). União dos Coletivos Pan-Africanistas. Diáspora África: Editora Filhos da África, 2018.

XAVIER, Giovana. **Você pode substituir mulheres negras como objeto de estudo por mulheres negras contando sua própria história**. Rio de Janeiro: Malê, 2019.

Esta obra foi composta em Arno Pro Light 13 e impressa na RENOVAGRAF em São Paulo para a Editora Malê em julho de 2021.